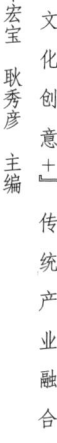

"文化创意+"传统产业融合发展研究系列丛书 第一辑

牛宏宝 耿秀彦 主编

"文化创意+"广告业融合发展

高萍 著

知识产权出版社

全国百佳图书出版单位

图书在版编目（CIP）数据

"文化创意+"广告业融合发展/高萍著.——北京：知识产权出版社,2019.8

（"文化创意+"传统产业融合发展研究系列丛书/牛宏宝,耿秀彦主编.第一辑）

ISBN 978-7-5130-6322-7

Ⅰ.①文… Ⅱ.①高… Ⅲ.①广告业—产业发展—研究—中国 Ⅳ.①F713.8

中国版本图书馆CIP数据核字（2019）第121911号

内容提要

"文化创意+"广告业的融合发展不仅是中国品牌走向世界的必由之路，也是传承和创新优秀文化，构建社会效益与经济效益的有机统一，打造正能量品牌文化的传播理念。本书立足于数字技术下的传媒语境，以广告就是人性的沟通，"观乎人文以化成天下"，并结合重点案例，分析了文化创意与广告业融合的机制；归纳了文化创意对广告业主体和客体的动能与势能作用；揭示了当代我国市场经济中的品牌建设正是以中国优秀传统文化为主导性资源，以中国元素为基本物料的广告策划与创意活动。

责任编辑：李石华　　　　　责任印制：刘译文

"文化创意+"传统产业融合发展研究系列丛书（第一辑）

牛宏宝　耿秀彦　主编

"文化创意+"广告业融合发展
"WENHUA CHUANGYI+" GUANGGAOYE RONGHE FAZHAN

高　萍　著

出版发行：知识产权出版社 有限责任公司		网　　址：http://www.ipph.cn	
电　　话：010-82004826		http://www.laichushu.com	
社　　址：北京市海淀区气象路50号院		邮　　编：100081	
责编电话：010-82000860转8072		责编邮箱：lishihua@cnipr.com	
发行电话：010-82000860转8101		发行传真：010-82000893	
印　　刷：三河市国英印务有限公司		经　　销：各大网上书店、新华书店及相关书店	
开　　本：720mm×1000mm　1/16		印　　张：16.5	
版　　次：2019年8月第1版		印　　次：2019年8月第1次印刷	
字　　数：280千字		定　　价：58.00元	

ISBN 978-7-5130-6322-7

出版权专有　侵权必究
如有印装质量问题，本社负责调换。

序言

　　未来的竞争，不仅仅是文化、科技和自主创新能力的竞争，更将是哲学意识和审美能力的竞争。文化创意产业作为"美学经济"，作为国家经济环节中的重要一环，其未来走势备受关注。

　　党的十八大提出"美丽中国"建设。党的十九大报告提出"推动新型工业化、信息化、城镇化、农业现代化同步发展""推动中华优秀传统文化创造性转化、创新性发展""不忘本来、吸收外来、面向未来、更好构筑中国精神、中国价值、中国力量，为人民提供精神指引"。毋庸置疑，未来，提高"国家内涵与颜值"，文化创意产业责无旁贷。

　　2014年1月22日，国务院总理李克强主持召开国务院常务会议部署推进文化创意和设计服务与相关产业融合发展。会议指出，文化创意和设计服务具有高知识性、高增值性和低消耗、低污染等特征。依靠创新，推进文化创意和设计服务等新型、高端服务业发展，促进与相关产业深度融合，是调整经济结构的重要内容，有利于改善产品和服务品质、满足群众多样化需求，也可以催生新业态、带动就业、推动产业转型升级。之后，"跨界""融合"就成了我国国民经济发展，推动传统产业转型升级的热词。但是，如何使文化更好地发挥引擎作用？文化如何才能够跨领域、跨行业地同生产、生活、生态有机衔接？如何才能引领第一产业、第二产业、第三产业转型升级？这些都成了我国经济结构调整关键期的重要且迫在眉睫的研究课题。

开展"'文化创意+'传统产业融合发展研究",首先要以大文化观、大产业观梳理出我国十几年来文化创意产业发展中存在的问题,再以问题为导向,找到问题的症结,给出解决问题的思路和办法。

我国发展文化创意产业至今已有十几个年头,十几年来,文化创意产业的发展虽然取得了非常显著的成就,但也存在一些发展中的困难和前进中的问题,制约了文化创意产业的更大、更好发展。习近平总书记的"美丽中国""文化自信""核心价值观"以及"培育新型文化业态和文化消费模式"的提出,无不体现党和国家对文化、文化产业以及文化创意产业的高度重视。2017年8月,北京市提出"把北京打造成全国文化创意产业引领区,打造成全国公共文化服务体系示范区"的发展思路,建设全国文化中心。这可以说再一次隆重地拉开了文化创意产业大发展的序幕,同时也为全国的城市发展和产业转型升级释放出发展的信号,指明了一个清晰的发展方向——建设文化引领下的城市与发展文化引领下的产业。

现在,到了认真回顾发展历程与展望未来的一个重要时间节点。当前,我们应该沉下心来,冷静地思考,回顾过去、展望未来。回顾过去是为了总结经验,发现不足,梳理思路,少走弯路,找出问题的症结;展望未来会使我们更有信心。回顾过去的十几年,大致可分为五个阶段。

第一阶段:798阶段。自2002年2月,美国罗伯特租下了798的120平方米的回民食堂,改造成前店后公司的模样。罗伯特是做中国艺术网站的,一些经常与他交往的人也先后看中了这里宽敞的空间和低廉的租金,纷纷租下一些厂房作为工作室或展示空间,798艺术家群体的"雪球"就这样滚了起来。由于部分厂房属于典型的现代主义包豪斯风格,整个厂区规划有序,建筑风格独特,吸引了许多艺术家前来工作、定居,慢慢形成了今天的798艺术区。2007年,随着党的十七大"文化大发展、大繁荣"战略目标的提出,全国各地的文化创意产业项目开始跃跃欲试,纷纷上马。

在这个阶段,人们一旦提起文化创意产业就会想起798艺术区;提起什么才是好的文化创意产业项目,人们也会认为798艺术区是个很好的范例。于是,全国各地负责文化产业的党政干部、企事业相关人员纷纷组成考察团到798艺术区参观、学习、考察,一一效仿,纷纷利用闲置的厂区、空置的车间、仓库引进艺术家,开始发展各自的文化创意产业。然而,几年下来,很多省市的"类798艺术区"不但产业发展效果不明显,有的甚至连艺术家也没有了。总之,大同小异,存活下来的很少。总体来说，这个阶段的优点是工业遗存得到了保护；缺点是盈利模式单一，产业发展效果不尽人意。

第二阶段：动漫游戏阶段。这个阶段涵盖时间最长，基本上可以涵盖2005—2013年，覆盖面最广，范围最大，造成一些负面影响。在这个阶段，文化创意产业领域又出现了一种普遍现象，人们一旦提起文化创意产业就一定会提到动漫游戏；一旦问到如何才能很好地发展文化创意产业，大多数人都认为打造文化创意产业项目就是打造动漫产业项目。于是，全国各省市纷纷举办"国际动漫节"，争先恐后建设动漫产业园，好像谁不建动漫产业园谁就不懂得发展文化创意产业，谁不建动漫产业园谁就跟不上时代的步伐。建设动漫产业园之势可谓是浩浩荡荡、势不可当。浙江建，江苏也建；河北建，河南也建；广东建，广西也建；山东建，山西也建。一时间，全国各省市恨不得都做同样的事，也就是人们都在做同样的生意，因此形成了严重的同质化竞争。几年下来，全国建了一批又一批动漫产业园，大多数动漫产业园基本上又是一个模式、大同小异：很多房地产开发商纷纷打着文化的牌子，利用国家政策，借助政策的支持，跑马圈地。其结果是不但动漫产业没发展起来，甚至是连个像样的产品都没有，结果导致很多动漫产业园又成了一个个空城。归纳一下，这个阶段的优点是游戏得到了很好的发展，尤其是网络游戏；缺点是动漫产业发展不尽人意，动漫产业园更是现状惨淡，可谓是一塌糊涂。

第三阶段：文艺演出、影视阶段。随着文化创意产业发展的不断深入，我国文化创意产业又开始进入文艺演出热阶段，在这个阶段一旦提起文化创意产业，人们又开始认为是文艺演出、文艺节目下乡、文艺演出出国、文艺演出走出去等，可谓是你方唱罢我登场，热闹非凡。在这个阶段，人们都又开始把目光投到文艺演出上，具体表现在传统旅游景点都要搞一台大型的文艺演出、各省市借助传统民俗节庆名义大搞文艺演出活动，甚至不惜巨资。2010年1月，随着《国务院办公厅关于促进电影产业繁荣发展的指导意见》的出台，我国又开始掀起电影电视产业发展新高潮。有一项调查表明：2009年、2010年、2011年连续三年每年都拍1000多部影视剧，但是20%盈利、30%持平、50%赔钱，这还不包括那些没有被批准上映的影视剧。在全国各省市轰轰烈烈开拍各种各样题材的影视片的同时，一些对国家政策较为敏感的企业，尤其是房地产企业，也把目标瞄向了影视产业，开始建立影视产业园，于是影视产业园如雨后春笋般地出现在全国各省市。其形式同动漫产业园基本类同，不外乎利用政策的支持，变相跑马圈地。

这个阶段的优点是文艺演出、影视得到了相应的发展；缺点是大多数影视产业园名不副实。

第四阶段：无所适从阶段。2013年，经过前几个阶段后，可以说是直接把文化创意产业推入了一个尴尬的境地，其结果是导致文化创意产业直接进入第四个阶段。可以说，几乎是全国各地各级管理部门、各企事业单位、甚至是整个市场都进入了一个无所适从阶段。在这个阶段，人们认为什么都是文化创意产业，什么都得跟文化、创意挂钩，恨不得每个人都想从文化创意产业支持政策中分得一杯羹。总之，在这个阶段，政府犹豫了，不知道该引进什么项目了；企业犹豫了，不知道该向哪个方向投资了；更多的人想参与到文化创意产业中来，又不知道什么是文化、什么是创意、什么是文化创意产业，真可谓是全国上下无所适从。

第五阶段：跨界·融合阶段。2014年2月26日，《国务院关于推进文化创意和设计服务与相关产业融合发展的若干意见》的发布，真正把我国文化创意产业引向了一个正确的发展方向，真正把我国文化创意产业发展引入了一个正确发展轨道——跨界·融合的发展之路。如何跨界、如何融合？跨界就是指让文化通过创造性的想法，跨领域、跨行业与人们的生产、生活、生态有机衔接。融合就是让文化创意同第一产业、第二产业、第三产业有机、有序、有效融合发展。可以这么说，2014年是我国文化创意产业发展的一个新的里程碑，也是一个分水岭，对我国文化创意产业的良性发展产生了积极的促进作用。

回顾过去五个阶段，我们深深意识到，中国经济进入发展新阶段处在产业转型期，如何平稳转型落地、解决经济运行中的突出问题是改革的重点。现在，虽然经济从高速增长转为中高速增长，但是进入经济发展新常态，必须增加有效供给。文化产业、文化创意产业作为融合精神与物质、横跨实物与服务的新兴产业，推动供给侧结构性改革责无旁贷。

在经济新常态下，文化的产业化发展也进入了一个新常态，在产业发展新常态下，文化产业的发展也逐步趋于理性，文化、文化产业、文化创意产业的本质也逐渐清晰。随之而来的是文化产业的边界被逐渐打破，不再有局限，范围被逐渐升级和放大。因此，促使文化加快了跨领域、跨行业和第一产业、第二产业、第三产业有机、有序、有效融合发展的步伐。

在产业互联互通的背景下，文化创意产业并不局限于文化产业内部的跨界融合，而正在和农业、工业、科技、金融、数字内容产业、城乡规划、城市规划、建筑设计、国际贸易等传统行业跨界融合。文化资源的供应链、文化生产的价值链、文化服务的品牌链，推动了文化生产力的高速成长。

在产业大融合的背景下，文化创意产业以其强大的精神属性渐趋与其他产业融合，产业之间的跨界融合将能更好地满足人们日益增长的个性化需求。打通文化创意产业的上下游链条，提升企业市场化、产业化、集约化程度，是有效推动我国经济结构调整，产业结构转型升级的必然选择。

基于此，我们整合了来自政府部门、高等院校、科研机构、领军行业等的相关领导、学者、专家在内的百余人的研究团队，就"'文化创意+'传统产业融合发展"进行了为期三年的调查研究和论证，形成了一个较为完善的研究框架。调研期间，我们组成26个课题组，以问题为导向，有的放矢地针对国内外各大传统产业及相关行业进行实地调研，深入了解"文化创意+"在传统产业发展中的定位、作用、重点发展领域以及相关项目。在调研成果基础上，我们从"农业""电力工业""旅游业""金融业""健康业""广告业""会展业""服饰业""动漫游戏""生态环境产业""产城融合""国际贸易"等26个角度，全方位剖析"文化创意+"与传统产业融合发展的路径与模式，力图厘清"文化创意+"与传统产业融合发展的当下与未来，找到我国经济结构调整、传统产业转型升级的重要突破口。

同时，在每个子课题内容上，从案例解析、专家对话与行业报告等多个层面进行叙述，研究根植于"文化创意+"传统产业融合发展的实践过程，研究结果也将反作用于"文化创意+"传统产业融合发展的实践，从提出问题入手，全面分析问题，对趋势进行研判。研究成果将能够为文化建设、文化产业转型升级、传统产业可持续发展的实际提供借鉴，最终探索出"文化创意+"与传统产业融合发展的现实路径。

截至今日，已完成系列丛书的第一辑，共12分册，即《"文化创意+"农业融合发展》《"文化创意+"电力工业融合发展》《"文化创意+"旅游业融合发展》《"文化创意+"健康业融合发展》《"文化创意+"金融业融合发展》《"文化创意+"服饰业融合发展》《"文化创意+"动漫游戏融合发展》《"文化创意+"广告业融合发展》《"文化创意+"会展业融合发展》《"文化创意+"产城融合发展》《"文化创意+"生态环境产业融合发展》《"文化创意+"国际贸易融合发展》。其余的课题，将会陆续完成。

本套丛书紧紧围绕如何服务于党和国家工作大局，如何使文化产生更高生产力，如何使文化发挥引擎作用，引领第一产业、第二产业、第三产业转型升级展开，以问题为导向，本着去繁就简的原则，从文化创意产业的本质问题和26个相关行业融合发展两方面展开。

第一方面以大文化观、大产业观深刻剖析文化创意产业的本质。2016年3月，此课题被列入"十三五"国家重点出版物出版规划项目后，我们即组织专家学者，重新对文化创意产业的本质问题就以下几个核心方面进行了系统梳理。

1. 文化创意产业的相关概念与定义

文化是人类社会历史发展过程中所创造的物质财富及精神财富的总和。是国家的符号，是民族的灵魂，是国家和民族的哲学思想，是城市与产业发展的引擎，更是供给侧的源头。

创意是指原创之意、首创之意。是智慧，是能量，是文化发展的放大器，是文化产业发展的灵魂，是传统产业转型升级的强心剂，更是新时代生产、生活、生态文明发展的核心生产力。

产业是指行业集群。是国家的支柱，是命脉，是人们赖以生存的根本，更是文化发展、国家经济结构调整的关键所在。

文化创意产业是把文化转化为更高生产力的行业集群。是文化产业与第一产业、第二产业、第三产业的整体升级和放大，是新时代最高级别的产业形态。

2. 我国发展文化创意产业的意义

文化创意产业项目的规模和水平，体现了一个国家的核心竞争力，我国发展文化创意产业，对于调整优化我国产业结构，提高我国经济运行质量；传承我国优质文化，弘扬民族先进文化；丰富人民群众文化生活，提升人民群众文化品位，增强广大民众的历史使命感与社会责任感；培育新型文化业态和文化消费模式，引领一种全新而美好的品质生活方式；提升国家整体形象，提升我国在国际上的话语权，增强我国综合竞争力，促进传统产业的转型升级与可持续发展都具有重大战略意义。

3. 我国发展文化创意产业的目的

我国发展文化创意产业的目的是使原有的文化产业更具智慧，更具内涵，更具魅力，更具生命力，更具国际竞争力，更能顺应时代发展需要；能够使文化发挥引擎作用，激活传统产业，引领其转型升级。

我国发展文化创意产业，从宏观上讲，是赶超世界先进发达国家水平，提升国家整体形象;从微观上讲,是缓解我国产业转型升级压力,弥补城市精神缺失,解决大城市病的问题;从主观上讲,是丰富人民群众文化生活,提升人民群众文化品位,使人民群众充分享受文化红利,缩小城乡居民待遇差距;从客观上讲,是全国人民自愿地接受新时代发展需要的产城融合,配合文化体制、城乡统筹一体化的改革。

总之,我国发展文化创意产业的最终目的是,把文化转化为更高生产力;把我国丰富、优质而正确的文化内容通过创造性的想法融入产品、产业发展的审美之中,融入人们的生产、生活、生态的审美之中,然后按照市场经济的规律,把它传播、植入、渗透到世界各地。

4. 文化创意产业的经济属性、原则和规律

文化创意产业,说到底还是经济行为,既然是经济行为,就应该有经济属性,文化创意产业的经济属性是美学经济,因为文化创意产业的所有板块均涉及如何将丰富的文化内容创造性地融入其产品的审美之中。

美学经济是文化创意产业发展的规律和原则,也就是说原有产业由于美之文化的介入,会增加内涵、提升魅力并形成正确而强大的精神指引,以此促使产业链的无限延伸与裂变。文化创意产业所指的美是需要设计者、创作者等能够充分了解美的一般规律和原则,并遵循这个规律和原则。既然是规律就要遵循、既然是原则就不可违背,所以说文化创意产品必须是美的,不但表现形式美,更要内容美,也就是说一个好的文化创意产品必须是从内到外都是美的,因为美就是生产力。

5. 文化创意的产品特点、产业特征、产业特性

产品特点:原创性,具有丰富、优质、正确、正能量的文化内涵,有一定的艺术欣赏价值和精神体验价值,低成本、高附加值,可以产生衍生品且其衍生品可大量复制、大规模生产,有一条完整的产业链。

产业特征:以文化为本源,以科技为后盾,以艺术体验为诉求,以市场为导向,以产业发展为出发点,以产业可持续发展为落脚点,以创意成果为核心价值,以美学经济为发展原则。对资源占用少,对环境污染小,对经济贡献大。

产业特性:以文化为价值链的基础,进行产业链的延伸与扩展,文化通过创意与相关产业融合使其产业链无限延伸并形成生物性裂变,从而使文化创意产业形成几何式增长。

第二方面了解文化创意与传统产业融合发展的方向、方式和方法。关于这方面内容，在各个分册中有详细阐述。

总之，我国文化创意产业的兴起，标志着生活艺术化、艺术生活化，产业文化化、文化产业化，产业城市化、城市产业化，文化城市化、城市文化化时期的到来；意味着文史哲应用化时期的开始；预示着一种全新而美好的品质消费时代的降临。基于此，在这样一个全新的历史时期，文化创意产业应如何发展？文化创意应如何引领传统产业转型升级？文化创意产业重点项目应如何打造？又如何把它合理规划并形成可持续发展产业？是我国经济发展的迫切需要；是直接关系到能否实现我国经济结构调整、传统产业转型升级并跨越式发展的需要；是我们如何顺应时代潮流，由"文化大国"向"文化强国"迈进的重大战略的需要；是我们有效践行"道路自信、理论自信、制度自信、文化自信"的需要。

在我国经济结构调整、传统产业转型升级的关键时期，要发展我国文化创意产业，就必须加快推进文化创意与传统优质产业融合发展的国际化进程，在生产方式和商业模式上与国际接轨；必须做到理论先行，尽快了解文化创意产业的本质，确立适合自身发展的商业模式；必须尽快提高文化创意产业项目的原创能力、管理水平、产业规模和国际竞争力，在国内与国际两个市场互动中，逐步向产业链上游迈进；在产业布局上，与国际、国内其他文化创意产业项目避免同质竞争，依托我国深厚而多元的文化优势、强大而充满活力的内需市场加之党和国家的高度重视、大力支持以及社会各界的积极参与。可以预见，一定会涌现出越来越多的属于我国自身的、优秀的独立品牌；必将会形成对我国经济结构调整、传统产业转型升级的巨大推动效应；必将会成为国际、国内一流的战略性新兴产业集聚效应的成功典范；也必将成为国际关注的焦点。

本套丛书的出版，将是新时代理论研究的一项破冰之举，是实现文化大发展、经济大融合、产业大联动、成果大共享的文化复兴的创新与实践。当然，一项伟大的工程还需要一个伟大的开端，更需要有一群敢为天下先的有志之士。纵观中国历史上的文化与产业复兴，没有先秦诸子百家争鸣，就没有两汉农业文明的灿烂；没有魏晋思想自由解放，就没有唐明经济的繁荣；没有宋明理学深刻思辨，就没有康乾盛世的生机盎然。基于此，才有了我们敢于破冰的勇气。

由于本人才疏学浅，其中不乏存在这样或那样的问题，还望各位同人多提宝贵意见和建议；希望能够得到更多有志之士的关注与支持；更希望"'文化创意+'

传统产业融合发展研究"这项研究成果，能够成为我国经济结构调整、产业结构转型升级最为实际的理论支撑与决策依据，能够成为行业较为实用的指导手册，为实现我国经济增长方式转变找到突破口。

最后，我谨代表"十三五"国家重点出版物出版规划项目"'文化创意+'传统产业融合发展研究系列丛书"课题组全体成员、本套丛书的主编向支持这项工作的领导、同人以及丛书责任编辑的辛勤付出表示衷心感谢！由衷地感谢支持我们这项工作的每一位朋友。

是为序！

耿秀彦

2019 年 3 月

前言

完成初稿的日子,适逢国家设立的第二个"中国品牌日"——2018年5月10日。这使已经封陈数日的思绪瞬间有感!回顾起一年前曾经见到的公告——《国务院关于同意设立"中国品牌日"的批复》,其内容为我国自2017年起,将每年的5月10日设立为中国品牌日。当此批复全文发布在中国政府网等权威媒体平台后,社会上一时引发的"中国品牌热"令众媒体不能自己,那些对"本土品牌""中国创造"的殷殷期待至今仍然历历在目。

于是,"品牌"这个看起来人们既熟悉又"蒙圈"的概念,以国务院命名的"仪式感"重新燃屏!将人们带入新的一轮品牌"围观"。一切,不仅意味着广大社会公众有机会深谙品牌,也意味着企业需要重识品牌,升级品牌,使品牌年轻化!一年一度的品牌"狂欢"日,迎来的是新的品牌市场占位和传媒话语权竞争。

无限风光在品牌,在品牌的竞争力!而品牌的竞争力又何在?

文化创意与广告业,关联起二者的正是品牌!

品牌实体是产品,品牌精神是文化,品牌的灵魂是文化创意!

品牌是什么?品牌是传统广告业的经营目标;品牌是当代数媒语境下广告业新生态的终极追求。"品牌"的英文表述"Brand"源自古挪威文,具有"烧灼"之意,中世纪欧洲的匠人们用打烙印的方法在自己的手工艺品上留下标记,以便顾客识别产品的产地和生产者,这可谓"品牌"的雏形。立足于商业经济实体机构即企业视角:品牌首先是一种产品的识别符号,由品牌名称和产品概念构成。品牌使每个产品都有一个自己的名字——具有文化元素的构连性,如腾讯、紫光阁等,赋予产品在名称和符号化上的意义,使人联想与铭记。伴随整个社会生产力发展到消费者自主选择产品的"买方市场"之后,产品的品牌语言即成为消费者辨别其使用价值,实现其价值交付的符号体系。今天,品牌是一切商业企业赖以生存的无形资产;品牌是广大消费者追逐生活品质的表征。品牌意蕴着承诺、信任、质量、名誉和担当。其中,我们看到了品牌的文化软实力,也看到了品牌的市场强势!

在一个科技飞快发展,产品迅速同质化的时代,产品的形态、使用价值以及价值实现都可能"分分钟"地出现产品功能的替代品。而品牌的形象与理念、文化气息、风格与调性却是独树一帜难以取代的。品牌虽然是通过创意元素的策略性传播打造出来的形象产品,却是能够沁入心扉,沉浸在人们心灵深处的精神体验。这一切的被感知和享受,统统源于发乎人本又高于人本的文化气息。

文化激活品牌,文化滋养品牌,文化缔造品牌,文化升级品牌!正是文化创意造就了无形的,却可能是巨大的品牌资产。这是国家的实力,是民族的财富,是文化的生产力!

广告就是人性的沟通,品牌的竞争力在其文化内涵。一个"恒源祥",源自"恒罗百货、源发千祥",于是拥有了恒源祥相当于拥有了天时、地利、人和。全球著名运动品牌耐克(Nike),以简单的勾形图案作为标志,弥漫着一种动感、活力、富有创造性的"酷"时尚。

文化是识别一个民族的基因,创意是一个国家或企业发展的内力。文化创意给予社会经济的贡献更多的是通过品牌文化途径实现的。当今世界进入了"后品牌"竞争——品牌的迭代和升级时代,品牌以特定的形象符号标记产品,依赖文化基因赋予其特殊的秉性,文化给予"品牌定位"和个性价值以及不断"年轻化"。品牌的"命"在品牌经营者和品牌传播者的文化格局里。品牌不仅是企业综合实力的象征符号,也是融合国家软、硬实力的国家符号,成功的品牌形象无一不包含文化价值观和创新思想的基因。

曾几何时,"文化创意"以及"文化创意产业"成为我国最有时尚感、最有号召力,也最符合政策导向的正能量符号。的确,这是文化创意自身的魅力。然而我们更期待的,绝不仅仅是一个五彩缤纷的符号造型或声色俱全的视频效果,而是源于"文化创意"的某种内生性精神力量,以及由这种力量形成的文化主导传播的吸引力、感染力和影响力。

大时代,技术驱动,传媒喧嚣,价值多元,文明进化。一个越来越复杂的社会生态体系更需要通过文化元素开启人们的心灵,构筑生产力,点燃思想力,激活传播力,释放影响力。企业或者产品的品牌化建设,首先是品牌文化之建设,是服务精神之建设。现代品牌的市场竞争已经不是标识性的,也不会停留在CIS层面,而是品牌文化的力量与能量的竞争。品牌的迭代与升级,是商业文化与创意元素的与时俱进,这是品牌文化的竞争性管理,也是品牌形象的传播性管理。由于品牌文化生态中的市场环境、消费者或用户、竞争者和竞品等因素都在变化,品牌文化的内涵也需要升级换代,亦可称为品牌更新、品牌刷新、品牌迭代或重新品牌化,即在品牌文化传承基础上的与时俱进,提升形象价值使品牌"永葆青春",使品牌形象中蕴含的文化元素更进化、更扎心、更具有当代气息。伴随全程媒体、全息媒体、全员媒体、全效媒体的生态演进,品牌传播需要深度融进消费者的生活场景,将品牌的人格化进行到底!以广告主、广告公司和广告媒介共同构成的广告产业三大主体,在先进文化思想的动能下,需要提高品牌素养等专业资质。当代广告产业的走向是在人文价值和社会效益的导向下,深度生产和打造具有新时代商业文化气息的品牌触点,即用户的心理触点,洞悉消费者的动态需求,使其通过身心体验沉浸于品牌的人性化场景中,享受品牌利益,消费品牌价值。

关于创意与传播,2012年国内广告学者就提出了"创意传播管理"这一范畴,以传播学视角重析创意,同时从管理学的高度深刻阐释了"创意传播"概念。脱离了商品(商业消费品或服务等)实体性能的广告创意,可以将广告客体,即广告媒介的消费者纳入社会生活的共同体中,以人为本的文化机制取向,成为选择和优化广告创意元素的原则与底线;以协同创意为索引的符号机制取向,可以卷入与粘着更多的广告目标受众,在"沟通元"与"引爆力"等文化元素的创意势能下,广告主目标中的广告媒介受众,首先是传媒文化的主动消费者,然后才是品牌信息的自觉接受者。

如上逻辑,本书的渐入范式和内容结构如下:

文化元素→广告创意→品牌缔造→产业升级→经济效益+社会效益的"双赢"

第一章　机制:"文化创意+"广告业融合发展的机制

第二章　属性:广告传播在基因上的文化创意属性

第三章　动因：文化创意对广告主体的动因作用
第四章　势能：文化创意对广告客体的势能影响
第五章　交融：文化创意产业与广告产业的交融性
第六章　路径："文化创意+"广告业融合发展的路径

本书在每一章的最后部分都列举了实例，并附上案例导读，以辅证该章的主要观点。

案例一：特仑苏与湖南卫视打出跨年零点广告的"文化牌"

是文化创意，将特仑苏这款牛奶整合到湖南卫视的跨年晚会中，在"零点"这一晚会的高潮时刻，通过几位普通人的旧岁感慨和新年展望，诉说了"你的更好的2015，从哪里开始"！这是一个浓郁的人生问题，瞬间把传媒受众带入一种对生活的感慨、反思、展望与梦想中。这一设问不仅能在跨年零点这一刻打动人心，而且对新年的每一天都会产生积极向上的正能量意义。一张"文化牌"，将两个品牌双双升华至一个祝福人生的价值高端。

案例二：一件"哈撒韦"衬衫的幸运

形象是无形的，但不是虚无的！一只1.5美元的黑色眼罩，托起了一个驰名至今的巨型企业品牌。从广告创意大师奥格威的"品牌形象法"，到股神巴菲特的金融资本运作，幸运的"哈撒韦"品牌之成功，绝非得益于一件衬衫的物料美款，而要归结于超越了产品功能而赋予品牌鲜明个性形象的文化创意！在商不言商，却言文化。

案例三："广告人"从一本期刊到产业集团的突围

由一本传统期刊发展为一个庞大的产业集团实体，靠的是专业人做专业事，靠的是广告与文化的天然契合与专业力！至今，"广告人文化集团"在中国广告市场已经打造出一个响当当的文化品牌：首先是广告主；其次是专业广告人；最后是广告媒介平台。迄今已经连续12年举办的，在我国唯一一个经国务院批准认证的大学生广告赛事——"学院奖"，黏住了全国1500多所高校师生，营造出一个面向3000万在校大学生的品牌年轻化创意大格局，大数据般的市场业绩印证着：广告人是靠文化炼成的！

案例四：一双筷子的创意传播与文化传承

一双筷子，承载了中华传统文化的浓情厚礼！央视公益广告《筷子》能被网友称为"可能是央视有史以来最好的广告了"实属不易！广告里一个个温婉的故事诉求展现出不同的人生场景,将平常人、普通事、一桌饭、各种情浓缩到一双筷子上,形成了中华传统文化符号的强势吸附性,激发了媒介受众的共鸣,这就是文化的张力、情感力、思想力、传播力和影响力。

案例五:早已走在广告公司路上的"华为"

今天的"华为"可能无人不晓,作为一家全球领先的信息与通信(ICT)基础设施和智能终端提供商,除了拥有位居世界前端的高科技,还被网友称为"早已走在广告公司的路上"!一切皆由华为的品牌广告之专业、之文化、之创意、之"扎心"所为:朴实无华中那满满的爱和暖暖的情,用心即神!文化创意中的品牌形象永远是人性的、温情的、真诚的、令人难以忘怀的。

案例六:"除夕夜"与中华传统的节日文化

数字文明大时代,"节日"还重要吗?当除夕夜零点钟声敲响的时候,你是否想到这是中国北斗卫星定位系统授予的精确时间?从"文化"到"人化",再到"仁化","观乎人文以化成天下"!这是中华文明创世传世的基础机制。文明是人类生活方式的价值总和,把握脉络探寻中华文明的源远流长和血脉相承,这是广告创意的文化源泉、文化思想和文化生产力。

以上,都是文化的味道,是品牌的味道,是广告的味道,是"文化创意+"广告业融合发展使然!

目录

第一章 "文化创意+"广告业融合发展的机制

第一节 基于传播的文化创意价值机理 /2
　一、关于文化创意价值和文化创意现象的反思 /2
　二、文化创意的本质在于聚合并优化传播要素 /4
第二节 基于品牌营销传播的广告业天职 /10
　一、广告是有目的的信息传播活动 /10
　二、广告业是生产品牌形象的产业 /18
第三节 "文化创意+"广告业的融合性 /24
　一、"文化创意+"广告业融合发展的理论依据 /24
　二、"文化创意+"广告业融合发展的实践基础 /26
　三、"文化创意+"广告业融合发展的思维机制 /28

第二章 广告传播在基因上的文化创意属性

第一节 文化创意是广告营销传播的灵魂 /44
　一、广告创意与生俱来的文化属性 /44
　二、广告创意与文化创意的异同 /49

第二节　文化创意在广告营销活动中的表征 /54
　　一、文化创意在广告活动中的理念表达 /54
　　二、文化创意在广告互动中的行为表现 /55
　　三、以文化创意提升广告传播效果的理论基础 /57
第三节　文化创意在广告传播中的"张力"与功能 /58
　　一、文化创意在广告中的基因作用 /58
　　二、文化创意在广告作品中的符号"张力" /59

第三章　文化创意对广告主体的动因作用

第一节　文化创意对广告主的动能推动力 /74
　　一、文化创意使商业品牌具有人文情怀 /74
　　二、文化创意必然提升广告主的文化素质 /77
　　三、品牌素养成为广告主的专业资质 /79
第二节　文化创意对专业广告人的"催化"作用 /82
　　一、创意永远是广告人的专业"卖点" /82
　　二、广告人是商业品牌文化的缔造者 /83
　　三、文化创意催生广告人的品牌素养 /84
第三节　文化创意对广告媒体的促动 /87
　　一、广告媒体与广告文化的同生共长 /87
　　二、传媒文化具有建构公共价值意识的社会功能 /88
　　三、当代传媒文化的特征与传媒人的媒介素养 /90

第四章　文化创意对广告客体的势能影响

第一节　文化元素是品牌与消费者之间的"沟通元" /110
　　一、"扎心"的文化创意更迎合社会公众的精神需求 /110
　　二、文化创意就是构建品牌与消费者之间的"沟通元" /112

第二节　文化创意是品牌与广告受众之间的"引爆点"/115

　　一、传媒文化的深度细分对传统媒体"大众"的解构 /115

　　二、广告客体的媒介消费与文化创意的"走心"状态 /120

　　三、文化元素影响广告受众的心路历程 /123

第三节　文化创意的品牌赋能与影响力 /128

　　一、广告受众的认知规律与信息解读模式 /128

　　二、文化元素与文化事件的"引爆点"功能 /132

　　三、广告文化元素与文化创意的影响力 /134

第五章　文化创意产业与广告产业的交融性

第一节　"文化创意产业"与"广告产业"范畴 /150

　　一、关于"文化创意产业"范畴 /150

　　二、关于"广告产业"范畴 /158

第二节　文化创意产业与广告产业的关联性 /162

　　一、文化创意产业与广告产业的关系辨析 /162

　　二、广告是文化创意产业之"秀"/166

第三节　文化创意产业与广告产业的交互融动 /169

　　一、"文化创意"需要全力开发自身的产业功能 /169

　　二、广告产业中文化创意缺失的表征 /171

第四节　文化创意升级广告品牌永远是刚需 /175

　　一、"重要的事情说三遍"不是重复而是升级 /175

　　二、文化创意产业提升广告产业的社会地位 /177

第六章　"文化创意+"广告业融合发展的路径

第一节　中华优秀传统文化是广告创意的主导性资源 /186

　　一、中华优秀传统文化给予广告创意肥沃的土壤 /186

二、中华优秀传统文化的内容价值与符号表征 /190
　　三、中国元素是我国广告文化创意的主要物料 /192
　第二节　数媒环境下广告产业的新形态 /197
　　一、数字媒介环境下品牌的年轻化与 IP 化 /197
　　二、数字营销传播效果中的文化体验 /203
　第三节　科技发展对文化创意与广告业融合的驱动力 /209
　　一、科技发展的客观性与"双刃剑"作用 /209
　　二、科技发展对广告文化创意的影响 /211
　　三、新语境下文化创意对广告业升级的质化作用 /214

237 主要参考文献

241 后记

第一章 "文化创意+"广告业融合发展的机制

文化是人类特有的沟通元
广告是人性的沟通
文化创意与广告品牌的天然契合
撬动"文化创意+"广告业融合发展的机制

第一节 基于传播的文化创意价值机理

一、关于文化创意价值和文化创意现象的反思

（一）文化创意价值的机理分析

1. 何谓文化创意价值的"机理"

"机理"是指为达到某一目的或实现某一功能，在一定的系统结构或平台构成中各个要素的内在作用方式，亦为各个要素在一定条件下相互联系、相互作用的原理，它包括构成的要素以及这些要素之间的交互关系两个方面。"价值机理"是指能够形成一种价值的关联系统或平台构成中各要素彼此之间交互作用的缘由和逻辑学原理。文化创意的价值机理是形成文化创意价值的关联系统中各个要素之间内在的结合关系、交互作用以及彼此激活的结构原理。

2. 何谓文化创意价值形成的"机制"

"机制"是指系统或平台各要素之间的结构关系和运行路径，是"机理"的实现方式和通路。文化创意以及文化创意产业曾经成为我国最富有时尚感、最具备商业号召力、最贴合政策导向的正能量符号，这是"文化创意"以及相关政策自身的魅力。然而公众更期待的不仅仅是一个五彩缤纷的符号造型或光怪陆离的声电效果，而是源于"文化创意"某种内生性的文化力量，这种力量只有通过传播，被媒介受众触达并有所感知，才能彰显其文化符号载体的意义和思想价值，继而进一步形成一种主导性、具有特定文化价值吸引力、感染力和影响力的"文化创意"产品。故此，文化创意价值的基础在于是否能够创制饱含文化涵义的创意产品的载体形态；文化创意价值的生成在于产品是否能够有效地触达目标用户即消费者；文化创意价值的高低在于是否产生合目的的传播效果，这是一个文化性的、具有心理学意义的"创意—传播—认知—反馈"过程。故此，"文化创意"

价值产生的机制可以解构如图 1-1 所示。

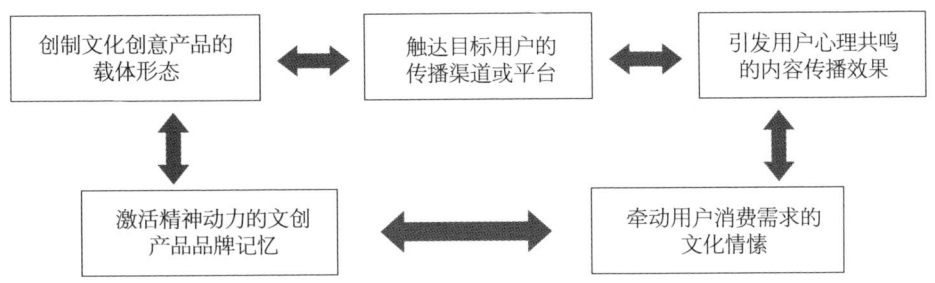

图 1-1　文化创意产品价值形成的机制

由此可见,"文化创意"价值的生成,需要具备以下条件：
第一,文化创意要呈现出其文化产品形态——具备创意载体；
第二,文化创意载体要进入能够触达目标用户的渠道或平台——拥有传播媒介；
第三,文化创意的内容能够被用户接受——具有用户需求的内容；
第四,文化创意产品能够引发用户的心理感应和共鸣——满足用户的文化消费；
第五,文化创意产品能够激活用户的知识元——具备文化品牌的影响力。

(二) 对"文化创意产业园"现象的反思

关于"文化创意产业"这一概念,不少公众都是从对"文化创意产业园区"、日韩动漫或热款游戏等商业生态的认知开始的。曾几何时,"文化创意产业"成为我国最流行、最容易融资也最容易获得政府专项资助的"倾斜性"产业。那时间,"文化创意产业园"因其鲜花绽放和色彩斑斓的标志性建筑,经常使行人驻足观望；此起彼伏的文化创意产业园区"嘉年华"主题活动更是带来一波又一波的"游园"热潮。必须充分肯定的是,这些是文化的产业化,也是文化创意的形态化,但并非文化创意产业的全部,无论自身如何魅力无穷,只能作为一种文化创意产业生态的现象级代表。

故此,本书在探索"文化创意+"广告业融合发展之前,首先针对我国在"文化创意"领域以往的认知状况与现实,找寻"文化创意"的本意,在归位于"文化创意"原生态的基础上,进一步结合时代元素,探究其可能产生的社会效益和经济效益,即"文化创意"有可能蕴藏的产业化动能。以此作为我们阐释"文化创意+"广告业融合能够健康发展的逻辑前提和理论基础。这既是推动新时代的广告业——包括一切商业品牌营销和公益广告传播的"大广告"发展所需要的新视角,也是推动我国文化创意进一步产业化并提升产业效益必要的反思。

二、文化创意的本质在于聚合并优化传播要素

(一)文化创意是驱动社会文明进步的理性行为

1."文化"何意

"文化"是一个广泛而深远的社会历史范畴。作为人类活动特有的标志,人类有史以来的文化研究者们对"文化"现象的关注源远流长,而对"文化"含义的注解却莫衷一是,关于"文化"一词有过多种释义。英语中的"Culture"一词,是从拉丁词根发展而来,并延伸出种种不同的意思和用法,成为英语中最难界定的概念之一,其中有的定义过于宽泛,有的定义又过于狭窄。广义的"文化"泛指人类活动的模式以及其符号化的结构表达;狭义的"文化"通常针对不同领域或不同地域的细分,特指某种源于人们生活或社会存在方式的物质文化或精神文化,亦即物质文化或精神文化的统称。可见,文化表征了一切具有某种人类认知意义的东西,包括言说的内容倾向、实体物件的象征意义、行动或活动的效果取向、事件的影响意义等。所以,文化与人关联,与人的认知关联,与人的命运关联。

笔者在这里不再赘述,只想简言之:文化就是"人化"。古往今来,东西贯通,伴随历史的不断沉积,新生的不断滋生,滚滚而来,润养沿袭。

"文化"的本质在于其"人性"的表达;人的本质在于其社会性;社会的本质在于人们由于不同文化而连接起来的社会关系,即社会人文关系的总和。文化是人类对自然界和社会的反映,人的社会性通过文化的链接得以呈现,人类社会的历史通过文化的传承得以延续而富有逻辑性和客观性。所以,文化是人类在自然界和社会生活中体现其特定价值的总和,是借助于某种传播工具而进行的彼此沟通。文化既是人们社会交往的纽带,也是人类社会交往的形式。

必须看到,文化只有在传播中才得以发生作用,通过唤醒人的心灵而产生固有的精神力量。存在与反映(或反应),这是两个不同的概念。文化以不同的元素或符号形式蕴藏在人类社会的物质和精神世界里,只有在传播——人类的精神交往中才得以呈现其意义,体现其价值,释放其能量。

从信息传播学视角看，人类以及人类造就之传播媒介的一切传播现象，都是某种文化形态和文化意义在社会关系或人际关系中的流通。传媒产品是某种文化产品化的外在性载体形态，传媒内容是某种文化意义的内涵性符号表达。文化的增值在于历史传承进程中文化元素之间的交互撞击、结构重组且生生不息。由此，作为品牌营销的广告传播是一种"360度"的文化创意生态。

2."创意"何解

从字面上理解，创意是通过重新构思而生成的富有新意的创造或创新过程以及其形态化。创意首先是一种创新活动。"创新"有广义与狭义之分，广义的"创新"包括人类基于以往历史的一切新构思和创造性实践活动；狭义的"创新"特指某领域的专业人基于一定目的而有意识地创造性构思，并将其对象化的思维和实践过程。按照一般的程序，创意经常起始于一个人的独立思考，发乎于个体的创造性思维活动。当一个人的思考发展到较为成熟的阶段后，继而推广到群体思维的语境下发动团队群策群力，以头脑风暴的方式丰富和完善创意策略和执行方案，经过合理化的评估，最后进入实践流程。

"创意"是一个具有广泛意义的大范畴。20世纪90年代之后，随着世界经济的发展和新技术的应用，原有的产业结构被逐渐重构，"创意"以及"创意产业"概念曾经打破了一些国家原有的第二产业和第三产业的界限，为传统产业带来了新的生机，也为世界经济的发展注入了新的增长点。"创意"既内含了创新意识下在特定领域有计划、有目的的一切专业创造性的思维活动，又外延到人们在日常社会生活的各个环节中可能突发奇想产生的随机性创造行为。

创意的核心意义在于打破套路的标新立异，即创新，其在传媒领域的价值取向是吸引受众、聚合眼球，产生注意力经济效益。创新是宏观社会和微观领域（产业）发展的原动力。创意的价值在于通过优化旧元素，构思新产品元素的组成形式，从而提高或升级创造或创意对象的质量。创新与创意是人们发挥主观能动性的结果，具有"中立"的原生属性，在不同的目的和价值观导向下，创新有可能产生正面效益，也有可能产生负面的结果。因此，创意与创新应该是在具有一定合理性的前提下合目的性地发生。现代先进文化语境下的创新与创意是驱动社会进步，满足人类需求，推进精神文明和物质文明共同进化的理性行为。

3. "文化创意"何在

"文化创意"是一个在理论体系上难以形成清晰的学科边界、在实践运用中却能得到广泛应用的通识性范畴。"文化创意"之源远流长,既可谓来源于古今中外人类文化历史之长河,又可谓贯穿于当代东西方文化的时尚与文明之交汇。"文化创意"的含义同样可有广义和狭义之分。广义的"文化创意"是人类对以往社会发展历史进程中的文化元素、文化符号、文化现象或文化思想进行反思,以撷取其中最为优秀和最有营养的成分,并通过元素之间的创意组合创新文化内涵的思维和实践活动;狭义的"文化创意"指特定领域的专业人,根据一定的合理性目的而撷取最相关的文化元素进行对象构连,有针对性地提升创意或创新作品的文化时代感和文化符号现代感的思维和实践活动。"文化创意"之"文化"决定其作品(或产品)的品位;"文化创意"之"创"决定其作品(或产品)对原有形式或模式的突破;"文化创意"之"意"决定其作品(或产品)的市场价值和时代意义。

故此,"文化创意"的本质是聚合一切文化元素、文化符号或文化思想,通过优化与组合构思新的文化产品形态,或创新文化思想的过程。"文化创意"所拥有的"造梦空间"蕴涵着丰富而巨大的文化资源宝藏,其交互作用的能量足以形成一个产业,一个不断释放思想价值和孕育新文化生命的智能引擎,以更加理性的文化反哺行为,驱动人类社会的进步和当代文明的发展。

(二)非独立形态的"创意产业"对传媒的依附性

1."创意产业"何来

在我国,"创意"作为一个进入国家发展战略层面的概念,是作为一个产业,即"创意产业"浮出水面的,这也是我国政府坚持改革开放,不断学习和借鉴国外发达国家先进成果的励精图治。"创意产业"作为一种国家产业政策和战略的理念来源于英国,其提出者是英国创意产业特别工作小组。1997年5月,英国首相布莱尔为振兴英国经济,提议并推动成立了创意产业特别工作小组。这个小组分别于1998年和2001年两次发布研究报告,分析英国创意产业的现状并提出发展战略。1998年,由当时英国政府推动的英国创意产业特别工作组首先对创意产业进行了定义:"创意产业是源于个人创造力、技能和才华的活动,通过知识产权的生成和利用,使这些活动发挥创造经济效益和就业的成效。"① 据此定义,广告、建筑、艺术和文物交易、工艺品、设计、时装设计、电影、互动休闲软件、音乐、表演艺术、出版、软件、电视广播等行业被划归创意产业范畴。随后,澳大利亚和新加坡等许多国家都沿袭了英国的创意产业定义,也将广告业纳入到创意产业领域。

从以上不难看出,脱胎于国家发展战略的"创意产业"自身并非一个独立的产业形态,而是由一系列"自带"文化属性的实体产业构成,且这些产业具有"文化+传媒"之共性。

2."创意产业"的归所

"创意产业"难以独立存在,需要依赖社会生产或生活的某个具体领域方能承载并实现其价值。

创意对象的归属正是创意产业赖以实现其价值之所在。"创意"本是一个描述人们的思维取向或表征产品创新的术语。创意本身虽然并非"实词",但是可以通过人们的各种脑力活动进行创新构思,也可以针对一切物质生产领域进行实体再造,还可以针对一切精神或艺术领域进行文化创作。这里需要注意的是,创意要将自己的价值附着在实体产业或精神产品上,并且通过一定的传媒渠道得以传播和推广,方能被人们认知和领悟。故此,"创意产业"首先需要其他产业的内容对象,"创意产业"价值的形成还需要依附于传媒产业。

3. 创意与广告何缘

创意何解?何在?何旨?何用?在"文化创意"大范畴下,我们看到了在动漫产业、游戏产业、会展产业、建筑产业以及在艺术和文物交易、工艺品、设计、时装设计、电影、互动休闲软件、音乐、表演艺术、出版、软件、电视广播等领域的各种文化创意产品,可谓琳琅满目,生生不息。而对于"创意"自身更多的理解和表述,以及不断深入的实践,则是在广告产业发生的。专业的广告创意人们居"创意"之天马行空,在实践和理论上不断突破传统界域,对"创意"本身做出了种种诠释,将"创意"指向更为广域的思维与意义空间(见图1-2和图1-3)。

---

① 金元浦.什么是文化产业[EB/OL].(2006-01-19)[2019-02-20].http://www.culindustries.com.

·创依 ·创忆	·创奇 ·创启
·创意 ·创艺	·创齐 ·创漆
·创一 ·创怡	·创旗 ·创泣
·创异 ·创议	·创起 ·创弃
·创易 ·创移	·创企 ·创契
·创宜 ·创益	·创器 ·创歧
	·创骑 ·创祈
	·创棋 ·创憩

图 1-2 创意"十二析"①　　　图 1-3 创意"十六析"②

创意的"十二析"和"十六析"都是资深广告人对几十年来拼搏在创意第一线丰富经验的总结，也是他们对中华汉字与词语多样性解构的归纳。这里，既有创意的导向，也有创意的原则；既有创意在市场品牌竞争中的商业意义，更有创意在品牌心理定位中的文化价值。

无创意，不广告。广告以及广告产业的专业"卖点"就是创意。我们日常在传播媒介上看到的信息或讯息，多是一般意义上的信息传播活动。只有通过创意进行对广告信息的文化加工以及旧元素的新组合，才能使"原生态"的信息更生动、更有趣味性而吸引眼球，同时也更加富有故事性而蕴含文化气息。相比 20 世纪以创意为灵魂的传统广告时代，今天的广告产业依旧沿袭了学理意义上的广告创意。即使在纯粹网生性的新媒介平台上，多数广告也依旧可以归属为传统广告形式的"搬家"，我们依旧能够嗅出浓浓的广告创意原味。

广告并非是把原版信息直接传递给媒介受众或目标消费者，而是通过专业性极强的创造性构思和创新符号展示创意后的讯息，这才是广告的"原味"。

广告创意的目的旨在使广告讯息有趣、有益、有故事，吸引眼球，或成为市场爆款，或抓住受众的痛点，以使人们记住品牌。

广告创意的构思源泉和符号载体就是文化，广告创意就是文化创意，以文化滋养品牌。

---

① 根据张默闻先生于 2007 年 12 月 7 日在中国大学生广告艺术节学院奖全国高校巡讲上的演讲整理。

② 根据莫康逊先生于 2007 年 12 月 7 日在中国大学生广告艺术节学院奖全国高校巡讲上的演讲整理。

无文化，不创意。广告以文化的原创力赋能品牌符号，创意出任何技术手段和传播工具都无法超越的宏大构想，使广告创意作品达到震撼心灵的传播效果。广告的文化创意，这一凝聚专业人心智的过程以及由此产生的广告魅力，任何产业都无法取代。

第二节　基于品牌营销传播的广告业天职

一、广告是有目的的信息传播活动

（一）当代广告是涵盖一切营销传播的"大广告"

1. "传统广告"传统在哪里

"传统广告"主要是指在传统媒介时代发布于传统媒介的硬广告。"传统广告"之传统在于传播媒介环节上，一般有面向市场公开的广告刊例价格、有事前设定的广告位置或时间、有专业媒介的销售和专业代理公司的购买，需事先制订周详的媒介刊播计划，需要直接声明是"广告版"或"广告时间"。传统媒介的属性也决定了传统广告的基本形态，如传统主流纸媒的广告包括纸媒报纸、纸媒期刊、纸媒印制的宣传单或宣传册以及其他纸媒出版物等，广告形态简约明了，其符号构成只有"文字＋图片"；传统影视广告的广告形态也一目了然，其符号构成为"视频＋音频＋文案（字幕、道白与旁白等）"。故此，传统媒介时期传统广告与其他营销及传播手段泾渭分明，正如传统营销学所界定的，（传统）广告、直效营销、公共关系、人员促销、销售促进构成五大营销手段，（传统）广告只是传统营销学的五项营销工具之一。

与"传统广告"相对应的"现代广告"，即为"大广告"，其不仅包含传统广告形态，还包括广告主的公共关系活动、现代数字媒介环境线上与线下的多元场景互动传播与销售活动、社交媒介平台多维人际交往与信息交互以及转化，直到实现"品效合一"（即品牌传播与产品购买在一个媒介平台同时发生）等一切商业或公益的营销传播活动。无论何时、何境、何种媒介与技术，广告都是一个借助于媒介的传播，创意生产和塑造产品或企业品牌的形象产业。

可见，"传统广告"主要"传统"在传媒技术和工具形态方面，还有与"传统媒介"时代相应的广告思维方式。当然，传统广告与现代广告的核心都是"广告"，"传统"与"现代"之别的关键在于媒介技术的变迁。媒介只是广告传播的必要工具，有其时代性、技术性和条件性，"广告"才是我们需要从本质上辨识和参透的范畴。

2. "当代广告"的本质属性变了吗

求本质探起因，广告本源于人类社会周而复始的商品生产。自从人类社会的生产力发展到出现剩余产品，有了商品生产与交换的需要，在交换产品的集市上就自发地产生了口头叫卖、实物陈列等最早的广告雏形。纵观几大世界文明古国，如埃及、古巴比伦、希腊、印度、罗马和中国等，都较早出现了与商品生产和商品交换相关的广告活动。有趣的是，一些早期的原生态广告形式竟也流传至今。21世纪的人类社会早已进入了新时代，而呈现在人们面前的不仅有各种新媒介广告和传统媒介广告，还有如口头叫卖、地摊摆货等多种人类早期原生形态的广告——无策划创意、无技术驱动，只能看到人们需要交换产品的相关信息。

这些原生形态的广告，有的以人体自身为传播媒介，有的借助于自身所在物理空间，有的自寻媒介创造条件，总之，都是在人类社会商品交换需求的驱动下，由生产者或售卖者自行选择的传播行为。这种原生意义下的广告信息需求并非源于传播媒介，也不会依赖于传播媒介，而是深深地植根于人类社会的商品生产与消费中——周而复始——内生循环——交换更迭——为人类生活所必需。无论是自发还是自觉，广告现象都是一种人为的客观存在。可见，广告现象的"人化"即"人文化"本源于人类社会自身和个体人的客观生存需求。

"广告"一词的问世要晚于社会历史进程中的广告现象。根据我国资深广告学者陈培爱先生在《广告原理与方法》一书中的解读："广告"作为一个外来词在中文里出现，是近代的事情，含有"广泛地宣告"之意。当初多用"告白"指称今天的"广告"。较多学者认为"广告"（Advertising）源于拉丁文 Adverture，有吸引人心或注意与诱导的意思。在 1300—1475 年，才演变为中古英语的 Advertise 一词，其含义为"一个人注意到某种事情"，后来又演变为"引起别人注意，通知别人某件事"。直到 17 世纪末、18 世纪初英国开始大规模商业活动时，广告一词才开始广泛流行。日本首次将 Avertising 译成"广告"，约在明治五年（1872 年）。直到明治二十年（1887 年）才被公认并得以流行。从"广告"一词的应用来看，中国、日本等东方国家对广告的认识要晚于西方国家。文字上的"广告"概念具有"广泛地宣告""引起别人注意，通知别人某件事"等意义。由此进一步印证，"广告"作为文字符号的出现，是为了表征人与人之间传递信息这种客观存在的。广告的信息内容可能是"物"，广告信息的载体媒介也是"物"，但广告的发起者和信息的接收者都是人，广告是人类特有的行为，到了近代、现代以及当代，专业化的广告策划与创意，更是人类自身特有的交流形式——这一点恰恰是本书的核心观点——广告是人性的沟通。文化是人类特有的沟通元，这种与生俱来的契合性正是"文化创意+"广告业融合的机制。

诞生于20世纪初期的广告学是一个特征显著的应用型学科。20世纪的四五十年代，"罗瑟·瑞夫斯'USP'理论的提出（第三章详解），实际上标志着从产品功能出发探求广告有效诉求的传统广告理论的终结"[①]。1951年，大卫·奥格威为哈撒韦衬衫创作的广告尝试了18种方法，最后通过"故事诉求"（Story Appeal）的方式传达产品个性，于是"品牌形象法"脱颖而出，成功的广告不但给哈撒韦衬衫带来了意想不到的收益（目前最后的受益人是美国的股神巴菲特，详见第六章案例），也为大卫·奥格威赢得了"品牌形象第一人"的称号。于是，关于广告的一个在全世界范围的标志性转折出现了，广告活动的核心目标从描述产品的功能转向针对广告产品的品牌建设与管理。很快，以策划和创意品牌形象为专业"卖点"的广告学较新闻学发展更快，较传播学更趋向市场，较社会学更投合公众群，较心理学更契合细分用户的心理需求。广告作为一个塑造品牌形象的产业，比文学具有更高端、更深远的文化内涵。当代广告已扩展为"大广告"，即包括各种推广手段的一切营销传播活动。

但是广告的本质不会变，当代广告的本质仍是实现广告主付费委托的产品品牌的营销传播目标。

3. 何谓当代"大广告"

当代众多社会政治、经济和文化元素的变化都是对传统广告的挑战，传统的广告范畴必然需要扩容。当代广告已经名副其实地发展成为"大广告"，即广告主利用各类传播媒介进行的一切营销传播活动。当代"大广告"包括一切线上与线下全媒介领域的商业传播活动——商业广告，同时依旧包括推广社会公益理念的传

---

① 张金海.20世纪广告传播理论研究［M］.武汉：武汉大学出版社，2002：58.

播活动——公益广告。当代媒介环境下对广告的如此界定，意味着对传统硬广告概念的突破与拓展。以上界定并不是对传统广告内涵的否定，而恰恰是从广告的根向上延续并延伸了广告的本质属性——广告从来都是一种为了推广和销售品牌而进行的营销传播（沟通）活动。所有商业传播都属于"大广告"的范畴，广告行业的经营理念依旧是传递信息、传播文明。

"大广告"的概念是本书作者于1997年开始在广告课堂上倡导的观点，并在广告学学术专著中给予了详细的解读，然而多年来一直缺少业界的共鸣。直至近年，国家为了加强对网络广告营销传播市场的政策和法规管理，直接将此观点写入了管理文献，如2016年9月1日起施行的《互联网广告管理暂行办法》中明确了互联网广告的五种日常形态，把"其他通过互联网媒介推销商品或者服务"的传播活动都归界到商业广告之列。梳理清晰这些基本理论问题，是我们研究和发展广告学理论、更好地运用文化创意为广告作品以及广告产业增值的基础，也是我们科学运用和践行广告实务的前提条件。无论技术如何演进和发展，广告的品牌传播功能从未改变，"当代广告"依旧是以创意为专业"卖点"的营销传播活动。

（二）品牌是当代广告的服务目标和内容产物

1. 何谓"品牌"

"品牌"的英文单词为"Brand"，这个词源自古挪威文的"Brandr"，本是"烧灼"的意思，"烧灼"引发人的联想是在烫印后留下的痕迹。其实"Brand"也是正取其意：在自己创制或生产的产品上留下痕迹，以便在产品交换的时候与其他人的私有财产有所区分。据记载，在中世纪的欧洲，一些手工艺匠人正是用这种打上烙印的做法在自己的手工艺品上烙下标记，以便使顾客能够识别该产品的产地和生产者，这些可谓品牌标志的雏形，也是最初的商标。每个"烙印"的标记——对应着生产者、产品原料、生产或创制工艺等产品的诸多要素，既可以为消费者提供产品品质方面的担保，也可以为生产者提供所有权或知识产权（版权）方面的法律保护，这与当代社会所使用的"品牌"含义和功能并无二意。市场经济广告坚挺，旨在揭示我国在市场经济制度下，品牌竞争的永恒性和广告塑造品牌的刚需性。而品牌的构成，本质上正是产品的使用价值与文化价值的统一。

品牌学说，即有史以来关于品牌的诸家理论等研究成果以及实践印证，包括品牌的界定、品牌的特征、品牌化实践以及品牌升级迭代的发展趋势等。纵观市场经济与商业传播历史的研究轨迹，品牌学说的理论建树可以追溯到20世纪50年代，有学者将其划分为古典品牌理论阶段、现代品牌理论阶段和当代品牌理论阶段（本书不在这里赘述，将对应其内容贯穿在整本书的有关部分）。但是目前在应用领域，人们关于"品牌"的认知却经常停留在表面化、视觉化、现象化、传播化等层面上，存在种种偏颇，亟待纠正。品牌就是商标吗？品牌就是CI吗？品牌就是可以看得见的标识吗？对此，基于学术归正的态度，我们有必要从什么是"品牌"说起。

关于"品牌"的学术定义，业界较为公认的是被誉为"现代营销学之父"的美国西北大学菲利普·科特勒的阐述。他认为，品牌是名称、专有名词、标志、象征、设计或以上几种的综合，目的在于找出辨识卖方能否提供与其他竞争者有所不同的产品或服务。品牌不仅包括具体的商标，也是各种无形成分的组合，包括由名称、象征、图像或其他可认知的识别因素所代表的产品或服务。在之后的品牌市场实践中，菲利普·科特勒又进一步集纳众多企业品牌传播的成功战略之精粹，提出了"要素品牌"这个将品牌的差异化纵深发展的"强大概念"[1]。而上述一切，都是围绕着将产品个性的"人化"，即品牌的人性化而纵深演进的，以此学理逻辑，我们必然要研究品牌与文化之关系。

2. 品牌与文化有何关联

在品牌竞争时代，针对各种细分的消费者或用户，品牌经营者们曾用尽浑身解数打造品牌，塑造形象，以吸引注意力。最后人们发现，只靠品牌自身的符号设计已经难以打动人心，当代品牌的市场竞争聚焦在品牌的"故事性"。品牌的人性化正在成为当代品牌竞争的新能量，使品牌的形象符号不仅标记产品，而且承载某种人文性，以创造品牌的新动能。品牌与文化的关联性成为当代品牌竞争力的增长点。

品牌名称与文化的关联性首先体现在品牌命名的诸多原则上：第一，品牌名称字面上要有需求方的内涵，并与产品功能有所关联，如"饿了吗"；第二，品牌名称要易于发音、朗朗上口，便于流传和推广，如"可口可乐"；第三，品牌文字要简洁、美观且容易记忆，如由英文翻译过来的"谷歌""脸谱"；第四，品牌名

---

[1] 菲利普·科特勒. 要素品牌战略［M］. 李戎，译. 上海：复旦大学出版社，2010：9.

称易于用户心理接受,并能激发美好联想,如"舒肤佳""美宝莲"。

关于品牌命名,学理上的要求首先是要符合传播规律以及消费者或用户最基本的心理规律,此外,还要符合社会学意义上的文化消费需求。如众人熟知的可口可乐品牌,在20世纪20年代,当这种饮料刚刚引入上海生产时,经营者将其中文译名为"蝌蚪啃蜡"——字面上好像也没有特别的意义,主要是依靠音译而得到品牌名称,因此这款饮料销售的状况极差。于是,可口可乐总部专门负责海外业务的出口公司决定公开征询译名,他们登报悬赏到350英镑,以求得对品牌名称最好的中文翻译。当时,身在英国的上海教授蒋彝将其直译为"可口可乐",并击败了所有对手获得了这笔奖金。现在看来,这种译法堪称经典,一直被认为是广告界翻译得最好的品牌名称。它不但保持了英文的音译,而且比英文更有寓意,关键的一点是,无论是书面还是口头语言,"可口可乐"都易于传诵和记忆(见图1-4)。

图1-4　由英义翻译为中文的可门可乐商标图案

今天,品牌已经不仅仅是企业综合实力的象征符号,也是融合国家软、硬实力的国家符号,品牌符号无一不是深具价值观的输出和符号元素创新的文化基因。

品牌符号是传播的必要条件和要素,以解决消费者或用户识别产品的外形问题,这一点早已毋庸置疑。20世纪中期,大卫·奥格威提出了奥美品牌学说,其核心是品牌应穿一件什么样的外衣;20世纪末期,唐·舒尔兹等人提出了整合营销传播理论,其核心是如何更科学地创造品牌的世纪通途。前者是针对品牌如何识别的问题,后者是针对品牌如何传播的问题。今天,品牌的生态环境发生了变化,产品在同质化的品牌(除了名称)比比皆是,且万物皆媒体。在消费者或用户的海量信息接收环境中,品牌的核心要素应该是什么呢?

品牌名称与产品或企业概念如出一辙。品牌使每个产品或企业都有了一个名字,而这个名字的功能性却不可低估,它能使广告品牌传播媒介的受众产生联想,产生记忆,激活意向。因此有了诸如"饿了么""拼多多"这些与产品实体合二为一的实至名归型品牌名称,也出现了"一路捞"这样的互联网企业产品的品牌名称(见图1-5)。

图1-5 "一路捞"官网截图

品牌名称,即指品牌中可以用语言称呼的部分。以上所列之例都合理合法合乎逻辑,本该无可厚非,但实际上的体验可能会有所差异。在供需关系中消费者已占绝对优势的市场经济时代,用户的品牌体验也是不能忽视的。

品牌名称与文化的关联性还体现在品牌的标志性符号中。品牌标志指品牌中可以被识别和认出,但不能用言语称呼的部分,包括图形符号、特定的颜色或印字,其诸多设计原则,无一不体现出与文化的关联。品牌标志的易识别性使人记忆深刻,如韩国 LG 的品牌标识就是明显的人脸化符号。品牌标志与企业经营的内容产生关联,如中国联通"凝结和联通中国人"的大红中国结,其使用了蕴涵中国人几千年情结的红色,代表着热情、奔放、有活力等意义。品牌标志与品牌风格定位吻合,如麦当劳使用的是醒目的金黄色双拱门"M"标志,象征着欢乐和美味,目前中国大陆的品牌名称也改为"金拱门",与品牌符号更加贴切。

品牌名称与文化的关联尤其体现在品牌意义上。品牌意蕴了广告主的承诺和担当,内涵了消费者的依赖和信任,表征了产品的质量和名誉,而这一切都要关涉到人的感观和体验、认知和记忆,这些已经进入了人文领域,而不再停留在产品自身的物理或技术属性问题。可以说,品牌与品牌传播的每一个要素都与文化密不可分,文化基因是构成品牌以及品牌传播的灵魂。

3. 当代广告的天职何在

我国早期对广告学的研究做出过贡献的新闻界名人戈公振先生,在其1927年出版的《中国报学史》中利用丰富的广告史料,系统地阐释了关于广告学的理论和观点，并着重论述了广告的政治思想和文化价值。他认为，广告为商业发展之史乘，亦即文化进步之记录，不仅为工商界推销出品之一种手段，实负有宣传文化与教育群众之使命。他还指出，人类生活，因科学之发明日趋于繁荣与美满，而广告即有促进人生与指导人生之功能。通过这些论述，我们能够深刻体会到戈公振先生所揭示的广告与文化之天缘。广告除了具有推广商品的功能，还具有宣传文化、指导人生和教育群众的功能，这是对品牌文化传播效能的洞察。

广告的天职是生产即塑造企业或产品的品牌，并与市场需求俱进，适时实现品牌的升级。"当代广告"的使命旨在当今社会的市场环境下生产或升级企业或产品的品牌，其核心职能是完成广告主委托产品的品牌建设与品牌管理目标。在市场经济体制下，在一个实行广告代理制度的国家，广告主的天职是生产和经营产品；专业广告公司的天职是生产和经营企业或产品的品牌。生产和经营产品的目的是满足消费者或用户的物质需求以实现产品的使用价值；生产和经营品牌的目的是满足消费者或用户的心理需求以实现产品的精神价值，从中可以洞见文化以及文化创意在广告以及广告产业中的地位和作用。

"当代广告"是一个由今天的社会环境赋予特定含义的范畴，这些特定的意义以及要素影响着当代广告的策划和创意。当代广告中的"当代"意味着社会进入新时代以后，一些具有标志性意义的要素发生了新的变化。

"当代"意味着以数字技术为特征的媒介平台商业传播的新语境和新路径；

"当代"意味着市场竞争的后"同质化"亟待品牌在成长或成熟期需要升级的新定位；

"当代"意味着后"互联网+"时代社会公众媒介消费出现了新习性；

"当代"意味着"文化创意+"传统产业亟待深度融合的广告文化新格局；

"当代"意味着以2015版新广告法以及一系列国家法律法规对广告市场的新约制。

总之，"当代广告"是受到新时代各种环境特点的影响，客观必然地使历史进程中的"广告"发展成为数字媒介语境下新形态的广告；"当代广告"是由"传统广告"和"数字广告"交集的整合传播策略下的全媒介广告。

品牌是广告传播的产物。当代广告即"大广告"，包括线上与线下一切营销传播活动。由于市场经济对品牌传播的刚性需求，当代广告这一信息服务产业的坚挺性是毋庸置疑的。同理，广告塑造品牌，文化创意品牌更加责无旁贷。不同的是，在数字技术主导的媒介语境下，广告业需要构建"大视频"思维，强化"入口性"，培育"网生性"，加大广告的"黏性"，以应对当代媒介环境下的信息冗余。

反思今天的广告活动效果和广告业的社会地位，以媒介技术替代文化创意的现象比比皆是。对广告自身属性根向研究的匮乏，直接导致的后果是广告市场活动对广告客观性需求的背离。只有把文化元素渗透到广告创意中，广告作品才可能打动人心，赢得信任。因此，在产品越来越同质化、信息越来越冗杂的媒介噪音中，广告诉求不得不越来越远离产品的物理构成而趋向人性。当下，广告传媒业界关于品牌的人性化和品牌的年轻化态势，正是这种以文化实现沟通的反应。

二、广告业是生产品牌形象的产业

（一）当代广告是生产品牌的一切营销传播活动

1. 广告与品牌的缘起

"广告"的广而告之功能集中体现在生产和塑造各类产品的品牌方面，广告是对商业品牌的写真。当代广告即"大广告"，是整合一切资源对品牌的各种营销传播活动。商业广告通过对产品的符号包装，实现产品品牌的文化定位并力求实现与目标用户的沟通。这种以传递信息为目的的活动其社会历史脉络可以从以口头广告、实物广告、象形广告为代表的古代时期，追溯到以印刷广告为特征的近代时期，以及以电子广告为标志的现代时期和以数字技术为标志的当代广告发展阶段。在广告活动的整个流程中，广告策划是要确定一个明确有力的品牌形象；广告创意是要寻找一个贴切的品牌形象载体；广告制作是将这种形象载体以视听符号的媒介形式有效地表现出来；广告的发布或刊播是广告活动的最终达成——将讯息传递到媒介受众，亦即广告的目标对象。商业广告的目的是通过对商业产品或品牌的文化创意，为有形的产品或无形的服务提供附加值——商品消费者的体验价值和享受价值。

从古至今，从经典到传奇，国内外一批批著名品牌的胜出依赖的正是广告营销，而不是传媒技术。国家在"八五"规划中就明确了广告是知识密集、技术密集和人才媒介的高新技术产业。广告学学科自身的逻辑发展也越来越印证着商业传播在市场经济生态下不可或缺的品牌推广作用。传统媒介时代的广告定义，在数字媒介环境下依然无可指责。今天社交媒介上的商业信息依然还是广告，广告通过策划与创意更有效地传播商业或公益信息的本质从未改变。不同的是，广告变得"长尾"且能够互动了，可以借助于网络媒介的传播直接实现销售目的。传媒科技带给广告更加动态多彩的符号表达形式和"病毒式"传播，使广告媒介平台具有黏合剂般社交的媒介影响力。这里，技术是传播的助力，广告创意才是内容传播的灵魂，而广告创意的来源正是文化元素。

尽管"技术决定论"盛行，尽管"媒介环境决定论"大行其道，尽管唱衰传统媒介的声音此起彼伏，尽管人们对新媒介的传播效果莫衷一是，然而在中国广告与传媒界，一波又一波的专业节奏唱响了高分贝的品牌之音。近年来，各类主流媒体以及各个省、市等地方级媒体的品牌传播战役一次又一次地聚焦市场，各个经济主体也是"同向发力"，其目标就是打响品牌的攻坚战。市场经济体制下，传播市场竞争的本质就是争夺品牌话语权。

2. 品牌发展路在何方

广告的策划与创意是品牌生产与升级的必由路径。品牌需要传播，品牌传播需要广告的策划与创意，广告策划与创意的目的是塑造品牌形象、创造品牌势能，品牌的影响力依赖于媒介整合后有效的营销传播。品牌的不断升级需要通过品牌的传播要素和要素品牌传播的与时俱进。广告是以"创意"为专业卖点的营销传播。创意，也只有创意，才能成全品牌文化，才能打动人心，才能产生品牌的好感度、知名度、美誉度和记忆度，这不仅仅是广告的根本属性，也是作为广告恒久不变的"铁律"。

品牌的诞生需要专业广告与传媒人对品牌不断地塑造与传播。现代市场的品牌竞争早已不是标识性的，也不会停留在 CIS 层面，而是品牌力量与能量的竞争。品牌是传播一个企业乃至国家形象的重要载体，广告策划的目的即品牌建设塑造形象。品牌竞争就是产品形象的竞争，最后体现为无形资产财务价值层面上的品牌化价值的竞争。以品牌影响力带来现金流，以品牌影响力造就的未来价值往往比眼前的短期利益更为重要。品牌内涵与核心竞争力建设是一个围绕品牌要素不断品牌化的过程，品牌在消费者或用户心目中的价值在于信任和承诺，品牌的建立、品牌形象的刷新、品牌的迭代正在沿着不断人格化的策略取向，故品牌文化是品牌升级与发展的必然要素。

（二）传媒技术不能取代广告的文化创意

1. 技术能否取代创意

传媒技术的飞速发展，提供了更多元、更终端、更有效的传播平台和传播手段，这使现代网络媒介平台在信息传播的基础上实现了即时购买产品并完成价值交付，这是硬件的功能和技术的贡献。传媒技术可以提高媒介平台上品效合一的经济效益，却不能打造品牌属性，也难以直接建树品牌形象。品牌属性是品牌自身不可或缺的性质和归属关系，其表征如下：

品牌会受到法律的保护——注册之后便拥有独一无二的存在性；

品牌可以有偿地交换或出售——品牌在市场经济环境下可以作为无形资产实现价值交换；

品牌可以创造买卖关系之间的认知价值——品牌功能需要得到品牌消费者的价值认知；

品牌具有财务价值——只有品牌能够可持续性地维系企业经营中的现金流；

品牌所有者获得和拥有持久性的品牌权益——品牌的竞争优势使品牌所有者长期获利。

品牌属性以及品牌形象的构建需要依赖广告的策略性传播。所谓的"策略性"传播即通过"差异化""个性化""人格化"等策略，从产品功能到价格，从产品科技到文化等量化和质化要素创造持久的品牌竞争优势。这正是广告策划与创意的本能，通过传播建立品牌与用户之间的关系。

2. 新媒介传播能够取代品牌文化吗

早在1997年，戴维森就提出了"品牌的冰山"理论。该理论认为，品牌名称、品牌标识、品牌口号、品牌角色、品牌传奇、品牌音乐和品牌外观七个部分是品牌浮在水面上的部分，仅占冰山的15%，而冰山藏在水下85%的部分是品牌的"价值观、智慧和文化"，消费者只能看到品牌浮在水面上的品牌标识、符号等部分，水面下的部分，如品牌核心价值、品牌文化等，只能去感受和体会。"冰山的冲击力正是来自庞大的水下部分。品牌文化是品牌建立的基础，它能提升品牌的价值，能够潜移默化地促成消费者对品牌的认同和喜爱"。① 可见，无论是消费者可见的"水上"品牌部分，还是消费者看不到的"水下"品牌部分，都没有直接关联到传媒技术和传媒载体，因此新媒介的传播就其载体而言，并不是品牌构建和升级的必然要素。

在企业经营领域，市场营销是"卖"产品或服务（to sell），广告传播是"讲"品牌利益点（to tell）。伴随传媒技术的飞速发展，社会上一波又一波唱衰"广告"、唱衰"传统"的呼声此起彼落，但是透过现象看其本质，当代大广告依旧是通过战略策划和文化创意的营销传播活动。利用新媒介传播可能会促使广告全符号化、全程化、全息化、全员化、全效化，新媒介的强势市场占位促生了一些新的广告形态，而广告传播的内容——塑造品牌形象的文化创意本质功能却一直没有改变，也一直难以被替代。

作为信息传播活动，广告传播在知识经济与信息经济时代已经成为现代生产力系统不可或缺的一个重要组成部分。在社会不断进步、人文意识不断增强的消费者市场环境中，广告传播产业的价值和经济贡献越来越依赖于媒介品牌和文化创意市场的健康发育与成熟。一定意义上讲，任何商业广告传播都可以作为一种"Show"，即所谓的"秀"（实质是"展示"），以展示品牌的文化品位和市场价值。而广告传播学研究和揭示的是在商业营销传播活动中，如何在品牌消费者与产品生产者之间建立互利共赢的科学沟通模式。无疑，没有文化元素就难以实现沟通，当代广告的传播力就是商业信息有效沟通的生产力和有效沟通的渠道。这里，文化创意传播是不可或缺的，或许只有文化才能触动人们的心灵，打通营销的"最后一公里"，只有通过文化创意打造的品牌形象才具有美学意义的劝诱艺术价值，才能够深入人心。

如"红豆"集团的"相思"，"康师傅"品牌里健康的大师傅，还有红牛、奔驰、舒肤佳、小肥羊、飘柔等，无论是描述性的还是说服性的品牌含义，都反映出产品品牌与消费者之间的利益关系，使消费者可感知，有体验，易记忆。这些直接作用于心理层面的文化建构关系和含义直接决定了品牌传播策略能否成功，而且不存在与传媒技术和新媒介形态正相关的关系。

根据上述逻辑，反思专业广告传媒机构的业务流程，我们不难发现，文化元

---

① 王树良，张玉花. 广告专业综合能力与法律法规[M]. 重庆：重庆大学出版社，2012：26.

素的创意表达原本就是渗透在广告产业链中的每个环节上的,这种文化创意与广告传播的交融早已深度嵌入广告的产业形态中,历史性地、客观性地形成一种"文化创意+"广告业的融合机制(见表1-1)。

表1-1 广告传播与文化创意的契合与相关性列示

广告业务流程	专业理念执行	文化元素与创意组合
广告品牌的营销传播之策划	大广告、内容营销、病毒营销 广告人	LOGO符号设计和品牌名称 企业文化理念 品牌文化内涵
广告活动与宏观社会环境之交互	广告的经济功能 广告正能量、负能量 广告心理学	品牌形象定位的文化理念 品牌形象感知的创意表达
广告产业本体	广告生态、广告法规 广告产业要素	产品营销的行为底线 品牌竞争的传播底线
广告市场(含大数据)之调研	市场调研、广告调研 大数据建模、广告效果调研	消费心理调研 品牌竞争性调研
广告传播的媒介资源之整合	广告媒介载具、数字符号媒介 媒介融合、全媒介	媒介使用习惯研究 媒介创意与文化增值
广告品牌塑造或升级之定位	品牌文化策略与品牌管理 品牌增值、品牌的年轻化	新品牌记忆点的文化性、构建 老品牌的"年轻化"途径
广告创意与符号之表达	符号创意与新组合 媒介创意、创意传播	中国元素的相关性选择 文化符号的创意与组合
广告文案与品牌文化之诉求	主题思想的创新 文字的文案化、品牌诉求	中华字词句的文化符号场域 文体的文化取向与价值

由此可见,无论是基于广告流程的业务视角,还是基于广告传播的专业视角,文化创意已经成为贯穿整个广告产业链始终的灵魂。文化在人们的认知中是没有经济价值的,只有将创意融入产品的品牌中,通过承载品牌文化的广告得以传播,才能成就品牌文化意义和商业意义的完美融合,这就是广告的专业"卖点"。

近几年来,我国市场经济发展的内、外环境都发生了巨大变化。一方面,一些本土品牌出现了定位失效、销售疲软、广告失策、品牌逐渐老化甚至衰落的危机态势；另一方面，随着我国政治、经济、军事和科技等力量的增强，中国品牌参与国际市场竞争的机会不断增加。新环境，新挑战，新需求，新使命，在新的媒介语境下，品牌的年轻化与人格化已是大势所趋，这对品牌的文化创意提出了更高要求，亟待广告传媒人打造新的品牌文化触点。

第三节 "文化创意+"广告业的融合性

一、"文化创意+"广告业融合发展的理论依据

(一)跨界"融合"是现代商业发展的有效途径

1. 何谓"融合"

"融合",即两种或两种以上的元素能够彼此渗透,相互交融在一起,其结合可能形成一种高于所有元素叠加的超越效果。"融合"使各个元素之间能够彼此激活,优势共振,形成一种新的生产活力。综览国际市场,一个非常显著的特征就是商业、文化与科技的交融。具有5000多年历史的中国元素为我国文化创意产业提供了丰厚的本土资源;以创意独特、知识产权和产业链为主要特征的文化创意产业在我国拥有无限的市场张力。我们确信,以中国元素激活和滋养起来的文化创意品牌,可率先引领本土企业走出一条民族品牌的文化发展之路。文化元素与受众心理的天然契合,是文化创意组合和各种跨界"融合"的理论基础。

2. 何谓"跨界"

"跨界",即将具备某一属性的事物或元素带入另一属性的事物运作。跨界中原来的主体要素不变,而使被带入的另外属性的事物或元素发生性质的改变,即发生事物属性归类上的变化。当代数字移动媒介环境下,跨界现象更为普及和广泛,原本彼此独立的行为主体之间的不断融合与渗透,可能创造出资源共享之后效益叠加的增值型元素。文化与传播、广告与营销、品牌与心理、精神与物质,诸如此类,原本隶属于不同的学科和实践领域,然而当面对共同的作用对象——人、传媒受众、消费者的时候,只有打破学科之间的屏障才能立足于一个目标——为"人"所用。这既是任何学术研究的逻辑起点,也是任何实践应用的终极目标。

如今我国的市场已经进入整合营销的"大广告"时代，现代文化元素的传播影响力明显高于一切商业元素，文化元素的创意表现和社会人文价值的普适性足以牵动一个具有无限精神需求的消费者即当代用户市场。企业文化和品牌文化的发展同样依赖于广告的文化创意和有效传播，文化品牌先天的意识形态属性、主流媒介主旋律化的政策或文化导向性、社会公众对文化商品的市场敏感性等都是文化创意商业品牌传播的社会影响因素。但更应看到，关于商业传播信息，无论是通过硬广告还是事件营销或各种各样整合传播的"大广告"形式，都取决于创意文化的沟通与消费者心理接受的契合性，最后都要依赖于市场的商业规律和受众的心理接受规律。如以中国元素创意本土品牌，能够彰显传播内容的文化尺度和专业价值，其文化品牌传播的社会影响力直接依附于中国元素的文化能量。

（二）"文化创意+"广告业的融合是广告宗旨使然

1. 人们需要虚假的信息吗

为什么要广告？追本溯源——广告本源于人类对商品信息的客观需求；拨乱反正——广告的本体功能就是信息服务。不言而喻，人们需要的是真实的商业信息。不实、虚假的信息本身已经失去了广告的功能，已经不是广告，而是通过"话术"而实现的"骗术"，理应受到广大媒介受众和消费者的痛斥和行业管理机构的取缔，甚至是国家法律的制裁。

广告的宗旨意识是指无论广告策划与创意及如何能动构想，始终不能忽视广告的服务本质和最终目的，即广告只有提供具有实用价值的真实信息才能有助于打动消费者，从而撬动市场。从人类与生俱来的信息消费中可以看到，广告作为一种商品经济的必然产物，本能地生存于不同社会历史背景下的商品经济进程中，源于消费者对信息的客观需求，兴旺于高科技牵引的传媒环境。从集市叫卖到 POP 货柜销售，从商品目录到大众传媒的广而告之，从户外展屏（牌）到互联网特定群体的窄告，从大数据监测到程序化购买，历史上无数次广告形态的发展和变革，都能够凭借其内在的机制暗合并贯彻广告自身的使命。广告的本体功能就是信息服务，提供真实可信的市场信息才能赢得消费者的好感，从而实现有效传播。广告的这种本质功能不会伴随传媒的物理属性和技术飞跃及社会环境的变化而改变，广告的终极目的只有传递信息—传播品牌—推广价值—实现销售。

2. 广告创意的空间何在

"广告是一种特殊的传播活动"[①]。无论是立足于广告的科学性还是艺术性，广告中，传播是手段，科学是机理，艺术是工具，营销是目的。广告是艺术，借助心理劝服的"艺术"手段创意作品，借助艺术手法塑造企业形象，文化创意是广告的生命；广告也是科学，是关于真实信息有效传播的科学，需要市场调研和精准投放才能提高广告的投资收益率。正是科学与艺术的融合，使广告成为一种关于真实信息的传播艺术。

"恶俗广告"有失艺术水准；"虚假广告"有失民心民意，二者都是对广告宗旨的背离。面对我国消费者或各类用户的广告诉求，需要撷取中国元素中的文化精华摄取民心，赢得关注，引发共鸣，最后使品牌得到消费者或用户的青睐。

广告可以夸张但不能夸大。提高广告的传播力可能需要依赖一定的艺术性夸张手法，只要广告媒介受众容易识别。但是，如果毫无底线地夸大其词，背离真实的信息内容就容易倒戈为虚假广告。故此，文化元素资源的丰厚和无限空间也使广告创意远离有限的商业信息羁绊。

二、"文化创意+"广告业融合发展的实践基础

（一）"文化创意+"广告业是人类社会历史发展的必然产物

1. 为何要为广告"正名"

"文化创意+"广告业，实际上在前人的广告实践中就已经水乳交融了。1979年1月14日，《文汇报》在第2版发表了上海广告公司总设计师丁允朋的《为广告正名》一文[②]，文章指出："从商品的市场销售来讲，我们需要广告。"广告是商品经济社会里人们获取商业信息的必要手段，广告本源于人类对商品信息的客观需求。在市场经济体制下，这种需求同样具有客观性、必然性、长期性和恒稳性。现代媒介环境下，人们获取广告信息的途径比新闻有过之而无不及，但是人们获取值得信任的、可能发生"魔弹"效应的广告信息却越来越难。

广告作品或广告活动的相关资讯一方面由包括专业广告公司在内的广告经营

---

① 丁俊杰，康瑾. 现代广告通论[M]. 北京：中国传媒大学出版社，2007：17.
② 陈培爱. 中外广告史新编[M]. 北京：高等教育出版社，2009.

机构专业化创制；另一方面，也能够由社会经济实体或个人以信息源或自媒体的方式广泛传播。在我国改革开放的初期，"经济搭台，文化唱戏"的传播模式已经开始盛行。市场品牌竞争越激烈，社会公众对品牌真实信息的需求越大，广告主企业对各类广告传播的需求也越强烈。广告的信息价值越趋向于文化，作为消费者的广告受众就越容易接受产品或品牌信息。

2. "文化"为广告带来什么

"广告"重在"告知"与"沟通"。"沟通"是广告能否有效的先决条件，"劝服"是广告的基本特征，广告需要重复以强化记忆，广告的艺术价值在于人性化的攻心术。故此，广告的首要原则就是赢得目标消费者或用户的信任，而这些，恰恰只有文化可为。广告的策划与创意可以通过夸张的手法写真品牌，但不能无中生有地编造虚假的广告信息欺骗消费者。一般而言，夸张的广告具有可识别性，人们可以在愉悦和理解中笑纳；虚假广告则以假象欺骗甚至诈骗公众，可能使消费者受到经济损失或精神伤害。在商品经济社会里，广告的沟通产销、促进流通、刺激需求、引导消费等社会经济功能不可替代。所以，为了达到广告的最终目的，攻心才为上策。攻心者唯有用心、尽心、诚心，才能打动、感动、促生广告受众的购买之心，而围绕"心"的战略与策略，唯有文化元素才能实现"攻坚"！

市场实践多次验证，无论是文化领域还是广告领域，文化创意都已经而且必然成为一切品牌传播之魂。不难看出，文化创意的价值在于其文化传播元素人文性的社会影响力。与其他产业异曲同工，文化创意自身的勃兴同样需要挖掘潜力，创新文化思想，这是文化创意产品实现社会综合效益的必由路径。

（二）"文化创意+"广告业是当代社会经济发展的客观需求

互联网时代，数字媒介环境下，人们经常沉浸在自我架控的社交平台上享受内容。自媒体语境下用户的媒介消费行为早已由"受众接收"转变为"主动选择"，关于商业硬广告的传播永远位居"小二"甚至更低的地位，以至被删除或屏蔽。为了吸引用户，留住眼球，在媒介机构的经营中，媒介资讯的好内容永远被放在最重要的时空位置，因此，商业信息只能放在第二位、第三位，甚至更为其次，任何广告（包括各种植入广告）也都不能传播过度。这已是黏住媒介用户，维系媒介流量的不二法则。

只有文化创意才能拉升广告信息和广告作品的思想品位，迎合媒介受众不断增长的精神需求。如图 1-6 所示。

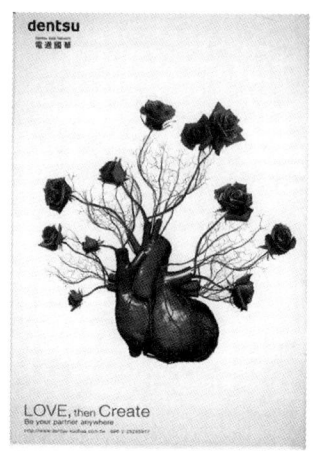

图 1-6　电通广告公司的广告

图片来源：*2007 年 12 月《动脑》杂志的封底*

广告公司为自己做广告，一定是够专业的。然而我们看到，这家公司在广告里既没有侃侃而谈的商业承诺，也没有展示自身的强势资源，而是谦恭俭让，爱心赤诚：花儿为什么这样红——大爱！然后再去创意，用足你的心智！

文化创意产品的品牌内涵、品牌定位和品牌特色都带有鲜明的文化价值取向，直接决定了品牌的文化传播策略。这既是社会发展的客观需求，也是广告媒介受众，即消费者的精神需求。

三、"文化创意+"广告业融合发展的思维机制

（一）"文化创意+"广告业融合的创新思维

1. 思想者的创新是广告文化发展的催化剂

思想火花带来的冲击力有时能胜过千万条说教，人类对自身文化的积淀和反思恰恰是人们创新与创意的心理动力。创新思维的起点是颠覆，打破现有格局，不再教条、不再刻板，破旧立新。创新是在文化理性工具下对人类情感价值和思想交流符号的选择，是文化思想力的动能。

广告之所以是"广告"，而不表述为"信息传播"，就在于"广告"并非是把原版信息直接传递给媒介受众或目标消费者，而是将一个好的理念——有思想的，

耐人寻味的，能够"扎心"的创意，通过专业性极强的创造性构思和符号的创新组合呈现给人们。经过创意后的"信息"（已经不是原来的"信息"，而是一个场景下的"信息"或故事），这才是广告的"原味"。这一凝聚专业广告人心智的过程和目的旨在使广告讯息有趣、有益、有故事，抢眼夺目，或抓住受众的痛点，使广告媒介受众更容易记住品牌。这种充满思想意义的广告创意，可能创造出任何技术手段和传播工具都无法超越的宏大构想，以其原创力震慑心灵，传递品牌符号之意义，这种广告魅力是任何产业都无法取代的。

广告创意在传递品牌个性化信息的同时，还要兼顾品牌背后的消费者或用户的心理共鸣（媒介只能起到共振的作用）。所以，近年来，品牌的人格化创意表达越来越多。广告唯一的使命就是打动人心，建立起人们对品牌的消费欲望，或动摇人们对品牌消费的原有印象，以使广告品牌渗入、进入并深入人心，逐渐产生好感度、信任度和购买行为，转变为品牌的消费者，并逐渐养成消费习惯甚至成为品牌的忠诚卫士。

当代广告作为一个塑造品牌形象的产业，已经处于"360度"的文化创意传播生态圈中。通过文化创意，广告比文学更能彰显出其文化底蕴。文化与品牌的水乳交融，使文化创意与广告传播息息相关，传统广告业打造品牌的生态环境已经发生变化，文化元素已经成为塑造品牌和升级品牌的关键要素。

2. 广告创意是对品牌文化的创新

作为商业传播的广告，既有长期目标，也有中期、短期或者阶段性的目标。从根本层面分析，广告专业化地生产和打造品牌，以及对品牌进行更新换代，都是品牌发展的长期需求，属于品牌建设的长期目标。一些短期或者即时性促销信息当然也属于广告现象和广告活动，但基本上处于告知性的商业信息传播状态，其中策划与创意的含量较低。故此，广告目标以及对品牌的传播定位是针对广告品牌的传播管理行为，是针对广告品牌建设与发展的长期目标。而这个长期目标，一定是在品牌文化定位的层面。

品牌定位的本质是其"差异化"，意指在消费者或者用户心中以某一方面具有相对"独一无二"的优势位置。品牌定位也不是一"定"终身，要随着传播环境等诸多因素的变化而"重新定位"。只有与时俱进，不断追踪并适时调整针对消费者心智的品牌定位策略，才可能保证品牌在市场传播中言之有物，个性坚挺，跟进时代，符合认知心理规律，最终留住消费者或者用户，实现持续升值以完成品牌升级。

从品牌定位层面来看，在今天的市场竞争中，新产品的品牌定位是通过品牌文化的创新使企业新品更快、更准走向市场，更贴近消费者或用户的物质需求或精神需求的关键性策略。

从品牌的重新定位层面来看，在技术驱动下，社会各方因素的急剧变化推动品牌的升级换代，品牌的重新定位旨在追随消费者的心智变化，使其永久驻留在消费者或用户心中。品牌的重新定位需要整个商品元素的系统性协同，首先需要产品自身要素以及品类的发展；其次需要经销领域的创新性升级换代；最后更需要品牌文化营销传播策略和媒体执行策略的升级，以最终完成品牌的升级。

数字媒介环境下流行的"内容营销"或"场景营销"等广告新形态，都是将文化元素创意融入"场景化"的策划中。虽然文化创意是发生在广告营销环节，但是为了实现品牌的文化定位或升级，最终还是要整合在广告传播的内容中。

（二）"文化创意+"广告业融合中的批判性思维

曾经，广告创意传播符号的模糊不清导致一些跨国品牌广告败在了传播与沟通环节。从我国社会公众对一些广告所持的愤然态度中，我们不难看出中国元素与民族主义情绪二者之间的微妙关系，以及其背后可能隐含的政治意义。多个品牌案例惨痛的教训警示我们，当无限发散的创新思维在无尽的文化元素里遨游，即运用文化元素创意广告符号时，需要运用"批判性思维"对其加以检验与评估。

1. 何谓批判性思维

批判性思维（Critical Thinking，CT），也称为审辨性思维。有学者称批判性思维是"原创性的源泉"[①]，是灵感和想象力发生的思维机制。批判性思维的灵魂是"理性"，掌握批判性思维的钥匙是"质疑"。批判性思维不仅关涉到反思、分析、论证、判断等一系列技能和方法，还隐喻了求真、求善、求美的价值观取向，其开放性求证与合理性评估等路径更趋向人性。因此，对文化创意与广告业融合问题的指导性价值不言而喻。批判性思维中的"批判性"是对事而不对人，自然对象有"物"理；人类对象有"情"理；社会对象有"事"理。批判性思维是对事理的反思、判断、评估、选择与决策。"审视未来可能的变化，就是对传统和当

---

① 邓晓芒.原创性的源泉：批判性思维[J].工业与信息化教育，2014（3）.

前常规的质疑，这本身就是一种批判性思维"。① 审视未来，质疑当前，也正是广告品牌传播前的策划性思维。

从源远流长的文化长河中撷取哪些文化元素才能更加适切地融入广告品牌的内涵中，尽管这是广告策划与创意领域专业人一个漫长的调研和思考过程，却需要通过批判性思维方法中的甄选与比较、判断与评估环节，才能给予策略上的选择和科学决断。综观以往不少曾经大投入、大制作的广告作品其传播效果未能尽如人意，虽然影响因素有很多，但是未能在大规模投放之前进行客观、理性的效果评估却是不少广告活动主体的通病。如何在绚丽纷飞的文化符号面前运用理性思维为广告主的品牌投资效益把好关，这关涉到广告策划者、品牌经营者和传播者的思维品质。

关于批判性思维的界定和意义，各路学者的观点莫衷一是，其中较为简约直白的表述是："批判性思维是理性的，反思性的思维，其目的在于决定我们的信念和行动。"② 这是出自美国教育哲学家、批判性思维运动的开拓者罗伯特·恩尼斯（Robert Ennis）的定义。批判性思维的目标是培养好的思考者（也是策划者）。从价值理念上，"不能把批判性思维仅仅视为思维技能，它其实也是一种人文精神"③。批判性思维追求的是理性思维状态下的真、善、美；从实践技能上，批判性思维要求的是开放性的借鉴与合理性的评估。这对于近年来一些"烧钱"式的商业品牌传播投资，如巨额的节目（栏目）冠名费、天价的黄金时空投标以及不计成本以贷款的方式投放广告费等现象，不失为一剂理性把控的良药。

2. "文化创意+"广告业融合需要理性的评估

在传播与传媒领域，价值理性是比工具理性更为本质，且更为有效的分析与评估原理。

关于价值理性的理论研究由来已久。在人类传播学早期的"传媒的四种理论"中，其中之一就是"传媒的社会责任理论"，用以调整自由主义至上的观念。在人与人进行精神交往的传媒世界里，一切传播生发于人并打动于人的关键是传播内容内在的人性契合与心灵触动。因此，价值理性揭示的是传播行为的人文价值，

---

① 李培根.创新，源自审辩式想象未来［N］.文汇报，2018-01-19.

② 董毓.批判性思维原理和方法［M］.北京：高等教育出版社，2010：3.

③ 李培根.创新，源自审辩式想象未来［N］.文汇报，2018-01-19.

强调传播动机的纯正和选择合乎人性心理健康发展的手段以实现目的，而不是为了结果不择手段。价值理性层面的传播原理即传播伦理。传播的圭臬：既不能舍弃工具理性，又要持守价值理性。

我国创意产业发展中最缺少的不是感性的文化符号，而是理性的文化价值取向和文化意义。其中对文化元素的选择与评价，构成了文化创意产业自身的发展，以及与广告业融合发展的驱动力。在商业利益的驱动下，不少网络内容潜藏着各种"招式"和"套路"，内容营销下新的广告形态更使广大网民对网络信息内容难辨真假、不识东西，通过质疑和反思的"批判"意味着对文化元素认知上的超越。但对过去的超越并不意味着完全否定，而旨在以批判性思维"甄选"文化创意元素，以批判性思维"优化"广告作品结构，以保证最后发布的广告作品具有正能量价值观导向、优秀文化蕴涵的内容导向、广告品牌的文化导向、健康消费方式的传播导向。

可见，正是通过批判性思维的"反思"和"求证"过程，实现对广告传播效果的评估。坚持广告的导向性，坚守科学的广告理念和价值观，进而保障广告创意作品的正能量传播，这是为商业品牌和传媒文化加分的批判性思维机制。

（三）"文化创意+"广告业融合的互联网思维

互联网时代的到来，开启了人类新的思维方式。互联网意识、互联网思维以及由此形成的互联网文化，为文化创意与广告业的融合拓展了更加广域的空间。顾名思义，互联网思维是基于互联网的技术性能和功效而产生的思维方式，这一概念范畴既是一种实践模式，也是一种研究范式。尽管当下研究者对"互联网思维"能否立论还存在诸多分歧，但是正在程式化的东西已经深刻嵌入人与网的交互行为中。以媒介视角看互联网，以互联网表征开启新的文化创意路径，我们都有必要了解和领会由互联网意识决定的互联网思维内容以及其实践应用的方法论。

1. 什么是互联网思维

在国内第一部系统论述这一概念的《互联网思维：商业颠覆与重构》[①] 一书中提出了互联网的七字诀："专注、极致、口碑、快"，同时还列出了互联网思维12大核心内容——标签思维、简约思维、NO.1思维、产品思维、痛点思维、尖

[①] 陈光锋. 互联网思维：商业颠覆与重构[M]. 北京：机械工业出版社，2014.

叫点思维、屌丝思维、粉丝思维、爆点思维、迭代思维、流量思维、整合思维，具体含义如下。

标签思维：在品牌标识基础上，使用户脑海里形成一种关键词式的记忆。

简约思维：第一最简，"傻瓜"传统，简要、少即多而美，简约而不简单。

NO.1思维：胜者为王，强者恒强，自然延伸出第一的定位意识。

产品思维：人人皆为产品经理，以用户体验的投资回报率作为关键绩效指标。

痛点思维：放大用户曾经体验的"痛点"，并使其变成"痛快"。

尖叫点思维：为用户带来惊喜和震撼，适时推出让用户体验升级的内容。

粉丝思维：强调抛弃生硬的广告和公关，用互动培养产品的忠实粉丝。

爆点思维：尊重粉丝的成就感需求，为使产品或品牌个性有爆发力，通过包装"卖点"，借势引爆社会化营销，实现社群经济的高级形态。

迭代思维：强调快速迭代更新，快速换代，以及时跟进或引领新时尚。

流量思维：强调积累流量，以利用下一个环节收费。

整合思维：在产品设计、品牌市场推广中整合所有优势元素，以及在企业组织、结构以及各种战略中深入发挥互联网的技术机理不断创新运作模式。

关于互联网思维还有不同的解读，其内涵和界域广泛。目前的困境在于论证"互联网思维是什么相对容易,但论证它不是什么却很难"[①]。互联网思维首先是一种形象思维，由众多点相互连接，非线性、非平面、立体化、无中心、无边缘的网状结构。互联网思维的理性认知是基于Web 1.0门户时代和Web 2.0搜索和社交时代，充分利用Web 3.0这一大互联时代的互联网精神和价值、技术和方法、规则和标准，将其整合，渗透和指导其他一切生活和工作的思想意识。从内容的价值取向看，互联网思维作为商业思维的起点其正向功效明显。互联网思维已不再局限于互联网本身，而是有些类似于"文艺复兴"，已经给当代社会各个领域带来颠覆性的冲击，影响是巨大且深远的。

2. 互联网思维对于"文化创意+"广告业的启示

互联网思维的养成过程中必然形成一系列的互联网意识。互联网意识即指基于互联网的自身属性而需要人们建立的概念、理念和信念，并将伴随互联网技术性能的演进而不断拓展，如连接、共享、聚合、平台、合作、人人、共赢等意识。

---

① 叶雷.互联网思维有标准答案吗[J].法人，2014（3）.

如"谷歌意识"就是一种主动求知与自主解决问题的意识，在此意识下人们逐渐养成了"搜索"的行为习惯，尽管不一定是到谷歌网站去搜索。在互联网意识支配下，互联网的开放、求真、分享、协作等精神其实质是合作共赢，这恰恰契合了广告业的三大主体要素——广告主、广告公司和广告媒介之间只有合作才能实现共赢的产业逻辑。依据互联网的技术性能和运作机理不断衍生或延伸，互联网思维对于"文化创意+"广告业融合的启示集中表现在以下几个方面。

第一，"跨""融""通"的思维点。这是广告创意中关于文化元素选择与组合的基本理念和行为纲领，也是"文化创意+"广告业融合的思维生长点。

跨：即打破学科或行业之间的界域，"跨"领域实现新、旧元素之间的创意组合。

融：即整合各方资源优势，构建多领域多元素之间彼此融合的新格局和新动能。

通：即在不同的文化形态之间打通内容；在不同的品牌市场之间，通达受众。

第二，互动性、连接性和网生性的思维机制。传媒技术的赋能使媒介平台化、平台社交化、社交资讯化、资讯商业化、商业品牌化、品牌传播回归人性，这也是一种技术赋予的"文化创意+"广告业融合的机制。

互动性：即媒介使用者之间通过媒介渠道或平台完成的彼此响应、交流与反馈等行为，这是互联网有别于传统媒介而成为一种"超媒介"标志性功能。互动使互联网平台社群化，于是"网络社交媒介"脱颖而出，使人——媒关系直接演变为人——人关系。人与人之间的交流本身就是一种纯粹的文化现象，而商业语境下的广告传播，只有强化其文化创意属性，才可能更好地融进社交媒介平台，进而产生更好的广告传播效果。

连接性：即在网络语境下传播元素之间彼此无限的链接与关联性，这也是互联网能够"网罗天下"而有别于传统媒介的"超媒介"标志性功能。"融合"这一概念的意义在互联网时代凸显出来，印证了人们可以在更广域的时间和空间里"实现人的延伸"（加拿大传播学者马歇尔·麦克卢汉所言），这为"文化创意+"广告业的融合提供了资源机制和保障条件。

网生性：即互联网（含移动互联网）与生俱来的属性。数字媒介环境下要产生最佳的品牌传播效果，广告作品本身在文化创意阶段就应该嵌入全部的互联网基因。如创意影、视、网剧中的植入广告，在编辑和导演环节就需要合理地设置能够引发良好互动的剧情与场景。"文化创意+"广告业的融合，不管是在文化创意的符号组合阶段，还是在广告主体与广告客体通过媒介渠道的交互作用环节，都需要以彻底的互联网思维方法论策划广告并有效传播。

第三，以大数据"定制"品牌文化的规格，构建广告人对未来的洞察力与预测力。当代网络传媒的物理性记忆已经自动承载了全息或全数据系统，伴随着云计算、人工智能、5G、4K、AR、VR等技术的突飞猛进，将更加激活人的主体性，人们可以通过算法设计与建模，有一定科学依据地预测未来市场，洞悉消费者心理，更准确地驾驭广告策划和文化创意的传播效果。

以上，既是思维方式，也是思维机制。通过对市场、用户、产品、企业价值链乃至整个商业生态的科学审视，"文化创意+"广告业的融合将更加具有心理学基础和人文价值意义。创新思维、批判性思维和互联网思维的养成，有利于丰富和完善人们的传统思维结构，对于文化创意、广告策划、媒介消费和品牌升级都具有当代社会语境下的方法论意义。

案例一

特仑苏与湖南卫视携手打出跨年广告的"文化牌"

——跨年零点时刻的广告主题与文化创意[①]

案例导读：一个商业品牌携手一家电视台，利用"跨年"之际打出一张具有大创意的"文化牌"，把受众带入一种对生活的感慨、反思、展望与梦想的境界！"你的更好2015，从哪里开始？"这个浓郁的人生问题，不仅是在跨年那一刻格外打动人心，对新年的每一天都会有积极向上的意义。特仑苏将以往荧屏闪耀的明星换成一位位普普通通的平凡人，从"不是所有的牛奶都叫特仑苏"到"让你的2015更好"，将广告诉求整合到跨年晚会场景的高潮时刻，这一品牌文化的迭代使超市里普通的一款牛奶有了态度和理念，升华为一种文化载体，带着新年"更好"的感召力、穿透力以及具有的文化能量，影响着它的消费群体，构建了一个共同的价值追求——不断向上，不断成长，不断进步，让每一天都比昨天更好，让生命的进益永恒！

作为跨年广告，如何抓住传媒观众的注意力，进而直接进入商业品牌创造的文化氛围中，这需要大手笔的广告策划，尤其需要注意在这一特殊时段关于文化元素的创意与组合策略。

自2005年以来，每个新旧年交替的夜晚，湖南卫视总会准时准点奉上一台精彩纷呈的跨年演唱会，2015年是第十个年头举办这项活动。湖南卫视在沿袭传统的基础上又为之注入了新的血液——携手强势品牌，用"超级碗"的营销思路打造大事件。湖南卫视跨年夜本身就是经营了十余年的金字品牌，更是年轻人的狂

[①] 数据和图片摘自《广告人》杂志.特仑苏与湖南卫视跨年零点首条广告营销策划案.微信公众号广告人智库，2015-01-26.作者有梳理和修改。

欢夜。2015年的跨年晚会除了明星话题炒作，还在播出渠道和观众互动上有诸多创新，以此问题为契机，引导每个人都开启专属于自己的更好的2015。

一、蒙牛集团的广告目标

蒙牛集团这次的广告目标是借助湖南卫视的跨年晚会，创造品牌与节目的延伸话题，为旗下的特仑苏产品（以下简称"特仑苏"）打品牌，深度传递自己新的品牌主张——从更好开始。同时延伸联系，创造广告的"爆款"效果，并与消费者产生多种角度的沟通，以加强品牌的"附着力"，进而将湖南卫视的"引爆点"为己所用。如果只是投放硬广告，品牌主能够从节目本身获得的权益是基本固定的。因此，特仑苏在品牌曝光度、节目收视率等传统衡量维度之外开始挖掘更多的增值形式，例如这次与电视台共同打造节目，挖掘正向话题，并从中获得更多的共享资源，以使这次的广告投放物有所值，物超所值。

二、广告主的"卖点"策略

蒙牛集团投放湖南卫视跨年晚会的零点广告，不单单是作为广告主买到在湖南卫视跨年晚会上播出广告的价值本身，更蕴藏着一种隐形的传播手段：一方面把产品品牌的新信息巧妙地融合在前期的线上互动中；另一方面又在最后的零点时刻揭晓答案，隆重点题，呈现出2015年关于产品品牌的新概念、新的品牌文化主题。

借助跨年晚会创造品牌与节目的延伸话题、延伸联系，甚至创造自己的"引爆点"，并与消费者产生多种角度的沟通，加强品牌附着力，将"引爆点"为己所用……这是在跨年晚会广告投放精髓之所在。发现引爆点，是成功的关键。

广告主深谙，湖南卫视跨年晚会可以说是多年的王牌节目，每一年的收视率也是傲视群雄，同时最重要的是它的背后是强大的芒果粉丝群，以此保障其品牌传播的文化效果。

三、特仑苏的广告内容

广告主题："你的更好2015，从哪里开始？"

这是一条被称为"2015万的90秒暖心广告"。当跨年演唱会进入零点倒计时高潮那一刻,晚会的主持人抛出一个问题:"你的更好2015,从哪里开始",相当于设置了一个悬念,而后特仑苏主题为"更好的2015,从特仑苏开始"的电视广告由湖南卫视于全球首播(见图1-7)。

图1-7 "更好的2015,从特仑苏开始"电视广告在优酷网站播放的视频截图

这条价值为2015万的90秒TVC用3个不同类型的人物、以3种完全不同的视角,细腻而又生动地回答了这个问题。一支正能量的暖心大片,使特仑苏与湖南卫视的这次深度互动打出了一张两个品牌前所未有的"文化牌"(见图1-8)。

图1-8 "更好的2015,从特仑苏开始"电视广告在优酷网站播放的视频截图

四、整合传播的广告效果

不是所有跨年夜都是一场酣畅淋漓的狂欢夜,不是所有电视台都有实力直播跨年演唱会,也不是所有暖心的广告都能植入消费者心里,2015年湖南卫视的"快乐中国2014—2015跨年演唱会"却迎来了新年开门红:19:46—24:27播出的跨年演唱会全国网收视率和市场份额分别为3.55和13.89,高居全国第一,超出收视率排名第二的晚会近五倍,较上届跨年增长近26.7%。

1. 对于广告主而言

在2015新年的第一个零点,特仑苏选择最有青春气息的湖南卫视发出了新年第一声,其品牌领导力与新的一年的市场雄心不言而喻。对于广告主的投资而言,特仑苏买的不是一条广告,而是一个营销风暴的"暴风眼",这也为整个电视广告市场注入了一针强心剂。零点时刻,受众的注意力最集中,情绪最昂奋,广告主题和文化创意内容更加令人心悦诚服。

2. 对于广告媒介而言

在这一最佳时刻,湖南卫视也创造了单条广告的历史最高纪录,广告费达到2015万元。当2015这个新年的早晨第一缕阳光升起时,"湖南卫视跨年"话题以11.6亿阅读数排行24小时热门话题榜TOP3,话题"2015在一起"以9亿阅读数据名列前茅。不论是事件营销还是广告的软性植入,湖南卫视都是强大的内容影响力和话题的发源地。跨年零点是大事件,跨年零点之后湖南卫视第一条广告片不仅成为广告价值高地,也成为跨年文化理念的关注点。

3. 对于广告受众而言

总体来看,跨年晚会的收视、关注度赢得了预期效果。电视晚会在零点过后的那一刻充满了仪式感,使观众的情绪和注意力达到了极致。特仑苏"更好2015"从好友分享的微信中零点前800万的阅读数,截至第二天早晨8:00,以阅读数6218万的阅读数排名热门话题榜前十,呈几何级数增长的话题营销也得以持续。

4. 对于广告策划者而言

湖南卫视的"跨年晚会"已经成为一个具有创新精神的品牌,在2015年迎来了新的十年。在这次跨年晚会上,庞大的明星效应和粉丝效应又一次彰显出来。通过如上数据和现象,我们看到这次策划案得到了有效执行,其策略达到了一定效果。

前期预热，湖南卫视官方微博和湖南卫视广告部官方微博做互动铺垫，其官方微博"2015在一起"话题互动阅读量高达2亿之多，已经吸引了众多网友的互动参与和社会各界的关注。单从传播角度来说，这是一种高明的、有预谋的营销手段。经过在官方微博上的铺垫性预热和借助湖南卫视这一平台，广告主通过核心关键词"2015在一起""更好""2015"卷动了更多受众参与话题中，层层递进，最终将悬念引致神秘品牌，推送暖心大片全球首发（见图1-9）。

图1-9 湖南卫视跨年晚会在其官方网站的预热视频截图

现场执行：High到2015年的零点时刻，在主持人汪涵第一次秀出"抱宝宝的姿势"时，在邓紫棋模仿鱼时，在李宇春学小绵羊咩咩时，"不是所有牛奶都叫特仑苏"的新年主题创意——"更好的2015"电视广告片首秀荧屏，这一神秘品牌终于在零点时刻掀起面纱，前几天就已经酝酿发布的悬疑广告终于有了答案。

引爆传播：High到零点一刻根本停不下来，特仑苏的2015年营销大战从湖南卫视跨年的零点第一条广告开始引爆传播。

这是一场有预见、经过事前精心谋划的、较为成功的广告营销策划与执行案，既挑动了观众的好奇心，又将焦点聚集在广告大片上，将硬广告软化，打通情感，再没有什么更好的方式能够将一则硬广告的全球首发融入节目中，将品牌的文化理念完美诠释，为之后的广告播出做出浓郁的情感铺垫。从开始的话题营销到社会化传播，再到零点黄金时刻唯一的硬广告植入，高收视、高关注度、高影响力，无疑都会给广告品牌带来更多的整合传播效应。具有神秘感的特仑苏的零点广告仅仅是一个开始，随之而来的是其他移动屏对此次营销手段的持续报道，更多的"更好的2015"接踵而来。总之，这是一个以文化重新定位品牌的系统工程。

五、创新点探析

"引爆点"的契合性。近年来,各类媒体之间的跨年大战已经成为年度娱乐的盛宴,引发广告主、电视台和娱乐明星纷纷挥军进击,各方都试图在这场盛宴中分一杯羹。

对广告主而言,作为甲方的特仑苏选择投放卫视的跨年晚会并不是一次简单的媒体购买,而是对一家电视台捆绑的各种娱乐资源和渠道平台的集中式采购。特仑苏更看中的是各种传播资源与内容资源叠加后实现的核辐射式的广告效应,想借此机会深度传递自己新的品牌文化主张——从更好开始。对广告媒体而言,作为乙方的湖南卫视台也正是想利用这短短的"跨年"几分钟争取成功地打造出"跨年黄金时段",为电视台创造出一个新的、富有人情味的、炙手可热的广告时段。

"电视台+新浪微博+视频网站"三大阵容的台网多屏互动与芒果TV同步视频直播的携手共振,并在芒果TV上打出"猜机位"的多屏战术,可以说史无前例,五大机位多屏同时直播,辐射到几乎全媒体受众,芒果TV360°全方位放送台前幕后实况等,产生了极强的联动效果。

媒体内容与广告主题的水乳交融。在晚会正点,结合之前台网互动中的这些话题,把特仑苏的品牌文化的新信息自然地融入跨年晚会的零点广告里,再加之微博上已提前几周就在密切地进行互动炒作,实现了赚足网友和社会各界眼球等传播目的。

特仑苏打造的"更好的2015"主题营销在湖南卫视零点广告引爆之后,持续的传播效应从一个广告事件向社会话题引申,从一个企业的营销传播向社会关注点的延伸,而社会公众的关注点不正应该是人人都会面临的问题吗?让你的2015更好!借助于一位位平凡者的声音,感染着每一位受众,于是,更好的2015,从新年开始就有了特仑苏的味道。

这是品牌的味道,是文化的味道,是广告的味道,是"文化创意+"广告业融化的味道。

第二章
广告传播在基因上的文化创意属性

创意是广告的魔性所在
经典广告创意方法蕴涵了高能的文化创意基因
文化创意是当代广告的"第一原理"
"品牌形象法"奠定了广告文化创意的理论基础

第一节　文化创意是广告营销传播的灵魂

一、广告创意与生俱来的文化属性

（一）广告学理论发展中的创意观

1. 广告传播中创意的由来

多年来，由于广告自身强烈的商业属性，策划与创意必然成为这个领域的行动纲要，而其中的符号价值取向却一直没有得到业界充分的关注。虽然文化创意一直是政府扶持、社会关注、专家看好、业界兴旺的朝阳性产业，但是，作为广告业界的专家或学者乃至一些相关的主管机关以及传媒机构，在广告政策与法制规范的制定过程中似乎都尚未留意文化创意与广告业内在的关联性，缺乏对文化创意的方向性指导，更缺乏在广告学理论上对于"创意"范畴的与时俱进。在数字网络技术驱动的全新媒介环境下，广告业面临重大转型，否则便是死路一条。处于这样一个十字路口处，我们迫切需要回归到广告的本体属性上，迫切需要梳理广告发展的历史，迫切需要重新审视文化创意与广告的关联性，从中探究广告以及广告产业生存与发展的关键要素有哪些，广告以及广告业能否离开文化创意而独立生存。

历史发展中的广告学以商业广告为主体研究对象，揭示了在广告代理制体制下广告主、广告公司和广告媒介三大产业主体要素之间的联动规律，包括运用广告策划创意策略与目标受众的互动传播规律、借助符号（文字、图片和视频符号等）的有效组合达到有效沟通的表现规律、选择媒介以达到最佳传播效果的媒体投放规律、保障广告产业健康发展的经营自律和法制法规监管规律等，其中广告策划与创意是广告的"标签"，其理论程式如图2-1所示。

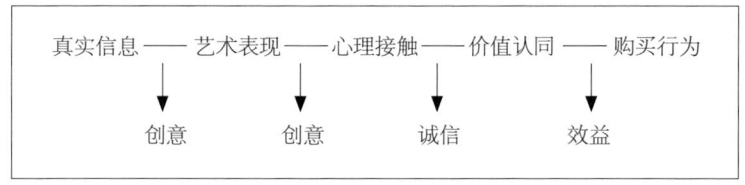

图 2-1　广告理论程式中的创意环节

回归广告学理论的历史起源，其实质是一个从学理上构造广告学内核的发展过程。最初的广告学理论著作要追溯到 20 世纪初期，1900 年，美国学者哈洛·盖尔（Harlow Gale）在多年广泛调查研究的基础上写成了《广告心理学》一书，随后在 1903 年，美国西北大学校长、心理学家瓦尔特·狄尔·斯柯特（Walter Dill Scott）又完成了《广告原理》一书。从"广告学"问世的两本标志性理论著作的书名和作者背景就可以看到，广告学理论是植根于心理学这一坐标体系中生长起来的，是关于如何针对消费者心理而有效告之广告信息的商业传播学。故此，广告学是关于人类消费主义生活方式的引导以及对社会价值体系和生态所产生的后果的研究领域。自此，学术界开始把广告作为一个学科领域加以探究。

2. "创意"是广告学理论发展的标志性范畴

回溯广告学理论的发展，我们可以看到经典的力量，在这些国际广告创意大师们所揭示的广告创意方法中，都蕴藏着高能量的"文化创意"基因。

李奥·贝纳的"固有刺激法"认为，广告创意成功的秘诀在于找出产品"与生俱来的戏剧性"，也称"固有的刺激性"，以直接诉求于消费者的基本情绪为主要本能，提倡视觉传达的重要性。李奥·贝纳提出，视觉形象更具说服力，广告创意的任务是把固有的刺激挖掘出来形成产品品牌与消费者的互动，创作出吸引人的、令人信服的广告。要做到恰当，永远不要满足于"差不多"以及依赖于欺骗，一定去找到这个"刺激物或词"！

罗瑟·瑞夫斯的"独特销售建议"方法认为，广告创意的成功必须依靠产品"独特的销售建议"。每一条广告必须给消费者提出一条建议（不仅靠文字、图片等），提出的建议必须是竞争对手没有或无法提出的（别具一格，无论是在品牌还是在承诺方面），并且必须要有足够的力量感动消费者。

大卫·奥格威的"品牌形象法"认为，广告活动应该以"树立和保持品牌形象为基础"，这是一种长期投资；人们购买的是产品能提供的物质利益或心理意义；每则广告都应对品牌形象这个符号象征有所贡献。品牌形象不是产品固有的，而是消费者在外在因素的诱导辅助下生成的，而非产品的质量、价格、历史等自身元素。

威廉·伯恩巴克的"实施重心法"认为，广告战略中"如何表达"最重要，甚至完全可以独立而自成一家。要做到尊重受众，不能居高临下；创意和表现手法必须干净、直接；广告作品必须出众，有个性；不要忽视幽默的作用。

如何居高临下？如何出众？如何幽默？让我们体会一下威廉·伯恩巴克这位国际广告创意大师为德国"大众"牌汽车创作的电视广告《送葬车队》的文案，即电视广告的解说词。①

解说员："迎面驶来的是一个豪华轿车送葬车队，每辆车的乘客都是以下遗嘱的受益人。"

男声旁白："我，麦克斯威尔·E.斯耐弗列，趁自己尚健在清醒时发布以下遗嘱：'给我那花钱如流水的妻子留下100美元和一本日历。'"

"我的儿子罗德内和维克多把我给的每一个5分币都花在了时髦车和放荡女人身上。我给他们留下50美元的5分币。"

"我的生意合伙人朱尔斯的座右铭是'花！花！花！'我什么也'不给！不给！不给！'。"

"我的其他朋友和亲属从不理解1美元的价值，我就留给他们1美元。"

"最后是我的侄子哈罗德。他常说：'省一分钱等于挣一分钱。'他还说：'麦克斯叔叔，买一辆大众车肯定很值。'我呀，把我所有的1000亿美元的财产留给他。"

艾尔·里斯和杰克·特劳特的"定位法"揭示了广告创意的目的是替处于竞争中的产品树立一些便于记忆、新颖别致的东西，从而在消费者心中站稳脚跟，故可以根据如下因素来定位：以产品特征或顾客利益来定位、以价格与质量的关系来定位、以使用或运用方法来定位、以产品使用者来定位、以文化特征来定位、以竞争对手来定位。

从以上五个经典的广告创意理论可以看出，创意的核心是"人"，而非产品和产品信息；创意的手段是借助于"品牌"这一"媒介"的传播去触达人的心灵；所有创意元素的构建和组合都是围绕消费者进行的有针对性的选择。李奥·贝纳

---

① 丁俊杰，康瑾.现代广告通论[M].北京：中国传媒大学出版社，2013：267.

的创意理论是基于消费者的感受，而非商业信息本身；威廉·伯恩巴克整支电视广告的文案没有一句提到大众牌汽车的性能价格等产品元素，却把受众带入对大众汽车的价值想象中。"创意"是广告学理论发展的标志性范畴，而创意又都是针对"人"的创意，广告学理论阐释的"创意"其实质就是文化创意。

（二）广告实践是一个不折不扣的文化创意与传播过程

1. 广告实践是一个以"创意"为核心的作业流程

面对我国文化创意产业多年来的勃兴，我们不得不对广告以及广告业进行反思。我国关于文化创意产业政策和研究的多数文本都将文化创意产业界定在动漫、影视、网游、工业设计、会展等诸多领域，较少提到广告领域，有的仅仅明确到广告会展等，甚至有学者提出："中国目前还没有创意产业"。回归广告本体，以广告的"卖点"进行辨析，如图2-2所示，我们可以自豪地言明：广告实践是一个不折不扣的文化创意与传播过程。

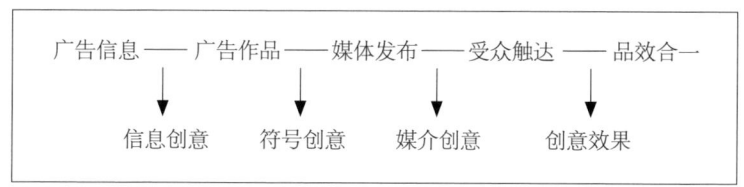

图2-2　广告实践流程中的创意环节

2. 文化创意在广告业早已修成正果

深入探究文化创意与广告的关联，文化创意从理念到行为早已在广告业生根、开花、结果，生生不息。至今，无论是在哪种传播媒介上发布广告，其完整的业务流程都要经过以下步骤。

第一，市场调研与大数据运用，即分析产品和品牌的现有和潜在市场以及竞争中的诸多环境因素，捕捉目标消费者或用户的需求心理。

第二，广告策划与品牌传播创意，即进行广告的战略性决策，形成广告策划书、计划书、项目方案等，再根据市场调研结果和预测选择"攻心术"。

第三，制订媒介计划与媒介购买，即执行广告计划书，包括自媒体推文，购买整合传播中的其他广告媒体等，即根据目标消费者和用户的媒介接触习惯保证广告的触达效果。

第四，广告创意与物料制作，即针对广告目标、广告定位和广告主题创意、设计和制作广告作品,将广告主题以符号化表达,是对一切创意元素的新组合。

第五,媒体发布广告,即执行媒介策略,整合自媒体以及其他媒体如期发布各类广告,完成广告的实施和创意传播的有效执行。

第六,广告效果监测与反馈,即确认各种媒介的广告发布情况,进行广告传播效果的测评,重新进入市场调研阶段,为下一轮广告活动提供参考依据,根据目标消费者或用户对广告的心理接受情况反馈,通过对品牌的态度转变情况和购买行为表现评估广告效果。

以上各个步骤,看似只有"广告创意与物料制作"与文化创意相关,而实际上,从广告调研到媒体发布,以及最后对广告传播效果的测评,可以说丝丝入扣,每一步都与文化元素的创意组合价值取向息息相关。如针对一些广告创意的风险性,要在广告发布之前组织广告媒介受众的代表以及与广告传媒相关方面的人士对广告作品进行事前调查(见图2-3)。①

开始:一名男子在屋外门廊上,吃一份披萨饼,一只手提一瓶麦开亨利·塔巴斯科牌辣酱

他的脚边有两只空瓶

音响:蚊子的嗡嗡声

切:蚊子咬男子的大腿

男子脸上洋洋得意的表情

蚊子飞起,中途爆炸,男子一脸笑容

图 2-3 塔巴斯科辣酱的电视广告截图

这是塔巴斯科(Tabasco)公司在1998年超级杯赛期间,向全球亿万观众推出其产品塔巴斯科辣酱的题为"爆炸蚊子"的电视广告。人类这样"奸诈"地对待蚊子,合适吗?会不会引起一些人的反感?在发布广告之前测试广告的效果,可以使广告主有效地避免潜在危险。虽然事前的广告检测也需要费用,但是如果广

---

① 威廉·阿伦斯.当代广告学[M].丁俊杰,等,译.北京:华夏出版社,2010:206.

告创意冒犯了媒介受众，或使他们混淆了广告主的信息，由此造成的传播损害或销售损失则可能代价更高，于是，塔巴斯科公司在向电视投放这支广告之前，组织各方代表对该广告做了全国性的事前测试。

这就是针对广告的事前调查，并非向社会征询这款辣酱好不好吃的问题，而是针对广告创意选择的文化价值取向，检测广告受众在心理上能否接受。请注意1998年这个时间点，那时英国政府推动的英国创意产业特别工作组刚刚开始对"创意产业"进行界定，而在国际广告业界，关于广告的文化创意早已渗透和交融在广告作品和广告活动中，修成正果。

二、广告创意与文化创意的异同

（一）广告创意与文化创意之间的相对独立性

1. 广告创意是对一切旧元素的新组合

"广告创意"是在广告活动特定的目标下对一切旧元素的新组合，无论元素来自何方。广告传播不同于广告宣传，根据拉斯韦尔对宣传的定义："通过对有意义的象征符号的操纵来支配集体态度。宣传关注的是通过直接操纵社会暗示，而不是通过改变环境中和有机体中的其他条件，来控制公众舆论和态度"。[①] 在广告的营销传播领域，"传播"是一种"劝服性"的信息刺激过程，与原始的，或第一手的信息不同，经过创意后的"信息"可以激活受众情绪，产生传播效果。因此，广告的文化创意是一种有一定学术依据的方法论，与社会心理学密切关联。一定意义上讲，广告是对旧元素的新组合，旨在唤起广告受众美好的记忆，通过旧元素新组合后新意义的生成，激发"知识元"的重构，其着眼点在于找寻信息和信息接受者，即广告媒介受众（也是目标消费者或现代用户）之间直接的、瞬间的、因果性的利益关系。广告借助于这种创意信息符号的传播效力使广告媒介受众切身感受到品牌利益，激发目标消费者产生购买欲望。

---

① 哈罗德·D.拉斯韦尔.世界大战中的宣传技巧［M］.张洁，田青，译.北京：中国人民大学出版社，2003：22.

客户：桂林快急服务公司
类别：户外广告
篇名：马桶篇
广告语：急你所急
创意：秦湘
设计：秦湘

图 2-4　桂林快急服务公司的平面广告

图 2-5　新浪微博账号"搞笑排行榜"的图片

图 2-4 和图 2-5 都是运用人们已知，甚至非常熟悉的旧元素进行的新组合，这一创意组合使旧元素产生了新的立意。广告传播的目标不是仅仅停留在"show"，即展示——"秀"的外在仪式上，而是要触动人的内心情理体验。广告是人性的沟通，以"文化即人化"这一最简约的哲学逻辑推衍，只有赋含文化属性的创意符号，才可能直接打动人心。在人们对商品从物质需求的量化和种类层面上升到精神层面以后，在当代数字网络媒介环境下人们已经进入"沉浸传播"语境下，更加凸显出广告在文化层面的创意传播能够从争夺眼球到聚焦人心的沟通效果。

2. "文化创意"是针对文化元素的创新立意

"文化创意"是以文化元素为基本符号和思想主题而创新组合的文化构思活动。"文化创意"是针对"文化"的创意，是以某种文化意蕴为潜在主题具有一定文化立意的新构思，是通过相关文化元素符号的有机组合新形态。如前所述，文化创意难以独立存在，一般要渗透到各个领域，既可以成为公益活动的必要元素，也可以成为商业活动的驱动力。

图 2-6 和图 2-7 是作者于 2018 年 3 月 8 日当天的所见所拍。在我国，不知从何时开始，每年的"三八妇女节"已经华丽地转身为"女王节"。由"妇女"变为"女王"，其概念间的要义所有的文化人都能领略。"三八节"的原称本为"国际劳动妇女节"（International Working Women's Day，IWD），其全称为"联合国妇女权益和国际和平日"。我国官方媒体称为"国际妇女节""三八节"或"三八妇女节"等，该节设立的宗旨是在每年的 3 月 8 日，庆祝妇女在经济、政治和社会等领域做出的重要贡献和取得的巨大成就。可以看出，这本是一个基于生理基础，即女性和男性的区分而设立的节日。然而，在当代流行文化的熏陶下，已经被演绎为以拉动女性消费为价值导

向的"女王"级的节日。这是一种文化现象,更是一种典型的文化创意现象。在人性的自然成长和文明进程中,文化的发展多是以文化创意的方式不断突破原有的观念,逐渐实现理念上的更新和形态上的迭代,以标新立异,创造新意。

图2-6 2018年3月8日北京某高校的校园条幅　　图2-7 北京某高校微信公众号截图

（二）广告创意与文化创意的辨证统一性

1. 广告是对一切商业产品的文化诠释

自从广告成为产品或企业品牌营销推广的基本传播形式之后,文化创意就已经成为一种通过文化元素符号的新组合塑造品牌内涵的广告理念和广告思维本体,文化元素也早已成为广告业界为产品或企业品牌进行创意的土壤和源泉。商业广告的本质就是通过创意对一切商业产品进行文化包装,是对品牌精神的文化诠释。

心理学理论研究的成果表明,为了实现商品的销售目的,对商业产品的文化包装已经成为一种必要的消费者心理劝诱艺术。由于市场与媒介环境的时代变迁和人类生存与生活意识的社会演进,自20世纪60年代以来,世界经济的一个重要变化即商品的文化价值和符号价值逐渐超越了商品自身的使用价值和交换价值而日益成为商品市场的主导价值。社会经济形态正在被人们不断地重新定义,其成果硕硕也结论多多,如有学界专家断言：人类社会的发展经历了三大经济形态,分别是农业经济、工业经济和大审美经济。现代经济形态是一种超越了以产品使用功能和一般服务为中心的传统经济,代之以实用与审美,并与体验价值相结合的体验经济时代。与时俱进,广告作品的创意也越来越比照文化价值尺度而凸显传播的专业价值,广告塑造的品牌社会影响力越来越依附于广告作品的文化内涵和品位。

图 2-8 为 2018 年"华为"品牌的平面广告。在国际通信与产品市场一直处于领先地位却也被推到风口浪尖上的华为,在 2018 年进入了尤其艰难、艰苦、艰辛的时期。作为一家全球领先的 ICT(信息与通信)基础设施和智能终端的提供商,它代表着中华民族的工业发展和我国民营企业的技术实力,如何体现其品牌内涵?华为的这则广告通过芭蕾舞台上、下的可视化符号,一句"伟大的背后都是苦难"的广告文案虽然是借助于名人之言,却准确和深刻地揭示了华为产品领先市场创造辉煌业绩的背后,是华为人吃苦耐劳、忍辱负重和坚忍不拔的民族精神和品牌文化。广告,是对一切商业产品、商业品牌的文化诠释。无论是如何独特甚至异类的创意表现、无论是怎样充斥在人类所触,商品所及,媒介所达之处,广告已经成为一种不折不扣的商业文化传播行为,成为一种人类生活价值的风向标。

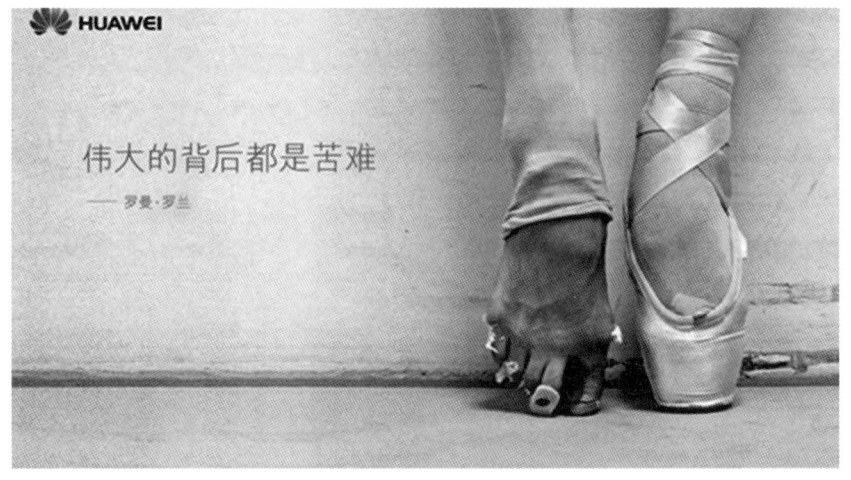

图 2-8　2018 年"华为"品牌的平面广告

2. 广告创意的人格化取向

广告创意在传递品牌个性化信息的同时,必须兼顾品牌背后的心理共鸣。随着当代数字技术的突飞猛进,针对全程媒体、全息媒体、全员媒体、全效媒体的媒介政策导向此起彼伏。但是,传播媒介只能起到声音共振的作用,文化创意才是打动人心的传播内容。近年来,在广告营销传播市场,品牌的人格化创意表达越来越多,也收到了良好的传播效果。

图 2-9 是 2018 年 3 月 8 日微信公众号"很久以前 VIP"上的广告截图,来源于一位专业人士在朋友圈的转发,她这样写道:"老师,就是这个公众号,他们家

有时候追热点做的 poster 还挺有意思的"。要知道，写出这番话的不仅仅是一位毕业于广告学专业，已经在业界摸爬滚打了四年的专业人，更是一位有级别的"潮女"，她代表了一类新生代的审美取向。从上面的青色虾到下面的红色虾之变化，广告通过符号、颜色到文案所隐喻的文化内涵，与"很久以前 VIP"这一公共号的企业自身作为一家餐饮公司的相关性和包装性一目了然。

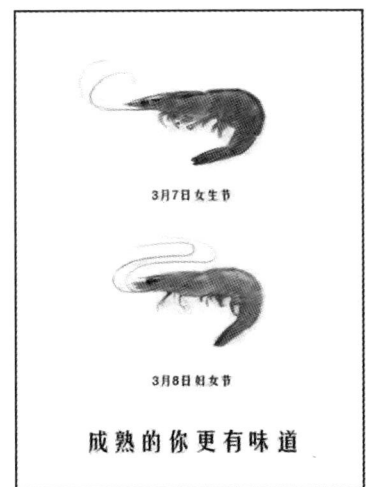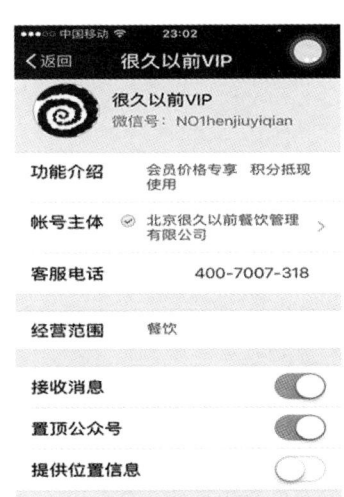

图 2-9　微信公众号"很久以前 VIP"在 2018 年 3 月 6 日推送的朋友圈广告

第二节　文化创意在广告营销活动中的表征

一、文化创意在广告活动中的理念表达

（一）广告的传播观指向传播文化

"找对人，说对话"，实为广告的精髓。"说对话"是策略层面上的选择，那么"找对人"则是媒介层面上的细分。在很大程度上，媒介接触的形态决定消费人群的形态。物以类聚、人以群分，特定人群总具备其特定的媒介使用性和依赖性，这就产生了不同的媒介群落。传媒的影响与传媒选择的不对称引导我们去思考媒介的合时空性。大多数人不会无理地拒绝媒介，拒绝的主要原因在于媒介采取了不适当的时空渗透，过度干扰了人的视听。所以，广告的传播观要遵循文化本位原则：一切都要与人发生构连，从普遍的民生问题到个人利益，文化内容和文化元素的创意是能够直接作用于人心的信息要素，文化符号的感染力也是直达广告受众心里的捷径。

（二）广告的品牌观指向品牌文化

广告，其实就是一项经营感觉和体验的活动，其奥秘在于建立品牌与消费者之间的感觉方式。创造品牌，前提就是创造品牌的感觉。消费者用脑分析产品，却用心去感受品牌。消费者身处于一个幻如迷宫般的市场中，他们需要品牌的引导，需要品牌来帮助他们克服认知和感觉上的疲软感和无力感。品牌价值是由消费者界定的，形象可以分解为"形与象"，"形"多指客观存在之形，"象"则是主观内在之象，形与象的组合揭示了外而内、内而外的交互映照关系，也直击品牌传播的要意。

（三）广告的媒介观指向媒介文化

无论是传统媒介还是当代数字媒介，都是广告活动必要的、不可或缺的传播工具。技术驱动下无限变幻的新媒介形态，不只是多了几个社交性传播平台，而是产生了更加复杂和新型的传播关系。尽管对于新的社交媒介平台的传播价值评估领域还尚无权威性的标准，但这并不妨碍其快速壮大和蓬勃发展的事实。受众的媒介接触点是营销传播的基础，针对接触点的管理有两个基本指标，第一是受众接触媒介的频度；第二是媒介传播信息的强度。互联网和移动智能终端的文化特征就是对于"话题"的分享与聚合，以及对于"热款"的反馈与互动，当代传媒的社交属性强烈显示其文化的生产力。

故此，广告的媒介观，即广告针对不同传媒的创意策略，首先是"好事"：借助网络平台策划有效、有益的品牌文化传播活动，满足网民的窥视欲，形成"爆破点"意义的惊喜效果；其次是"好看"：品牌界面的精彩和有感，突出可视化效果；最后是"好动"，充分体现传媒的互动功能。动的形式要多变，人性化，主体性强，能够吸粉，吸引访客更多留言。微博与微信上品牌账号的维护与更新，可以持续开发人——媒关系中传媒文化的价值与动能。

二、文化创意在广告互动中的行为表现

（一）文化创意行为取决于商业广告的文化思维

当下，社交平台成为数字语境下的媒介入口，作为广告受众的消费者或用户无时无刻不在通过社交平台发表看法、回应微文，这本身就是一种积极的互动行为，文化思维与品牌传播策略的大广告谋划需要一颗平常心。万物皆媒体，内容皆广告；信息即入口，触达即传播。传统媒介传播时代地毯式密集轰炸型的硬广告已被人们唾弃，现代网络数字时代病毒式传播的各种软广告已屡见不鲜。媒介融合语境下，再去刻意划分什么传统媒介与新媒介已无太大的意义，应实现沉浸式的深度渗入，保持常态下的品牌文化消费的持续性供给。尽管品牌的永续发展是个假设的前提，但却是专业广告人与广告主同向发力的共同目标，也是广告产业升级的必要条件，而最好的途径就是社交平台上的文化符号、文化元素以及文化思想层次上的沟通。

（二）内容营销强化了社交平台上的品牌互动

当代大广告是一个集心理、营销和传播等多学科于一体的综合性知识域，也是一个技术＋思想＋表达的多维技能体系。由此集成的广告作品或广告活动直接对应广告受众的情感思维。

内容营销是以信息或信息符号内容本身吸引媒介受众，广告与内容交融的本体传播。如"两微一端"上的信息本体，以及客服营销、话题营销、百度贴吧、各种留言板等。内容营销即以原生信息内容（特指那些非创意性的符号化，没有经过艺术加工的信息）本身吸引用户，形成信息的扩散性和人气的聚合性效果，从而产生类似于广告传播效果的营销传播形式。内容营销多在自媒介上已经形成文字图片视频的全符号以及微矩阵传播，如《锻造与冲压》期刊在"两微一端"的各种微平台和各个头条"大号"上建立自媒介，由专人推送微文、及时更新等，目的都是多些入口，聚合产品的特定受众或用户，营销内容传播品牌。如某鹿氏艺人在新浪微博上公开承认女友的爱情表达，就是典型的内容营销。只要是以内容为本体的传播都是内容营销。与传统硬广告形式几乎相反，其不存在创意性比喻或包装，不追求短期的转化行为，而是客观、理性，但可能产生长尾效应的品牌化营销传播。一定意义上讲，内容营销传播的优势，正如传统媒体经营时期的"内容为王"这一机理。

腾讯公司董事局主席马化腾曾在《给合作伙伴的一封信》中提到：数字内容是腾讯的核心业务之一。腾讯公司已不再是我们眼中的科技社交巨头，而是正在走向文化内容的公司。《今日头条》在 2015 年就提出了"千人万元计划"，即选择一千人，每人给一万元，由这一千人来写独家新闻、独家思想、独家观点，还有翻译人员等配套资源共享，通过传媒技术的驱动，用大数据决定选题策划以及头条内容，以内容导流，黏住用户，吸引广告和品牌进入。2017 年年初，浙江广电与新浪网站签署了"短视频直播内容创新"的战略合作协议。这些企业行为绝不是偶然，都是为内容营销而发力。

内容营销正是专业广告人尽情拓展文化创意的用武之地。内容营销的不是原生信息，是多数场景下通过文案诉求讲述品牌故事（相关性）的创作行为。媒介便利带来了人们媒介消费的日常，这使传媒内容与符号的价值更为重要。因此广告传播符号的文化意义也更为重要。

三、以文化创意提升广告传播效果的理论基础

（一）源于理性文化的四项有效传播经典理论

广告是一种"功利性"较强的传播活动，"魔弹理论"所描述的传播效果在商业传播中几乎不复存在。如何使广告主的投资回报率得到保障并且不断提高？答案只能是"在商不言商"。

德国哲学家、社会学家、法兰克福批判学派的代表人物哈贝马斯曾经提出了关于传播行为四项有效性（Validity Claims）要求的经典理论：第一，可理解性（Comprehensibility）；第二，客观真实（Objective Truth）；第三，道德适当（Moral Correctness）；第四，真诚（Sincerity）。这四项有效传播的原则都是围绕人性——理解——真实——真诚——道德的人为情怀而展开的。为了克服当前市场商业动机和社会诚信危机，广告传播必须重视与广告媒介受众的心理沟通过程，以形成聚焦——激活——共鸣——认知品牌利益点的效果，唯有相近或相同品位的文化符号传播才容易使媒介受众主动接受。

（二）源于感性情怀的"3C"有效传播理论

以人为情怀的感性"沟通"是借助于内容（Content）、渠道（Channel）和情境（Context）这一系统化的"3C"作用实现的。其中渠道具有工具意义，情境有助于可理解性，而袒露真诚、赢得信任的只有内容。纯粹的商业内容在加速商品的同质化，技术的驱动力往往具有"双刃剑"效果。当代人们的精神需求比物质需求增长得更快，文化消费正在成为社会主力消费群体的刚需。

当代有效的传播内容是基于信任，渗透式的、累积的、感知的、内生式的。尽管传播效果的决定性因素越来越复杂——传播者及可信度、传播媒介的便利、传媒技术的适当、传播内容的切合以及环境和语境等。但是最容易达成传播效果的因素却也越来越清晰：基于信任的传播内容——是否禁得起推敲和反思，是否经得住时间和事实的验证。传播学原理揭示了有效的品牌传播应具备的基本要素——直接沟通受众内心的传播符号！唯有文化——人性——人情味——情感要素的出现才最容易纳入人的心理逻辑，实现广告主期待的品牌进驻目标受众心里的某个位置，实现品牌定位的商业目的。

第三节 文化创意在广告传播中的"张力"与功能

一、文化创意在广告中的基因作用

(一)创意是广告业的生命和宗旨

"基因",也称遗传因子,本是生物学上描述具有遗传效应的 DNA 片段的一个专业术语。在这里,我们抽绎它的哲学喻义:"基因"是具有遗传性的支持某类事物生命力的基本构造和性能要素,同时具有物质性(可变异的元素属性)和信息性(可遗传的根本属性)双重属性。任何基因的遗传功能都会依赖于所处的环境而发挥作用,任何事物的活力和发展现象都与其"基因"密切有关,"基因"是决定事物能否健康发展的内在因素。在我国市场经济环境下,针对任何广告品牌的策划与创意,不变的是永远面向广大消费者或用户这唯一的目标传播指向,可变的是在不同时代、不同传媒语境下关于沟通元素的符号选择与组合。"关乎人文,以化成天下",根据"人化——文化——以文化人"的逻辑,广告就是人性的沟通,文化元素是广告活动永恒的遗传基因。

广告,这个曾经在"大众"传媒时代助力于商业品牌竞争力的宠儿,在现代媒介环境下依旧以其不可抗拒的专业精神渗透并"泛滥"在众媒介之中。广告创意大师李奥·贝纳曾言:"最终,总有一个人要创造出一则广告,广告业的生命、宗旨和核心是创作广告。"而这个"创作"就是文化创意——组合能够与消费者进行有效沟通的各类义化语言符号,在消费者能够达及的接触点上进行有效传播。在人类文化悠久的商业传播史中,广告的本质始终是以"创意"为专业卖点的品牌营销传播活动。

创意是广告业的生命和宗旨,而维系"创意"生生不息的是文化元素,以及其具有"张力"的文化生产力。"张力"本是一个物理学术语,这里从其哲学的意义上表达文化元素与广告商业信息之间相互牵动的平衡力,其平衡的结果取决于广告的创意策略。

(二)以人为本的创意思维牵动并贯穿整个广告流程

文化创意在广告营销传播中的作用,在广告作业流程的各个环节都有所表现:

"文化创意"是广告对受众开启心理劝诱的专业艺术;

"文化创意"为广告策划提供广泛而深刻的文化视野;

"文化创意"为广告创意提供丰富的专业资源和符号;

"文化创意"为广告媒介的创意与组合提供新的形态;

"文化创意"为广告作品提升受众的注意率和记忆度;

"文化创意"为广告品牌赋能增强其品牌文化影响力。

市场经济广告坚挺,广告创意中文化已经成为一种要素,文化创意品牌具有不可替代性。在今天这个产品快速同质化和市场竞争白热化的商业品牌世界里,以文化创意为灵魂的广告活动依旧不可或缺且方兴未艾。

二、文化创意在广告作品中的符号"张力"

(一)文化创意在平面广告作品中的符号表达

1. 平面和色彩两大构成要素的文化意义

融媒、多屏、全媒介符号的传播时代,数字媒介上的每一次品牌展示都可能运用各类文化符号及其组合。这些符号的大小、位置和颜色选择直接影响到传播效果,包括印象效果、记忆效果和转化效果等。如平面构成中传统的平面或数字平面,网页、第一屏或第一界面元素的设计,包括文字、图片、视频、栏目标识、分隔符等各类平面元素的文化意义以及文化附加值。色彩构成从典型单色的文化意义到两种以上色彩的相互作用,以及人对色彩的知觉和心理效果,对于不同的观者受众会有不同的效果。把复杂的色彩现象还原为基本要素,利用色彩在空间、量与质上的可变换性即相互关系,再创造出新的色彩映像,以助于广告符号的传播效果,均需要一定的色彩文化以及传播心理学等文化素养的积淀。

2. 平面广告作品的创意表达和文化优势

平面广告作品多以静态的平面纸媒,如书籍、报纸、期刊、宣传册等为介质。

这些平面媒介可以使视觉持久驻留，聚焦注意力，静心、凝神，具有集中思考的张力，为更加复杂的思维活动留下充足的时间，所以平面媒介以及其承载的信息内容都是高级的学习物料和心理接受工具。

平面广告作品通过文案、图片等形式组合传播商业品牌，作为最早的信息传播形态，可以使广告受众有更加充足的时间观赏和记忆，"文化创意+"广告的作品呈现，一般意义上讲具有深度的说服力和记忆效果，其在文化思想上的传播力是视频作品难以比拟的。

例如曾获第二届《龙玺》杯华人广告大赛最佳企业形象银奖的中国台湾中兴百货的一则平面广告。

广告主中国台湾中兴百货是一家从事零售服务的服务企业，广告创作者根据平面媒体的属性大胆采用理性和感性相结合的诉求方式，文案中排列了上至天文、下至地理，包罗万象的词语，有力传达了要由"无知"变成"有知"的企业理念。以平面媒体上的"床钉"强力刺激视觉，打造一个谦虚好学、不断进取的企业形象，见图2-10。

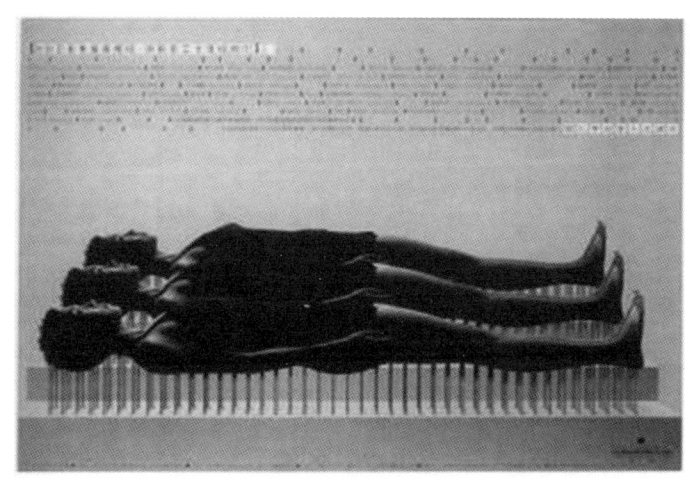

图2-10　中国台湾中兴百货企业形象广告《钉床篇》

由于作品上的文案字体过小，难以辨认，作者将此作品上方的广告文案列示如下。

广告标题：对自己的无知很无知，曾经在昨天流行。

广告正文：微重力（Microgravity）、X光结晶学（Crystal）、镜像期（Mirror）、

电浆荧幕（Plasma Screen）、普朗克能源（Planck Energy）、多重宇宙（Multiverse）、布伦贝里文人圈（Bloomsbury）、生殖系细胞疗法（Germ-line Therapy）、罗摩衍那（Ramayana）、年龄基因（Age Gene）、邶风、拖雷多景色（View of Toledo）、南方古猿（Australopithecus）、组织工程学（Tissue Engineeing）、文法的喻况（Grammatical Figure）、黑暗物质（Dark Matter）、高超人（Metahumans）、磁性局限（Magnetic Confiement）、诗辩（an Apology for Poetry）、平行对照（Parallelism）、历史风景画（Historical Landscape）、明湖居听书、中界躯体（Limina Bodies）、样态主义（Mannerism）、符号方块（Semiotic Square）、音素（Phoneme）、外层语境（Enonciation）、辩证学（Dialectic）、视觉政权（Scopic Regime）、刺点（Punctum）、盐铁论、古希腊数学（Ancient Greek mathematics）、舞论（Natyasastra）、灵鬼簿、通俗剧（Melodrama）、咆哮乐（Bebop, Ibiza）、影响精神药物（Psychotopic Substance）、稗海纪游、天体物理（Astrophysics）、道卡斯族（Taokas）、几何（Geometry）、奥玛·哈央姆（Omar Khayyam）、隐修制度（Momasticism）、阿尔发新文明（Aalpha Centauri）、语义学（Semantic）、建筑构件之反立方体手法（anti-Cubic）、萨满旅程（Shamanic Journey）、薄伽梵歌（Bhagavad Gita）、新异教（Pagan Glossary）、白霉乳酪（White Mould Dheese）、扁锹形虫研究（Kriesche Study）、完形论（Gestaltism）、星盾海胆（Anatomy）、解剖学（natomy）、昆曲、认识论（epistemology）、角论扮演游戏（Role Play Game）、古生物学（paleotolog）、余姚腔、代数（Algebra）、水文学（Hydrogeology）、集合体（Polymer）。

因为遗忘的可能比学过的多，所以自我改造将成为21世纪最时尚的事。

但即使以每秒2位元的学习速度，每天持续12小时，经过七个世纪之后，你的脑力记忆体达到30亿位元，却连5寸磁碟片也装不满。关于学习要永远谦虚。

如上广告作品，其平面媒介的表达形式给予广告受众充分的时间阅读和体会该企业品牌形象广告传播的苦心。作为一家百货企业，同时经营众多家制造商的产品品牌，如何才能打造出商家自己的品牌特色？于是，他们在商业企业的文化理念上做文章，以终身学习的谦虚态度为诉求点，列举了多种学科的专业术语，其中大多数都是消费者日常用不到，而且不够熟悉的学科领域，既彰显了商家企业文化之底蕴，又以人们对大量学科概念的无知为事实，运用强内容的说服力传达中兴百货"关于学习要永远谦虚"这一最终的品牌形象概念。同时，平面媒体也提供给广告受众有足够的时间深度思考，这正是平面媒介的文化优势。

其中，我们不难看到文化创意在这则广告里的思想主导力量，传播策划者选择的一切文化元素虽然与广告主——中国台湾中兴百货经营的商品无关，却与消费者与生俱来的好奇、求知、新鲜感密切关联直入人心，使每一位接触者反思自己的学习态度，以及由此形成的巨大心理反差。

（二）文化创意在广告视频作品中的符号表达

1. 视频符号要素在广告作品中的传播意义

无论是传统的电子媒介还是数字网络的线上视频，都是指集声、光、电、图、字、像各种符号于一体的传播媒介。这里当然包括早期非数字化的电子介质，如广播、电视、电影、录音、录像以及 Web 1.0 时代的互联网等，还包括现代数字媒介以及平台等。

视频广告依附的是电子媒介，这是一种能够打破隔离，使信息流通的载体，是突破印刷媒介，可以进行全要素符号传播的升级形式。视频媒介组合多种语言符号：音视频结合，声像文字并茂，信息形式以多元化表达意义。声、光、电交合的传播力使传播内容的视觉冲击力强、穿透力强，可承载大创意，符号具有穿越时空的表达力，其中影视语言对情感的震慑力堪为媒介之首。在传统媒介里，视频广告的制作成本较高，而在当下的数字技术时代，各种软件和硬件的先进组合以及互联网带来的全新体验可以降低视频广告物料制作上的成本，广告媒介受众对文化创意以及符号表现力的需求反而更高。

视频广告中的选框、取景，包括直播场景中的人物、背景、道具等形态建构与造型设计，一切媒介元素的议程设置比平面广告的创作更加复杂和多元，但是其文化创意空间的容量更大，对"大创意"的表现力更强。

2. 视频广告中的创意表达和文化优势

视频广告的要素构成在专业策划与创意阶段就已经被深度融入了文化情境，其视频取景以及直播中的人物、场景、道具等形态建构与造型设计，都是广义的文化元素，尤其是为中国元素（详见第六章）留下了巨大的创作与再造空间。作为一种在三维空间可以充分利用声、光、电的科学＋艺术手段和形式，视频广告为整个广告以及文化创意赋予了更有视、听震撼力和说服力的表现手法，尤其是在文化契点，即广告讯息内容与广告受众的心理触点上，以及媒介触点，即广告目标受众选择性使用媒介的接触点上，更加契合当代年轻受众的媒介消费偏好。

第二章　广告传播在基因上的文化创意属性

这里以英美产"New Balance"跑鞋的视频广告《致匠心》为例，解析文化创意在视频广告策划与创制中的符号表达优势。

长期以来，受到一些年轻粉丝们喜爱的英美产"New Balance"跑鞋相比其他品牌，除了自身越来越多的限量设计外，其精心的手工制作也令人敬佩。"New Balance"自称是至今唯一还坚持在英美两地拥有生产线的全球性运动（运动鞋）品牌。为了使"New Balance"的品牌文化既有时代感又不失经典工艺的品位，2014年，品牌广告经营者联手香港著名音乐人李宗盛拍摄了一支时长为三分半钟的视频广告《致匠心》，图2-11为"New Balance"英美产品系列在媒体发布会上发布的宣传片截图。

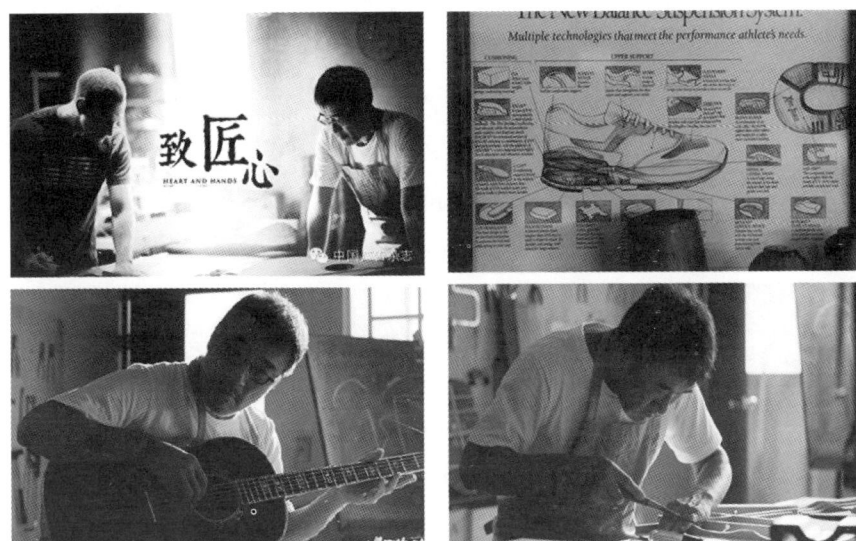

图2-11　"New Balance"英美产品系列在媒体发布会上公布的宣传片截图

《致匠心》的文化元素创意分析如下。

广告策划：作为广告整体战略和策略的运筹规划，《致匠心》的制作团队围绕"手艺人"需要的创作环境、心境和态度，最后寻找并确定了"工匠心"这一品牌的新定位以及其展示的内容。为了传达这一工匠精神，品牌的广告主决定邀请香港著名音乐人、也是手工吉他品牌Lee Guitars的创始人李宗盛为品牌拍摄全新广告《致匠心》，以向工匠精神致敬。"广告由李宗盛亲自操刀脚本，并负责旁白。视频广告启用李宗盛做主角，他对音乐的专注，对完美的追求与New Balance想要表现自己产品是精雕细琢的特质非常符合，将李宗盛雕琢吉他的镜头与New

Balance 鞋匠一针一线制作跑鞋的过程穿插到一起，展现出手艺人独有的安静、专注与对完美的追求"。①

广告主题：限量＋手工＝工匠精神。

广告调性：以舒缓的音乐、李宗盛娓娓道来的声音、三分半钟慢慢的道白，将广告受众带入一种精工匠心的创作语境。

广告文案：由画面中的广告代言人李宗盛亲自独白："人生很多事急不得，你得等它自己熟。我二十岁出头入行，三十年写了不到三百首歌，当然算是量少的。我想一个人有多少天分，跟出什么样的作品并无太大的关联。但是我还是有的，我有能力耐住性子的天分。人不能孤独地活着，之所以有作品是为了沟通，透过作品去告诉人家心里的想法，眼睛看世界的样子，所在意的，珍惜的，所以作品就是自己。所有精工制作的物件儿最珍贵，不能代替的，就只有一个字——人。有情怀、有信念、有态度，所以没有理所当然。就是要在各种变数可能之中仍然做到最好。世界再嘈杂，匠人的内心绝对必须是安静、安定的。面对大自然赠予的素材，我得先成就它，它才有可能成就我。我知道手艺人往往意味着固执、缓慢、少量、劳作，但是这些背后所隐含的是专注记忆，对完美的追求。所以我们应该这样，也必须这样，也一直这样。为什么我们要保留我们最珍贵的，最引以为傲的。一辈子总是还得让一些善意执念推着往前，我们因此能愿意去听从内心的安排。专注做点东西，至少对得起光阴、岁月。其他的，就留给时间去说吧。"

这是一段直叙的旁白，视频媒介呈现两个不同人物的故事：New Balance 工匠制作 New Balance 990，李宗盛制作一把木吉他。李宗盛的语音平和舒缓，从自身经历出发，讲述为人处世的人生哲学，引出他在《山丘》中想说还没说的话："一辈子总是还得让一些善意执念推着往前，我们因此能愿意去听从内心的安排。"

旁白的结尾，一脸平和的李宗盛弹起吉他，"专注做点东西，至少对得起光阴、岁月。其他的，就留给时间去说吧。"唤起了观众心中对工匠精神的敬佩。

专注、技艺、对完美的追求，片中工匠制作 New Balance 产品时的特写镜头与李宗盛打磨吉他的特写镜头交互对比，凸显出工匠的细致之心。New Balance 这则视频广告一反以往启用普通人演绎爱情故事的套路，而是用李宗盛这样一位爱

---

① 文字资料摘自微信公众号"宇见".ID：yujianyingxiao.2014-09-20.

穿 New Balance 的明星代言，New Balance 产品出镜大量减少，叙述的过程如同一位老大哥对你谈论人生，明亮舒适的光线和工作室给人留下无限好感。广告通过优美的词句画龙点睛，比如"少即是多"，要有耐得住性子的天分。"对人性洞察的高度关注"，集中体现在所有精工制作的物件，最珍贵，不能代替的就只有一个字——人，这些都是文案的精要。

除了这则硬广告之外，"New Balance"英美产系列也同时拉开了巡展的序幕，利用各种媒介优势整合传播，如辅以现场展示历代英美产经典鞋款；展示制鞋工序，让品牌的粉丝们能近距离感受品牌对于品质的追求，同时也提供给目标消费者亲身感受和体验这款经典产品的机会。

（三）文化创意已经成为广告作品的精髓

1. 以"人"为核心的创意诉求使品牌富有情怀

品牌创意的人格化使广告有情怀、有信念、有态度。尽管品牌个性或特色的价值特征和表现手法多姿多彩，但总体上都不会偏离针对用户的"有使用价值""有思想情趣""有心理共鸣"等内容或服务的基本需求。商业广告如果只是围绕商品信息自说自话，则会放大广告自身的"原罪"，而将文化创意作为广告策略与作品表现的精髓，其中不乏赞扬人性的真、善、美等优良品质，即可赋予商业产品品牌或企业品牌以情感、情怀和格局。

2. 社交媒介时代文化创意成为广告的核心属性

在社交媒介时代，传媒技术驱动下的品牌社会营销与用户的价值交付有可能在一个社交平台上实现"品效合一"，这使广告作品对文化创意的需求更加强烈。先有情感，再有沟通，先有情绪，再看内容，广告传播更加依赖文化创意，文化创意已经成为广告作品的核心属性和必然要素。这里，文化创意的价值分为两个层面。

第一层，情感价值。如《致匠心》这则广告借助于舒缓的音乐、抒情的自白、精致的手工、工匠的心智，向广告媒介受众和目标用户传递了一种包含"情感价值"在内的品牌氛围，传播信息渲染的是一种以匠人心态面对创作，相信"作品就是自己"的真诚和专注的情怀。这层情感价值适切于今天在社交媒介平台上众多网友的媒介交往需求，营造出了极高的精神认同，为广告作品赋予文化正能量传播的软实力。

第二层，内容价值。如《致匠心》这则广告通过在音乐创作上有一定成就的李宗盛化身为精神导师,像一位大哥娓娓道来隐含于内的"做产品"的方法论,或者说是关于产品品牌精神的洞察。这层内容价值与第一层的情感价值相互嵌入,彼此交融,为广告受众或目标用户创造出一种奇妙的心理反应,即在各种变数的可能之中,仍然要静下心来匠心创作,做出最好的质量。理性内容上的价值交付使广告媒介受众或目标用户获得了精神上的激励和某种程度的心智启发,这使广告作品赋有了文化属性和劝服人心的超能力。

3. 当代语境下,文化创意已经成为广告的"第一属性"

在营销学知识领域有一个所谓的"第一原理"①,其意指在每一个系统的探索中都存在着第一原理,这是一个最基本的命题或假设,不能被省略或删除,也不能被违反和破坏。纵观当代传媒环境和传播语境,创新和创意、互动性和参与度、流量和转化等诸多元素或指标固然重要,也可以作为"KPI"(Key Performance Indication)即关键业绩指标,但都不是广告的第一原理。一个广告策划与执行案在多大程度上向广告媒介受众或目标用户交付了切合他们需求的,与品牌理念相一致的内容价值,这才是当今社会环境下任何广告品牌营销传播的"第一原理"。而这一原理,在社会营销的大语境下,就是最易被公众接受的文化创意。

广告作品或广告活动中的文化创意与品牌的价值实现直接关联。因为在品牌竞争不断加剧的环境下,新的媒介平台上人——媒关系的背后是人人关系。为了更好地体现品牌的体验价值以实现交付价值,将文化要素植入广告传播的每一个环节,使品牌人格化,使品牌蕴涵的人性关联和符号文化通过社会营销传播——实现与媒介受众的沟通和品牌认同,进而实现品牌以及企业的交付价值,这是文化滋养品牌,通过广告媒介受众或目标用户对品牌的心理认同实现文化生产力,将文化能量转变为社会效益和经济效益的良性循环过程。故此,可以说文化创意是广告营销传播的"第一原理",也是当代广告的"第一属性"。

---

① "从4个案例看所谓的营销第一原理",微信公众号"观道营销场",2019-02-20。

案例二

一件"哈撒韦"衬衫的幸运
——从广告大师奥格威到股神巴菲特

案例导读：一只价值1.5美元的黑色眼罩，托起了一个驰名至今的国际品牌，幸运的"哈撒韦"受到了从广告创意大师奥格威到股神巴菲特的青睐，其成功并非归结于"哈撒韦"牌衬衫性价本身，而是超越产品功能而赋予品牌鲜明个性形象的文化创意。形象是无形的，但不是虚无的。奥格威的"品牌形象法"为广告注入了强心剂，使无论处于何种境遇的商品都有望通过品牌形象建构或升级以"满血复活"。广告塑造品牌形象的理念和实践为文化创意奠定了理论基础和实践方法论。

1951年，一家小制衣厂的老板哈撒韦（C.F.Hathaway）登门寻求帮助。于是，"戴黑色眼罩的男人"跃然而出。自此，"哈撒韦"开始名扬世界，从预算只有3万美元的一则广告，到每股市值已达21万美元的金融市场宠儿；从一款神秘的衬衫到一只爆款级的股票，这一"奇迹"的创造者是国际广告界的创意大师大卫·奥格威，使这一"奇迹"持续68年的接盘手是国际金融市场的股神沃伦·巴菲特。没有广告创意的成就，孰能料到"哈撒韦"今天的命运？

一、品牌名望："买股票不如买指数，买指数不如买伯克希尔-哈撒韦"

2017年5月13日，一篇题为"买股票不如买指数，买指数不如买伯克希尔-

哈撒韦"[①] 的微文在港股资讯平台上疯传，文章直言："对业余投资者而言，买股票确实不如买指数。从历史数据来看，全世界 90% 的主动管理型基金长期都跑不赢指数。短期之内，猪都会上天，主动型基金公司业绩当然也会上天。但是从上期来看，能跑赢指数的绝对是凤毛麟角。买指数本质上就是获得个市场的平均收益。那么有没有不买指数，但是可以让业余投资者放心持有，并且长期而言能跑赢指数的公司或者工具？美国很多著名的价值投资者给出了一个答案：买入伯克希尔－哈撒韦"。

伯克希尔－哈撒韦可以说是全世界最知名和最成功的"壳"公司。这个曾经的纺织公司早已摇身一变，成为享誉全球的股神沃伦·巴菲特旗下所有子公司的母公司。基本上每个投资者都知道伯克希尔－哈撒韦，因为这个公司的董事长是巴菲特。

"巴菲特刚接手的时候，这个公司的股价才不到 7 美金。经过 50 年的努力，巴菲特把伯克希尔哈撒韦的股价搞到了 21 万美金每股，是全球股价最高的公司。别以为 21 万美金很贵！伯克希尔－哈撒韦的每股净利润可是 1.46 万美元哦。与此同时，伯克希尔－哈撒韦的市值也高达 3400 亿美金，位列福布斯排行榜前 50"。

二、大卫·奥格威的广告："穿哈撒韦衬衫的男人"

1. 大卫·奥格威是谁

出身于英国的大卫·奥格威（David Ogilvy，1911—1999 年）是现代广告业国际大师级的传奇人物，他一手创立了奥美广告公司，确立了"奥美"这个以"品牌管理"为旗号享誉全球的专业广告公司，启蒙了广告业对消费者心理研究的应用，创建了"品牌形象法"。最重要的是，奥格威创造出一种崭新的广告文化。

奥格威的广告文化观既渗透在他创意的经典广告中，也体现在他的名言和"自白"里：

——"不要设计那些你甚至不愿你的家人看到的广告。"

——"广告业需要注入大量的天才。而天才极有可能在不循规蹈矩者、特立独行者与反叛不羁者中产生。"

——"我们认为，每一个品牌都是一个产品，但不是所有的产品都是品牌。"

[①] Mr.American："买股票不如买指数，买指数不如买伯克希尔哈撒韦"，微信公众号"港股那点事"，2017–05–13.

——"除非你的广告建立在伟大的创意之上,否则它就像夜航的船,不为人所注意"。

——"顾客不是白痴,她是你的妻子。"

——"鼓励创新。变革是我们的生命源泉;停滞是为我们鸣响的丧钟。"

2."戴黑色眼罩的男人"① 是谁

1951年,美国一家小制衣厂老板哈撒韦登门寻求帮助。奥格威花1.5美元买了一个眼罩,在影棚里拍摄了这则广告。之后奥格威又将"独眼男人"这一形象用于不同的场景中并推出了系列广告,比如在卡内基音乐厅指挥纽约爱乐乐团、演奏双簧管、开拖拉机、击剑、驾驶游艇、购买雷诺阿的画等。这则成功的广告不但给哈撒韦衬衫带来了意想不到的收益,也为大卫·奥格威赢得了创建"品牌形象第一人"的称号。

于是,"戴黑色眼罩的男人"悄然入市,为产品增添了神秘感,传达一种特别的信息以取悦读者的智力,激发了受众对狂野的想象力,成为奥格威最著名的广告创意之一。奥格威在这款产品一系列的广告创意中尝试使用了18种方法,最后通过"故事诉求"的方式表达了产品的与众不同:他给模特带上眼罩,使这个引人瞩目的人物个性十足,代表了品牌形象。

图2-12中奥格威的广告创意是给一位戴了黑色眼罩的男士穿起哈撒韦衬衫,图下配了详细的广告文案,整个画面视觉效果醒目而富有特色。

图2-12 奥格威给一位戴了黑色眼罩的男士穿起了哈撒韦衬衫

---

① 大卫·奥格威.一个广告人的自白[M].林桦,译.北京:中国友谊出版公司,1991:107.

创意解构：

衬衫的别致不是通过颜色、款式等产品本身的元素来表达，而是通过一个整体的人物形象：他戴着一只抢眼夺目的黑色眼罩，虽有碍人整体的完美，但仍显示出人的帅气、独特、干练，其关键符号就是那件毫无违和感的白色衬衫，个性十足，令人难忘。不言而喻，这是一种具有浓郁文化味道的故事诉求。

广告标题：

穿哈撒韦衬衫的男人。

广告文案：

美国人开始认识到，穿一套高档西服却配以一件大量生产的廉价衬衫，既"破坏"了整体效果，又滑稽透顶。因此，哈撒韦衬衫的日渐流行，正是它所处阶层的需要。

首先，哈撒韦衬衫耐穿性极强，可以穿很多年。其次，因为哈撒韦衬衫精致裁剪的衣领，能使你看起来更年轻、更高贵。整件衬衫不惜工本的剪裁，会令你觉得更为舒适。下摆很长，可以深入你的裤腰。纽扣是用珍珠母做成的，非常大，也非常有男子气。甚至缝纫上也存在着一种南北战争前的高雅。

最重要的是哈撒韦衬衫使用从全世界各地进口的最有名的布料来缝制——从英国来的棉毛混纺的斜纹布，从苏格兰奥斯特拉德来的毛织波纹绸，从西印度群岛来的手织绸，从英格兰曼彻斯特来的宽幅细毛布，从巴黎来的亚麻细布。穿着如此完美风格的衬衫，定会使您得到超乎衬衫本身的众多满足。

哈撒韦衬衫是缅因州小城沃特威的一个小公司里虔诚的手艺人缝制的，他们祖辈在那里工作了整整114年。

广告效果：

奥格威用这张照片配以"穿着哈撒韦衬衫的男人"为标题的文案，刊登在《纽约客》杂志上。这则戴眼罩男人的广告使哈撒韦衬衫一炮走红，许多媒体都刊登谈论这则广告的文章，几十个厂家把同样的创意用于他们的广告。这一广告在当时产生的影响正如奥格威在自己撰写的《一个广告人的自白》中所描述的："它到底为什么会那么成功，我大约永远也不会明白，但它使哈撒韦牌衬衣在过了116年默默无闻的日子之后一下子走红起来。迄今为止，以这样快的速度、这样低的广告预算建立起一个全国性的品牌这还是绝无仅有的一例。世界各地的报纸都刊登评论它的文章，它成了抄袭的对象。几十个厂家把这个创意用到他们的广告上，仅在丹麦我就见过五种不同的版本。这个在某个阴湿的星期二早晨灵机一动构思出来的创意使我名噪一时，我倒希望名声能产自更严肃一些的成就。"

三、品牌成功："哈撒韦"的命运大转折

《穿哈撒韦衬衫的男人》这则广告的成功却为这款衬衫带来了命运大转折，也为奥格威带来了巨大的精神损伤，奥格威在《一个广告人的自白》中这本书里写道："八年之后，我的朋友埃勒顿·杰蒂将哈撒韦公司卖给了一位波士顿的金融家，这位金融家6个月之后又把它卖掉，得利数百万美元，而我在这家客户上的总利润是6000美元。要是我不是广告代理而是一个金融家的话，我该多么富有，可是又该多么无聊啊。"

作者在反复读这本书的时候，一直没有找到最早购买哈撒韦公司的那位金融家是谁，叫什么名字，很明显，奥格威在这里并没说。实际上，一款"眼罩"背后的这家企业已经成为当代商业最重要的企业之一。伯克希尔－哈撒韦公司最后的主人是沃伦·巴菲特，巴菲特买下这家公司之后精心运作，使公司净资产从1964年的2288.7万美元增长到2001年底的1620亿美元，股价从最初的每股7美元逐渐上涨到9万美元，直到2017年的每股21万美元。

今天，伯克希尔－哈撒韦公司已经成为一家具有巨大影响力的投资控股公司，拥有股票、债券、现金和白银的保险王国，同时它还有许多实业公司。在全世界所有保险公司中，股东净资产名列第一；在《财富》500强中，伯克希尔－哈撒韦的账面价值排名第四。这使任何一种划分公司种类的做法都不适合伯克希尔－哈撒韦公司，伯克希尔－哈撒韦的经营范围包括保险业、糖果业、媒体、多种经营、非银行性金融、投资等，可谓是一家混合型公司的联合大企业。在过去一些年来全球富豪排行榜上，沃伦·巴菲特曾经多次位居第二名，第一名是他的好朋友比尔·盖茨。2005年4月30日，伯克希尔－哈撒韦公司的股东们在公司年会上投票通过了对比尔·盖茨的董事任命。巴菲特说："盖茨的加入将有助于确保伯克希尔－哈撒韦公司的成功发展，因为盖茨有很好的商业头脑，了解伯克希尔－哈撒韦公司的文化，并愿意提供帮助。"作为伯克希尔－哈撒韦公司的老板，沃伦·巴菲特持有70%的公司股票，是那个1.5美金的眼罩的最大受益人。至此，这个"眼罩"的故事才算有了一个完整的结局，同时也引发了广告人的深思。

大卫·奥格威的广告创意成功了品牌，却辛酸了自己。伟大的广告人可能会让一个产品和品牌在一夜之间家喻户晓，驰骋市场，这得益于以故事诉求的方式构思的文化创意。

更重要的，是人们记住了：正是那只黑色眼罩，成就了哈撒韦在金融市场的"爆款"品牌地位。一部广告品牌传播的历史证明，"穿哈撒韦衬衫的男人"是文化创意的一大力作。

第三章 文化创意对广告主体的动因作用

创意推进广告品牌的人格化
文化构建广告主品牌传播的价值观
文化元素驱动广告公司寻找沟通元
文化创意引爆广告媒体的正能量诉求

第一节　文化创意对广告主的动能推动力

一、文化创意使商业品牌具有人文情怀

（一）品牌文化的灵魂是广告主的人文情怀

广告产业的三大主体有广告主、广告公司和广告媒介，这三个主体要素之间的相互联系、相互影响和相互作用构成了广告业的有序运作和循环发展。毫无疑问，广告主作为这个产业链上的发起者和终结者，是广告三大主体要素中的基础要素和关键要素。离开了广告主，广告以及广告产业就会成为无源之水、无本之木。

广告主就是"为自己或自己的有关商品，包括产品、服务和观念，发布广告的组织或个人。广告公司将其称为广告客户"[①]（注意是"广告客户"，不是"广告客体"，后者详见第四章，笔者注）。广告主是整个广告活动的责任者，其对广告的需求不仅仅有使自己的产品品牌得到信息传播而推动市场销售的经济效益目标，还有社会效益目标，即现代成功的企业家更多注重企业、商业产品和品牌的人文价值取向即文化性。品牌的文化性不是一个依靠量化研究就能得到的答案，不同的传媒或广告受众都具有某种共同约定、共同认同的东西，这就是人与人、人与社区或组织、人与社会之间关系建构的前提，广告品牌传播的目的是追求品牌文化与受众偏好一致的共享性，使产品的品牌在与受众文化的碰撞和共鸣中培育或再生其销售市场。因此，文化创意对广告主企业、产品以及品牌的帮助就是淡化了商业品牌传播本身的功利性，浓厚了品牌的人文价值和社会公共或公益文化导向。

伴随传媒技术的发展，微平台的自发形成以及自媒介传播的自主与便利，促使广告主企业抓住热点事件借势进行品牌营销。被诸多广告主社交营销绑架的事

---

① 丁俊杰，康瑾．现代广告通论［M］．北京：中国传媒大学出版社，2013：116．

件以及由此产生的网络新文体，一次又一次地被众多品牌演绎成不同广告主的文案。由社会热点事件演绎出来的"借势营销"，或称"事件营销"，带有浓郁色彩和人文气息，弥漫着厚厚的"社会人情味"，既吸引眼球，又是人们茶余饭后的谈资，借此机会进行商业传播，事件营销中的广告品牌在社交媒介平台上以几乎趋于零的成本一次又一次地得到曝光机会。当然，这样做的正面效应明显，可借机聚焦受众的注意力，扩大或提高品牌的知名度。然而这种做法的负面因素也不容忽视，可能影响品牌在消费者或目标用户心目中原有的心理定位，也可能冲淡原有的品牌文化调性。

（二）文化创意表现为广告品牌的情感诉求

文化创意，即文化元素以及创意组合在广告传播中的表现，经常以品牌诉求的方式呈现出来，以表达广告主企业或品牌传播者力求"亲民"和沟通的情感取向，我们称之为"广告诉求"。诉求不是宣传，而是基于传者与受者双方都能共鸣的"痛点"元素使传播信息内化于心的沟通艺术。因此，广告诉求本身就是文化调性浓厚的传播现象。在我国，大量的品牌广告通过文字、字母符号或文案化本身来传达商业信息的人文性，以聚焦在广告受众，即消费者或目标用户的痛点，这些都是"文化创意+"广告创意的日常手法和策略内容。

2015年，被称为"今年最火的广告牌"[①]——"老板别哭"亮相于西安北二环与东二环立交桥，之后的几天被微信朋友圈刷屏。后来同样内容的广告牌开始在整个西安蔓延，最后达到了20多块。由于广告牌上没有公司的名字，便引起了诸多猜测和遐想。广告牌在朋友圈里得到疯传以后，有人认为这又是一个神秘的广告噱头（见图3-1）。

广告画面上，阴霾的背景象征着老板作为讨债人愤怒的心情，斜下方负45°角看人的眼神，流露出老板们此刻鄙夷的心态，就连下面单立柱式的杆子都是有寓意的，它象征了一只向上的中指，那是老板为了照顾广告媒介受众的情绪故意设置的"彩蛋"。据悉，老板已启动了法律程序讨债，老板，别哭！自己接的项目，咬着牙也得把钱要回来。

---

① "老板别哭"的户外广告牌［EB/OL］.（2015-06-08）[2019-02-20]. http：//mt.sohu.com/20150608/n414612316.shtml.

图 3-1 "老板别哭"的户外广告牌

广告创意的内涵深刻，似乎可以针对每一位目前有工作的人：每个月准时拿到工资的员工都应感谢你的老板，尤其是这两年。你也许不知道，你上班玩手机的时候，你的老板正在焦虑；你也许不知道，你盼望发薪的时候，你的老板正在下一张借条上签名……市场激烈竞争中的老板，多数面临着资金压力、经营困难、倒闭风险。就如海难覆船的时候，最倒霉的是船长，船员可以逃命，但船长却舍不得他那条船。不管情况是不是有这么严重，反正它触动了许多老板的心。于是乎，这般辛酸又浓郁的诉求便脱口而出。

在这则广告发布的当天傍晚，就有同样类似的广告又引爆朋友圈，并迅速走红。"老板别哭，致讨债路上的老板们。"画面是一个号啕大哭的男人，连续滚动播出。

"我们这些活动公司，真的很辛苦啊。做老板，给底下员工每个月要发近10万的工资。有时候好可怜，做个活动，前期连给礼仪小姐、模特、表演嘉宾的钱都没有了。"老板也很痛苦！因为债要不到，员工奖金发不出，就不断有员工辞职跳槽。最难的是到年底，口袋里一分钱也没有。"要是让我再次选择，我再也不会入这行了！"为什么账这么难收？"老板别哭，老板挺住！今夜我们都是老板！"这些类似主题的广告在网络上不断被演绎，只有老板才知道老板的艰辛，只有广告主深谙作为广告主的无奈。

当然，人间有真情、有真爱，当社会局部的，或行业性的经济不景气时，大部分老板还是坚守着企业的底线，在力所能及的情况下，坚持不拖欠，让我们为他们点赞，相信大家已经把你们列入优质甲方（即广告主企业，笔者注）的大名单（大多数乙方都有这个名单，当然还有黑名单）……

通过具有广告主身份的企业老板这种强烈的情感诉求，企业经营之艰难可见一斑。融资难，成本高，传统行业正面临着前所未有的大洗牌，从而波及甲、乙双方的债务"撕扯"事件频出。这则广告的"老板别哭"，从西安影响到全国，可谓说出了全国广告主——老板的心声。同时也提醒了专业的广告人，策划与创意没有捷径，需要的是用心领悟广告主和消费者的"苦衷"，有能力洞察之后才会产生服务广告主以及广大消费者的大智慧。品牌的人文情怀，首先来自广告主。

二、文化创意必然提升广告主的文化素质

（一）广告主自身文化素质的与时俱进

当代产品品牌的核心竞争力在于品牌文化的征服力，而这一点直接受到广告主自身文化素质的影响。回望品牌营销传播在历史逻辑发展进程中的三大路径：

"注意力经济"（Attention Economy）——这是广告传播的第一级效果，品牌传播者以专业性策划开展广告活动以引发目标受众对品牌的关注。

"体验经济"（Experience economy）——这是广告传播的第二级效果，品牌传播者以专业性策划通过场景设置等策略将品牌元素深度渗透到用户参与的广告活动中，有目的地使用户体验到品牌利益。

"意愿经济"（Intention Economy）——这是广告传播的第三级效果，也是最高级效果。包括广告主自媒体在内的品牌传播者以专业性策划或"UGC"（User Generated Content，即用户原创内容，笔者注）等设计话题，吸引用户参与内容创作或信息反馈等，使用户直接参与，提出建议和需求，广告主通过有效的媒介平台实现目标用户对广告品牌的深度了解、关注和互动，促使用户对品牌有了态度上的改变，直接促发品牌的消费行为。

从传统媒介走过来的"注意力经济"时代，广告主要通过市场调研推测用户的需求，然后大量投入广告。而在当今数字媒介传播时代，由于自媒体、多选择、海量信息的不断滚动等媒介环境特征，加大了消费者及目标用户的自主性。消费者及用户已经名副其实地进入了"意愿经济"时代，更需要企业广告主具备更高的文化素质，有能力、有水平与当代人发起"对话"或"博弈"等有情趣的互动场景。同时，通过自媒体或较低成本的线上广告活动，或线上与线下交互整合的品牌传播活动，也为用户提供了更多的发声平台、反馈平台和表达平台。图3-2

所示为谷歌在户外广告牌上的高等数学题。①

图 3-2　谷歌在户外广告牌上的高等数学题

央视纪录片在播放这段节目时的旁白："2004 年 7 月初，硅谷心脏地带的 101 号公路旁出现了一个巨幅广告，只有学习过高等数学的人，才能看懂那是一道复杂的数学题。一些好奇的人解开难题，答案是一个网址。登录网站后，会看到一系列难度递增的数学题。最终 7500 人来到了数学迷宫的出口，他们看到的是谷歌公司的招聘广告。在这个看似游戏的谜题面前，能走到最后的人已经让谷歌甄别了他非功利的兴趣，以及兑现这些兴趣的执着和到达目的地的智慧。谷歌用一道道别出心裁的谜题，召唤着天下的英杰。"

当代意义上的"文化"表征已经不是传统意义的"读书认字"，而是能够紧随当代科技与人文意识的发展，持守原则、发现市场、洞察人心、驾驭事态，以新的表达方式建立沟通，这是当代广告主文化素质的综合表现。广告主要具备当代文化素质，这是广告文化创意得以有效执行的基础和前提条件。

（二）"意愿经济"时代广告主获得的技术红利

如前所叙，当代数字媒介的传播语境促生了"意愿经济"时代的到来。这是一个非常契合人们的消费体验，非常契合人们个性现实的范畴，是广告媒介受众或目标用户根据自己对品牌的良好体验，自主、自愿性选择加入品牌消费，或转化成为

---

①　中央电视台大型纪录片《互联网时代》主创团队.互联网时代［M］.北京：北京联合出版公司，2015：38.

品牌消费者的个人偏好和经济行为。"意愿经济"是继"注意力经济"和"体验经济"之后，在 21 世纪的第二个十年里被学者研究和揭示的一个新的维度。

《意愿经济》[①] 一书的作者，美国的大卫·多客·希尔斯在这本著作中以一个整体性的理论框架，提出了如何围绕用户的消费意愿来组织整个服务体系，从而使消费者满意地获得产品或服务，同时降低商户寻找目标客户的成本。表面看来，这与广告品牌营销传播没有直接联系，但是在当代社会的技术背景下，一方面是能够提供和运用大数据的算法为客户画像；另一方面是社交媒介深度渗透到客户终端，出现了所谓的"社交货币"，于是广告主对用户"消费意愿"的获取比以往任何一个历史时期都更便捷、更可行。既然能够发现消费者或目标客户的消费意愿，广告主为什么不利用这些最有效的信息，更有针对性地策划和创意广告作品呢？换言之，这既是当代广告主可以获得的技术红利，也是广告主在现代媒介环境下必备的对市场消费者、对品牌传播的基本认知。当代传媒科技的发展和意愿经济时代的到来，对广告主提出了更高的素质要求。

三、品牌素养成为广告主的专业资质

（一）"品牌素养"是广告主文化素质的专业体现

维系品牌价值和形象的是品牌所有者即广告主所具备的品牌素养，这是广告主文化素质的专业体现。"品牌素养"（Brand Literacy，或 Brand Accomplishments）是基于"大媒介"视角的一个创新概念，依照品牌也是连接消费者与商品之间的"媒介"这一原理，对品牌的所有者和经营者而言，品牌素养是其坚守品牌的产品质量、挖掘品牌内涵、诠释品牌文化、构建品牌价值、创新品牌"差异化"个性的品牌塑造能力和文化境界；是其实现品牌年轻化或"IP"化升级的品牌迭代能力和思维格局；是其积极引导受众需求和应对品牌危机的公关能力和媒介素养。品牌素养是持守品牌质量的保障，是广告主文化素质的专业体现，也是广告主的专业资质。

广告主实现品牌素养有两个层面的"抓手"：第一，在企业产品的生产环节，从市场原料、技术与设计、产品功能的层面就输入现代文化理念，确保品牌产品

[①] 大卫·多克·希尔斯.意愿经济：大数据重构消费者主权[M].李小玉，高美，译.北京：电子工业出版社，2016.

的优等质量并引领先进的生活方式;第二,在品牌化经营的营销传播阶段,广告主作为品牌传播的第一责任人和获利者,需要严把品牌传播的质量关,在传播内容、受众的触达渠道、互动方式以及推广效果上层层把关,坚守品牌的正能量传播,坚守品牌的健康消费。

(二)"后品牌时代"依赖广告主不断提升的品牌素养

品牌素养是"后品牌时代"企业经营者对品牌认知的必要升华,是在产品质量和营销传播市场维系品牌定位、品牌重新定位以及品牌升级等成长路径所具备的必要的知识结构和技能。顾名思义,"后品牌时代"即指企业的产品已经完成了品牌的生产和塑造,并在同行业内有了一定的生产占有率且能够立足市场,从而进入维系品牌和提高品牌价值的新阶段。在产品的同质化时代,任何一款当初"先进"的产品,都难以在技术层面保持其功能的领先性。产品的经营与品牌市场越来越依赖文化传播的力量"扎"住人心。故此,广告品牌的经营者与策划者应该不断拓宽知识,拓展实业。尤其在当代,需要重构自身的知识元,除了心理学、传播学、营销学以及商品学和传媒社会学等一般意义上的文、商知识外,还应该注意技术性知识的摄取,如统计学、人工智能、大数据的分析与运用技术等,更新知识,提高技能。广告主对技术的了解和本身具有的文化底蕴,二者一个也不能少,一个也不能弱。

第一,了解传媒技术的驱动力。当代传媒科技的发展以及传媒新技术,使"技术生产力"因素比以往任何一个历史时期都更加活跃而有效。技术驱动下的媒介方法,如大数据、云计算、AR、VR、算法、人工智能等先进的媒介条件和工具,正在变革和创新一切传统的形态,尤其是对媒介及符号的传播效果产生了颠覆式的影响。广告品牌的经营者与策划者自身不一定是开发传媒技术性能的高手,但一定是最先了解先进技术的应用,并在广告品牌传播的策划中有效使用媒介新技术的先行者。近年来,我国传媒领域在政策的引领和市场的冲击下已经走向了融媒介、全媒体,即全程媒体、全息媒体、全员媒体、全效媒体,一个全时空、全符号,时时事事都可能进行品牌传播的媒介生态已经形成。

第二,洞悉文化创新的生命力。在几乎人人拥有智能手机,能够分分钟进入沉浸式传播的媒介环境下,消费者对品牌的认知和记忆已经不能依赖于一句广告语或几句广告文案。品牌的生命力在于文化创新,文化创意的最高境界在于思想者的创新。作为广告品牌的经营者，深谙人文意识与商业动力之间在这个时代的交互影响，坚守文明底线，以人为本拓展商业文化的空间，使公益之心常在，将品牌利益建构在服务于人性健康发展的基础上，以品牌的社会效益拉动经济效益。

近年来，在社交网络环境下人们经常使用的"境界"与"格局"等词汇，正是社会公众发自内心的呼唤。广告主的品牌素养决定了广告品牌的传播力、公信力和影响力，具有时代化的现实意义和文化价值，也具有现代品牌管理的理论意义。品牌素养的核心是善用媒介的传播权益，达到优化品牌符号赢取品牌诚信的目的。品牌素养是"后品牌时代"品牌意识的升华，是维系品牌成长的必由路径。品牌经营者在品牌意识成熟之后有意识地培育自身的"品牌素养"，才能称得上真正懂得品牌，才能有效地珍视、爱护且守住既得的品牌价值，并将有限的品牌投资用在刀刃上。

提高品牌素养，这是当代广告主的内心修炼和必修课程，文化创意助益于广告主的专业素质和品牌素养的提升。

第二节　文化创意对专业广告人的"催化"作用

一、创意永远是广告人的专业"卖点"

(一)专业广告机构与广告人的界定与职能

专业广告公司是专门从事广告经营活动的商业服务企业，简称"广告公司"。在实行广告代理制的国家，广告公司又称为"广告代理公司"，受广告主委托，专业化从事广告品牌的营销传播活动，并代理广告主购买媒介时间和空间，为广告主的商品或服务寻找目标客户。在广告公司从事专业广告活动的人，亦称为"广告人"。伴随互联网的普及和传媒技术的飞速发展，传统的广告形态发生了各种各样的演变，新的广告业态不断生成，一批技术型、文化型或信息型的社会服务机构相继进入了广告业务或广告业务流程上的某个环节，于是也纳入了"广告公司"范畴，尽管名称各异，如"技术服务有限公司""文化服务有限公司""信息咨询有限公司"等，但具有同样的服务对象和服务目标，因此都可以称为广告服务机构。在这类机构里专事广告活动的人，也称为"广告人"，尽管其机构名字不再是传统的广告公司称谓。

从《中华人民共和国广告法》规定的法律义务与责任看，广告公司和广告人的服务准则是向目标受众（包括传统意义上的消费者和现代意义中的用户）传递有关某一合法经营的产品或服务的真实、准确的商业信息。从广告主进行广告投资提出的服务目标看，广告公司和广告人的职责就是通过策划和创意，为产品品牌制订营销传播策略并能够有效实施。广告公司的专业服务价值表现在战略策划、内容营销、创意符号等能力和优化传播效果等方面，其中，追求广告投资效益的最大化是考量广告公司服务质量的核心指标。

（二）文化创意是广告人专业价值的集中体现

广告的灵魂就是文化创意。对广告信息符号（文字或视频）进行文化创意，是广告专业的关键技艺，广告的专业功力是对传媒符号的创意突破。现代广告的传播力爆发于品牌文化的创意表现与社会的人文价值。如在我国，中国元素以其最广泛的民众心理契合性具有不可替代的社会经济意义和广告文化价值。从本质层面诠释广告文化的专业价值：广告文化是一个通过打造和张扬品牌个性，以建立、发展与强大的品牌形象塑成的策略。文化理念的建构是广告人的专业素质；传媒符号的思维与创新能力是广告人的关键能力。品牌的所有者和经营者的技能结构可以通过策划者团队的建构配齐"长枪短炮"，但是这些工具性层面的要素永远无法替代广告人的专业策划与创意的知能和技能。

现代广告已经成为一种不折不扣的商业文化传播行为，广告与文化同生共体的属性决定了广告是一种有责任的社会信息传播活动。目前我国广告业界的虚假广告、恶俗广告和明星广告三大问题，正是一些广告人或传媒人忽视广告的文化底蕴和人文内涵，极度缺乏文化创意的表现，是广告人的专业内核缺失和匮乏的职业病症。

二、广告人是商业品牌文化的缔造者

（一）好创意源于广告人的文化符号思维能力

任何一个专业广告机构的专业论题，用得最多的一个核心词就是"创意"。好创意大多出自直觉，这种直觉是文化人其文化元素积淀的结果。国际广告大师的成功作品已经证明这一点，他们凭借自身阅历、悟性和敏锐的直觉，清晰分析并理解企业的简报，感性表达对品牌的诚意和对消费者的衷心，以创意的"故事"性点亮品牌黏住受众。在广告发展的历史长河之中，"广告的灵魂是创意"已经成为业内人士的座右铭。今天，在追求品牌附加值的精神消费领域，"广告的灵魂是文化创意"也已顺理成章地成为专业人的创作追求。当然，今天的数字化、网络化、社交化、平台化等广告传播媒介更便捷多彩，更容易通达。但是，传媒科技的先进性不能够替代广告创意的冲击力，"内容为王"永远是传播效果的铁律。

（二）广告文化是一种商业文化

广告是一种文化传播现象。广告的本质是传递信息；广告目的是沟通——通过对商业产品的文化包装，为有形的产品或无形的服务提供附加值——消费者的体验价值和享受价值；广告的专业卖点是文化创意传播。所以，广告本身就是一种文化传播活动。商业广告创意和传播的是商业文化信息；公益广告创意和传播的是公益文明信息。在市场竞争白热化和产品同质化时代，每一则广告都是彻头彻尾的文化创意产品，都带有通透的文化价值取向。因此，广告的文化元素构成与文化价值导向是当今广告营销传播的核心价值。

广告文化是与广告同生共体的，今天的广告越来越不敢直接地商业叫卖，也很少唯美式的美轮美奂，而是迎合公众心理式的说服、劝服或感动、感化，成功的广告都是在人性的沟通上出大手笔、做大创意。在我国，绝对的经济学和绝对的美学都不是广告创意的生长点，而文化创意，尤其是富含中国元素的符号创意才是国人自主品牌的广告开路符。

以中国元素为主体构成的广告文化可以削弱商业信息的功利性；可以丰富广告品牌的社会人文与民族主义内涵；可以降低传媒受众对商业广告的排斥心理；可以构建广告品牌在消费者心目中的文化形象；可以使自主品牌走向国际市场。以中国元素为实体的广告文化传播不仅具有深远的民族主义意义，还是颇具经济价值和理论意义的社会人文景观。

今天我国的市场也进入了大广告时代，关于商业信息的有效传播，无论是通过硬广告还是事件营销，或各种各样的整合方式，都取决于广告文化的沟通与消费者心理接受的契合性，都要依赖于商业市场规律和受众的心理文化规律。从广告的本源属性看，广告是对受众进行心理劝诱的专业艺术。广告创意越来越比照文化尺度而凸显传播的专业价值；广告传播的社会影响力越来越依附于品牌的文化能量。

三、文化创意催生广告人的品牌素养

（一）品牌的创意传播需要广告人深厚的文化功底

当我们大谈"文化"的时候，更有必要深入探寻"文化"这一抽象概念的意义和背后的实体是什么，绝对不可"唱空"文化。在中国，最有代表性的

"文化"实体就是中国元素。我国多数本土品牌的塑造也都是围绕品牌个性对中国元素符号的选择与运用。中国元素——文化创意——广告品牌——传媒推广,这是当今广告与媒介创意的一种范式。"中国元素"不仅是5000年悠久的中华文化精神与象征,更是国家主义和民族主义的集中体现。广告的专业卖点是文化创意传播,中国元素与广告文化如何联姻,其文化理念的建构依赖广告人的文化底蕴与专业悟性。传媒文化的灵魂是人文情怀,传媒与广告专业人必须注重国家、民族、社会、人性、民生等人文科学理念的表达和社会文化符号的沟通。

将中国元素、文化创意、广告品牌、传媒推广四个范畴并行列示,意味着一种链条,或者说一种思维逻辑,这个链条不仅广泛渗透在广告营销业界,而且已经成为媒介策划领域里的文化范式,深度嵌入人们生活与工作的各个环节,甚至成为一些社会重大传媒活动策划的核心。反思近年来我国关于广告营销、传媒策划、创意设计以及媒体表现等,不难发现如上几个范畴之间的逻辑关系。

当代网络社交平台的新语境,使关于广告主品牌的声音更加时点化、实效化和多元化,品牌旋律再不是品牌传播的策划者和经营者可以掌控的单向乐章。信息技术正在"使我们经历人类经验中划时代的转变,这种转变将超越时间、空间和权力"。[1] 具有超媒介功能的互联网以及普及化应用的移动终端使"万物皆媒体",人人自媒体,平民化信息平台的共享与互动在加速信息流通的同时,也经常使信息或信息真假难辨。社交平台上的"谣言四起""舆情反转"等现象,既可以成就品牌的辉煌,也可以破灭品牌的神话,一切都亟待品牌经营者充分利用自身的媒介权益为品牌的成长保驾护航。这需要专业广告人以及品牌的经营者立足于品牌传播"管理"的高度洞察品牌舆论的走向,及时研判舆情,掌控发展动态,在发现媒介受众或目标用户需求的同时,加强品牌传播策划的针对性和精准性,正能量地引导品牌用户的态度和消费意愿。

在声源多、声量大、传媒市场喧嚣的今天,广告传播更依赖于文化元素的创意与符号的制作,以从最根本的层面解决广告主最关心的商业信息能否有效沟通

---

[1] 文森特·莫斯可.数字化崇拜[M].黄典林,曹进,译.北京:北京大学出版社,2010:2.

问题。第一,广告传播要依赖文化创意;第二,广告传播越希望触及受众就越要创新立意,摈弃循规蹈矩的陈旧模式;第三,广告传播的目的是塑造品牌形象。所以,立足于专业立场,坚持广告原则,就是要坚持文化创意为上的原则,不走套路,不玩招数,不落俗媚俗,更不可欺骗欺诈,唯有充分挖掘和利用文化资源,强化人性沟通和社会文化底蕴,才可能提升商业传播的影响力,提升商业品牌的正能量传播效力。

(二)广告文化的演进同样需要广告人的品牌素养

无媒介,不广告。专业广告人是策划人、创意人,也是传媒人。美国媒介素养专家詹姆斯·波特提出了关于媒介素养的三大重要基石:个人定位、知识结构和技能,"这是构建一个人具有一套更为广阔的媒介视野的必备条件"。[①] 詹姆斯·波特的三大重要基石揭示了不同的个人定位需要不同的媒介素养内容,即不同的知识结构和技能。"品牌素养"是媒介素养的重要组成部分,这个主观范畴在新的媒介语境下围绕专业广告人的个人定位显得更加不可或缺。它提示我们需要重新认知商业品牌与传媒文化的关系;认知广告主企业与广告媒体的关系;认知商业利益与公益文化的关系;认知经济效益与社会效益的关系。

故此,维系品牌价值和形象的除了广告主的品牌素养之外,还有专营品牌传播的专业广告人和专业广告机构的品牌素养。作为广告品牌的策划者、文化创意的执行者和广告作品的制作者,专业广告人的品牌素养包括在传播市场维系品牌定位、重构品牌价值,使品牌迭代和升级的一切必要的知识结构和技能要素。专业广告人的品牌素养关涉到广告主品牌的成长路径和品牌生命力。

---

① 詹姆斯·波特.媒介素养[M].李德刚,等,译.北京:清华大学出版社,2012:13.

第三节 文化创意对广告媒体的促动

一、广告媒体与广告文化的同生共长

(一)广告媒体的意义和文化属性

一般意义下,"媒介"在这里泛指各类传播媒介,即具有中介物的功能和作用,如电视、数字报、杂志等;"媒体"指经营专业传播媒介的机构或自媒体,如电视台、报社、杂志社等;"传媒"可以同时包含传播媒介和传播机构两个范畴,亦可作为"媒介"和"媒体"的统称。广告媒介就是广告主在广告活动中借以向目标消费者传达广告信息的各种需要付费的传播媒介;广告媒体就是接受广告主和广告公司的委托,在其经营的传播媒介上发布广告的机构或自媒体。无疑,在今天的数字网络环境下,广告媒介都可以成为新闻资讯媒介,但是新闻媒介不一定都能成为广告媒介。自2002年以来,我国传媒领域整体性地进入了市场经济的运行轨道,无论是哪种传媒类型,都或多或少地在经济规律和商业利益的牵动下自主运营。然而,传媒的意识形态属性始终都没有改变,不会改变也不能改变,各类媒体自身都具有强烈的文化属性,传媒与文化同在。

在我国的市场经济体制下,传媒的主要商业模式依旧以广告为主导,主流媒体要进行媒体时段——实则是媒介栏目内容的冠名、贴片、插播、植入等多种广告形式的招商或招标,把目标受众对媒介内容的注意力在一定时间内"出租"给广告主(在媒体机构,经常称之为"广告商"),借助于这些媒体渠道或平台,广告主将自己的商业信息(有时是公益广告信息)经过专业广告公司的策划与创意之后,以商业广告的形式通过广告媒介传达给传媒的目标受众,亦即广告主产品品牌的目标消费者或用户,以广告的专业方式说服他们购买其产品,实现产品品牌的使用价值和社会价值,继而实现社会生产与再生产的良性循环。如此周而复

始，具有传媒影响力的媒介机构在实现广告传播效果之后，会得到广告主下一个周期的广告投资，继续投入媒体的生产与再生产，形成广告产业撬动传媒产业，品牌文化导向传媒文化，使媒体机构正态运行。

（二）广告文化是传媒文化的一种呈现方式和媒体导向

在市场全球化的今天，文化价值的多元取向使传媒文化比以往任何时期都更加容易影响一个人、一个民族乃至一个国家的思维理性。广告是借助于传媒，创意生产和塑造品牌的形象产业。主导传媒机构生存和发展的广告力量，有史以来都在传媒文化中渲染着品牌的个性气息，无论是商业产品的销售导向还是公益理念的内容取向，都会通过广告传媒的放大效应建构社会价值。

传媒技术造就的多媒介与新语境环境氛围中，融媒体经营、跨文化传播正在成为各类传媒机构生存与发展的主导方式。传媒科技与市场利益拉动传媒产品的日益丰盛，多元传媒文化伴随改革开放的深度进程建构起中国社会当代意识形态。这使中国元素腾空而起，成为当代中国传媒文化一股浓妆重彩的绝强力量，也成为广告创意品牌传播要素中一种非常重要的价值取向。中国元素丰富了传媒品牌的亲民形象和人文底蕴，物化了传媒产业的文化属性，其民族精神和国家主义意蕴为我国的传媒文化提供了丰厚的人文资源和市场张力。

二、传媒文化具有建构公共价值意识的社会功能

（一）广告创意对传媒文化的影响任重而道远

通过传播媒介传播和释放出来的信息、符号等一切具有象征意义的意识形态内容就是传媒文化。传媒文化是文化的媒介呈现方式，是由于传媒的社会影响而产生的文化形态，是呈现在传播活动中的社会文化现象。"媒介文化是如此笼统的一个称谓，我们甚至不可能了解这个名字之下都暗含了什么意思。文化的媒介化首先是商业的胜利，通过经济活动的方式瓦解了一元中心主义主宰人们生活的时代的那种权力的绝对集中和利益的绝对垄断，打破关于是非、道德和审美方面的唯一判断标准，使得文化的生产性和消费性成为一种选择自己、认同自己和展示自己的需求，甚至成为市场机制和利益群体的权力运作关系合谋的产物，通过媒介文化的文本形式来装扮平等的幻象，粉饰竞争的幻觉，构成日常生活的消费意

识形态的表象"①，传媒产品色彩斑斓的文化面纱，使其具有推广各类行为规范与建构价值意识的社会功能。

尽管传媒建构的只是社会文化体系中的一个亚文化系统，但其发展趋势正在从边缘文化形态进入当代社会主流文化体系。传媒文化呈现在符号层面，虽经常屈于市场，却可以引领时尚。自 20 世纪 60 年代以来，大众媒介的影响力及其文化力量一直是西方文化研究所关注的焦点之一。当代传媒科技的发展日新月异，自媒体和社交平台的广告信息流，多媒介的交互作用整合传播，海量信息流通中的多元价值导向，不仅为人们提供信息与娱乐，而且影响或建构着人们几乎所有的常识、认知和头脑中基本的知识元，一定程度地影响着传媒受众精神与物质双重意义上的生存方式，甚至成为新的社会权力结构中重要的组成部分。因此，传媒文化具有建构社会公众公共价值观和意识形态的社会功能。

纯粹的文化研究在当代社会有些受冷落，这种态势加剧了包括传媒在内的文化业界乃至整个社会意识形态领域的"有形态，无意识"（实际上是"少意识"甚至"不意识"）等现象。当代包括广告在内的传媒产品的众生相可以用"科技含量有余文化力量不足"来概括。文化研究与生俱来的社会批判功能经常被商业市场的功利需求及表面的喧嚣所淹没，这种语境为我们诠释当代传媒文化产生一种形而上的框架，也成为中国元素当代盛行的一种解读。由此可见，广告的文化创意，也有其深刻的传媒文化背景。

（二）传媒文化影响力的相对独立性

意识形态的相对独立性决定了传媒文化及其影响力的相对独立性。20 世纪 80 年代以来，传媒技术的日新月异加速了符号和象征意义的产生和流通，这个过程本身愈加掩盖了符号和意义生产背后的社会关系和商业关系。20 世纪 90 年代被人们关注的符号学正是一种文化色彩的积极渲染。当代中国不少的研究领域和机构都在加强对于媒介受众的分析，其目的也是揭示一般受众对处于支配地位的传媒文化的消费心理和消解机制。

人文科学和社会科学以及后来各社会科学之间的分化，是 18 世纪以来西方现代文明"工具理性"的产物，其宗旨在于认知的方便和效率，而不在于认知本身。"人

---

① 陈卫星. 在媒介文化之外，或者其中[J]. 中国审计，2003（22）.

化"的文化与社会学之间不应被曾经的学科划分而产生区隔甚至形成认知障碍。厘清当代中国传媒文化与传媒社会学、社会学之间的必然逻辑是这个时代通过广告文化提升传媒品牌,实现传媒社会效益与经济效益的理性视阈。尤其在以当代网络为代表的电子媒介时代,广告文化作为最具有公众性的意识形态文化,既有主文化形态也有亚文化形态,难以同一,更难统一。故传媒文化既不能强制,更不能"泛政治"化,不断商业化的传媒扮演着社会文化传播中极其重要的角色,自身意识形态立场的选择便历史性地进入策略策划与文化创意的程序操作中,广告文化自然融入传媒文化。

三、当代传媒文化的特征与传媒人的媒介素养

(一)当代网络传媒深度商业化的社会学隐忧

传媒文化作为一个极其复杂的文化景观,是一个植根于特定社会历史背景下的动态过程,传媒专业人一般关注传播内容的信息构建,而传媒信息在大市场中的作用和影响更具有社会学意义。20世纪60年代末,英国莱斯特研究中心的主要代表人物墨多克(Graham Murdock)和格尔丁(Peter Golding)就强调:"传媒产品,包括各类信息、文化娱乐和意识形态,与一般性生产与生活用品相比,具有其特殊性。这些软性产品,对消费者及受众的思想和精神文化生活能够产生深刻和广泛的影响,更可以形成公众舆论,干预社会的政治和文化过程"[①]。包括广告在内的传媒产品的生产方式决定了传媒文化语境的全球化、传媒产品潜在的同质化以及传媒文化绝对的商业化,这些都关乎社会学问题。

当今的中国市场依旧缺乏规范,传媒机构的转轨改制使其商业化成为传媒产业发展之动力,这可以从商业广告时空容量的不断增加直接展现出来,还可以从栏目(节目)制作背后公开或隐蔽的交易间接体现出来。商业化传媒运作的结果是传媒产业的真正繁荣吗?繁荣的标准是什么?事实是,一方面,现实的中国传媒受众对媒体(包括新媒体)的日益依赖;另一方面,传媒公信力日趋走低。

当前社会变迁的一个极为重要的牵引力量就是传播与媒体的发展。今天的电子数字传媒已经发展到网际天下的卫星传播、闭路电视、移动终端以及各种户外 LED 屏等多媒介型态,实时而适事地交互作用并整合传播。社会学如果将如此重要的领

---

① 赵斌. 英国的传媒与文化研究(上)[J]. 现代传播,2001(5).

域留给科技和市场去任意拓展，漠视传媒的社会影响力，无异于是对自身学科责任的放弃。由此也凸显广告文化在其中的重要地位和作用。

传媒的本质功能是信息流通。当一个社会的传媒生态环境处于相对稳定的格局时，传媒的物质技术属性则是一个恒量，而传媒的社会能动属性则可能释放出巨大的影响力变量。传媒产品的文化影响力是"文化活动者以一种所喜爱的方式左右他人行为的能力。"[①] 其本质是一种控制能力，表现为传媒对其受众在认知、倾向、意见、态度和信仰以及外在行为等方面合目的性的控制作用。正如广告的策划与创意之目标取向：掌握对当代稀缺资源——注意力的控制能力，利用传媒产品的感染力与社会心理产生强烈"共振"可使传媒获取较高的市场价值，由此催化传媒品牌的诞生。传媒社会影响力的本质是作为资讯传播渠道对受众的社会认知、社会判断、社会决策及相关的社会行为打上属于自己的"渠道烙印"。当代传媒品牌具有社会学意义的市场功能，如果过度的商业化则意味着社会学意义上的文化缺失。

（二）媒介素养助益广告文化创意的正能量导向

媒介素养是指人们接触媒介、获取信息，解读和接受信息并利用媒介工具传播信息的知识与能力以及文化素养。媒介素养分为三个阶段十个层级，详见表3-1。媒介素养人人都有，只是高低的不同。媒体人应该居于媒介素养的第三个阶段，即高级阶段的第9~10个层次，理性和自觉地意识到自己的社会责任，有担当地进行个体表达，因此，才会对商业信息进行有效甄别，才有能力把控文化创意的价值取向。坚持广告品牌的正能量传播，需要媒体人以自身的媒介素养守住底线，善用媒介权益，辨识话语权中自身利益的权限。

表3-1　当代媒介素养刻度表

序号	1	2	3	4	5	6	7	8	9	10
层次	基础知识	学习语言	学会叙述	开始质疑	拓展媒介	内涵发展	经验探索	批判鉴赏	个体表达	社会责任感
阶段	低级 自发（孩童时期）			中级 从感性走向理性 （多数人止于此阶段）			高级 理性与自觉（培养目标）			

---

① 覃光广，冯利.文化学词典［M］.北京：中央民族大学出版社，1988：725.

然而，在商业利益面前，使媒体人自觉与自律谈何容易！市场经济初级阶段的若干不健全、媒体市场化的利益驱动、商业品牌生存的话语权竞争，都迫切需要包括自媒体在内的媒体人做好自己的"把关人"。媒体人的媒介素养是社会文化素养的重要组成部分。今天的互联网已经进化到移动社交媒介平台化服务阶段，尽管针对传统媒体的数字化转型、媒介融合、中央厨房等政策接踵而至，然而大数据显示，传统媒体式微的态势尚未根本改变，网民媒介消费依然以民间商业网站为主，"两微一端"与"一抖"们的强势、移动终端的便利与品效合一、"互联网+"的普及、大数据、人工智能、区块链等技术的猛进，对媒体人媒介素养的要求上升到互联网3.0时代的个人体验（体验是一个直接发生质疑、反思的自我交流过程）、甄别信息（信息论述的真假——澄清概念，分析评估，判别证据，演绎推理，以至重新论证）和优化使用（重新认证之后的选择性决策——决定我们做什么与不做什么）的新高度。要解决这些问题，无论如何都需要批判性思维工具的辨识、分析与评估，需要媒体人的媒介素养守住底线。必须肯定的是，经过多年市场经济的大浪淘沙，已经促使一些媒体机构不断发现传媒经营与受众沟通的真谛，逐渐意识到广告传播的社会责任和文化担当，于是自觉传递公益理念（见图3-3）。

 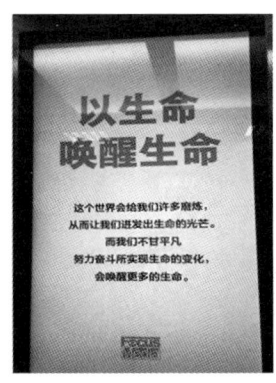

图3-3　北京西直门某小区电梯里分众传媒公司的广告牌

电梯广告牌上的文案如"尽全部努力和这些品牌一起利益他人利益社会""努力奋斗所实现生命的变化，会唤醒更多的生命"等，传达或营销的是公益理念，无论是广告代理公司还是广告媒介公司，具备这些经营意识与自觉传播是何等重要！当代媒介素养提醒媒体人需要重新认知品牌与传媒的关系；重新认知媒体公信力与商业利益的关系；重新认知单向说教与受众体验的关系。在"后品牌时期"，面对新的媒介生态环境，广大媒介受众对传媒的印象和品牌消费理念都已经发生了深刻变化，"去中心化""去媒体化""去权威化"的互联网时代特征已经造就了新人类，以及新新人类"反说教式"的独立态度。广告的商业诱导手段如果再以以往的"套路"和"招数"，极可能使广告主的投资效益以及品牌传播的市场效果出现"滑铁卢"事件。故此，文化创意，应以更清新的意识形态，应以更高端的思想潮流驾驭年轻的一代消费者和用户，这才是品牌"年轻化"的出路。

案例三

"广告人"从一本期刊到产业集团的突围
——传统期刊媒体由内容到文化的转型

案例导读：由一本传统期刊发展为产业集团，依靠广告与文化的天然契合与专业力，专业人做专业事，"广告人文化集团"在中国广告市场打造出一个响当当的文化品牌。不得不说，现在的"广告人文化集团"已经完成了华丽的转身，首先是广告主——从一本杂志到一个集团实体；然后是专业广告人——在中国广告圈占有自己的一席之地；最后是广告媒介平台——凝聚了大数据般规模的行业资源，以及目前我国唯一的经国务院批准认证的大学生广告赛事，内容福利，文化辉煌！

《广告人》杂志于1989年创刊，作为媒介平台立足于广告业界的行业期刊。然而至今，这个仅仅作为一本专业期刊的经营者们，将自己定位于广告产业服务平台、创意与产教融合平台、广告主需求资源平台，已经成长为一个庞大的"广告人文化集团"群落（见图3-4）。

至今，广告人集团已经承办了12届中国大学生广告艺术节学院奖，仅此项就牢牢黏住了全国1500多所高校超过百万名师生，创造了面向3000

图3-4 摘自广告人文化集团官网[①]

---

① 本案例主要图文内容均摘自企业官网：http://www.admengroup.cn/a/lianxiwomen/，案例内容已由"广告人文化集团"校对和审阅。

万在校大学生的品牌年轻化全新入口。此外,他们还先后承办了中国国际广告节、世界广告大会等数次国际重大会议以及国内会议,成为行业大型会展营销操盘手;成立了广告人商盟,服务超过千家优质企业、媒体、高校、广告经营单位;创办广告人学院,开创面向全国千所高校的创意产业产教融合新局面……凭借品牌持续爆发的影响力,2016年集团推出"创意星球网"这一互联网产品,为专注创意产业的青年众包提供了网络平台服务,与学院奖线上线下产生联动,每年收取超过40万件来自年轻人的创意作品,并于同年成功登陆新三板。其中,文化的力量以其可持续增长的开发性和文化思想的爆发力,不断生产或衍生出一个又一个品牌化的文化产品。专业人做成了专业事,依靠的唯一,就是用专业性的方法论实践将"文化"不断地转化为一种专业势能。

一、启于一本专业期刊的【求索】

【求索】《广告人》期刊创刊于1989年(见图3-5),这是一本广告业界的专业刊物。1996年起,《广告人》期刊开始了独立的市场化运作,逐步建立和累积以广告圈为主的人脉资源数据库,同时深耕广告"四新"产业(即新设备、新材料、新技术、新媒体),出版了《中国广告四新大全》丛书,构建了以广告制作产业链为龙头的资源体系。

图3-5 《广告人》期刊封面和内页广告

【跳跃】 2002—2005年，中国广告业的蓬勃发展形成了以国际4A及本土优质公司为创意服务商、以广电媒体及报刊媒体为龙头的媒介发布方以及以机场高速等场景为核心的户外媒体运营商的不同阵营，广告人文化集团通过进一步整合资源，迅速聚集并形成了以行业协会、传统媒体、网络媒体、广告公司、户外媒体集团、广告主及广告教育高校等不同阵营的资源矩阵，同时开创了"广告人·中国"系列自主品牌活动，分别在南京、长沙、广州、青岛、上海等城市举办了五届"广告人·中国"峰会，奠定了中国广告业大型活动的权威性。在这一时期，集团充分发挥组稿及编撰能力，先后出版了《中国当代杰出广告人》丛书共三卷，为300位广告业界权威人士著书立传，构建了自改革开放以来最为重要的中国广告人物史；首创广告类实战丛书《实战广告案例》四辑共16册，收录包含1000多家广告经营单位的2000多个实战案例，成为记录中国广告业发展的重要见证。新千年后的互联网浪潮也让广告人文化集团开始了网络平台的建设，构建了以"广告人"品牌为核心的系列网络阵地（见图3-6）。

图3-6　2019年广告人文化集团走向世界联办国际大奖赛

二、【腾飞】于承办国家级大型活动项目

【腾飞】 自2006年起，广告人文化集团成为中国国际广告节媒体企业系列活动的独家承办商，这一项由国家工商总局批准、中国广告协会主办的大型活动，是中国广告业一年一度最具规模的盛会。集团经过不断的市场化实践，打造出融合展示、交易、推介、论坛、荣誉为一体的行业活动模式，每年参与人群达到8万~10万人（见图3-7）。

图 3-7　2006 年起广告人文化集团独家承办中国国际广告节媒体企业系列活动

自 2007 年起，广告人文化集团开始涉足更广泛的广告产业教育领域，成为中国大学生广告艺术节学院奖的独家承办商，历经 12 年打造出了融合广告业界、传媒、企业、学院上下游产业链的校园营销品牌活动，参加院系达 1500 余个，每年收取作品多达 40 万件，组建的评委团阵容超过 200 人，此活动已被世界纪录组织认可，并获得由世界纪录协会颁发的"世界上年度参赛作品最多的学生广告大赛"证书。令人惊喜的是，在 2018 年 4 月 27 日刚刚举办的第 14 届中国广告论坛上，中国广告协会会长张国华宣布，学院奖是第一个也是目前唯一一个经国务院批准认证的大学生广告赛事活动（与中国广告长城奖、中国公益广告黄河奖并称为"中国广告业大奖"）。文化就是文化，市场就是市场，终可见高低。能够成为国务院认定的国家级重要奖项，其中的分量和意义非比寻常（见图 3-8）。

图 3-8　2007 年起广告人文化集团独家承办中国大学生广告艺术节学院奖

三、成长于文化【产业运营】的大格局

【产业运营】 自 2013 年起,公司着眼于网络时代的布局建设,全力打造广告人网群,同时打通大广告全产业链,布局广告人文化集团产业矩阵,逐步开启创意产业资源整合 + 资本并购的高速发展期(见图 3-9)。

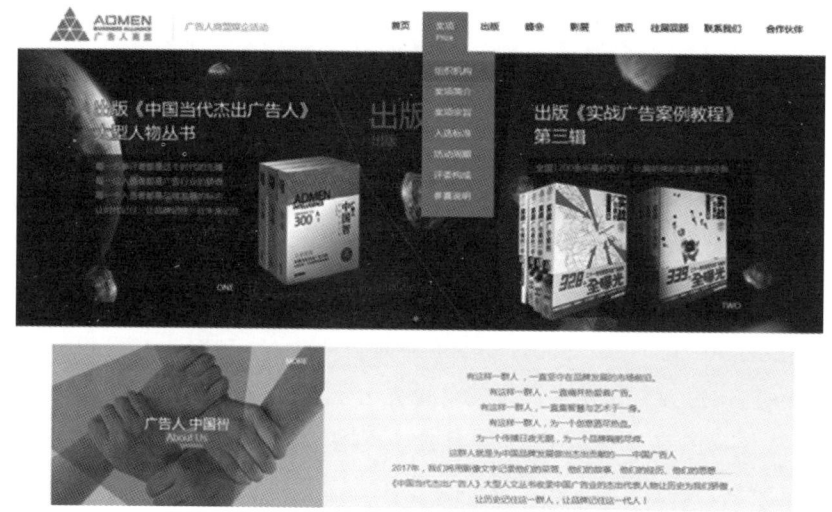

图 3-9 2013 年起广告人文化集团打通大广告全产业链

四、受益于文化【一脉】的平台化战略

广告人文化集团(Admen Culture Group)历经 20 年发展,业务已经涵盖网络平台、活动营销、赛事运营、传播出版、资源输出、技术研发等领域,已为 300 多家知名企业、500 多家媒体、2000 多家广告经营单位、1500 多个高校院系、400 多位专家学者、超过 500 万大学生提供了专业服务,并形成了以天津、北京为主干,覆盖全国的客户服务网络。

【一脉】 广告人的平台布局使得合作伙伴广泛来源于各细分行业,形成一个从广告主、广告公司到媒体的线性产业链,以及产学研资源配比链和线上线下的复合链接方式。其中,广告公司 14661 家(469 家合作,14192 家储备)、网络公司 402 家(48 家合作,354 家储备)、院校 2063 家(1118 家合作,945 家储备)、

广告主 1948 家（473 家合作，1475 家储备）、广电媒体 194 家（32 家合作，162 家储备）、报刊媒体 233 家（103 家合作，130 家储备）、户外媒体 276 家（78 家合作，198 家储备）。可以说广告人的合作伙伴群体本身就是一个完整的创意产业生态圈（见图 3-10）。

图 3-10　广告人文化集团打出"文化"牌的平台化战略

五、两个核心板块的【双翼】齐飞

【双翼】　即广告人文化集团的两个核心板块——媒企合作平台和校企营销平台。其中媒体合作平台是集团的创意产业智慧平台，由广告人商盟经营，包含广告人商盟、广告人杂志、广告人网、广告人自媒体矩阵、广告人学院等主营项目。校企营销平台是集团的创意产业青年成长平台，由天津创意星球网络科技股份有限公司独家经营，包含创意星球网、中国大学生广告艺术节学院奖、国家广告研究院·广告人青年生态研究中心、大学生品牌体验节等项目。

六、主营产品的文化同性与多元异类

【圈层组织】　由 300 位企业领袖、400 位专家学者、500 位资深传媒人、2000 位资深广告人、3000 位专业教师、150000 个杂志订户 + 双微用户，组成广告人杂志理事会、广告人智库专家、全国高校创意产业产学研联盟、中国创

意大师讲师团、中国创意产业赛事评审库、国家广告研究院·中国广告人生态研究中心、国家广告研究院·中国青年创意创业研究中心、中国国际广告节评鉴专家顾问团、广告主长城奖评委团、中国大学生广告艺术节学院奖组委会的核心组织人脉。

【传播阵地】《广告人》杂志已连续出版18年共216期，与广告人网、广告人智库官方微信、广告人商盟官方微信、广告人官方自媒体（一点资讯、蓝莓会）共同组成集团专业媒体信息平台矩阵。

【学习培训】 广告人商学院平台是集团对外进行培训学习的智库出版平台，共出版《中国当代杰出广告人》传记丛书300册、《实战广告案例》四辑共收录16卷1500个案例、《媒体经营系列丛书》8册、《中国广告实战案例教程》系列丛书3册。

【体验式营销】 首开业界先河创立的"广告人·中国"峰会成为业界自主品牌活动的标杆，至今已举办7届。此外，连续十年承办中国国际广告节媒企展示交易会，影响中国广告界、传媒界、营销界10万人，已成为成就国家级媒企活动及体验营销的能量场。连续9届承办中国传媒论坛和电视媒体黄金资源联合推介会，连续10届承办中国广告长城奖·广告主奖，连续11届承办网络领军品牌联合推介会，连续9届承办移动互联网领军品牌联合推介会，并于2015年首次承办中国广告主论坛，取得巨大反响。

七、让【创意星球众包网】市场见风采

【创意星球众包网】 将"文化"的力量聚流成河，直接汇入"市场"这个汪洋大海（见图3-11）。

创意众包：包括创意赛事发布、创意产品体验电商、创意星球招聘、创意星球在线教育。

技术服务：包括A端上传和赛事评审服务外包。

实战教育：包括大师公开课、在线定制课、专业课程包、VIP教师班、专项训练营。

人才招聘：包括人才招聘网、高端人才代理招募。

创客孵化：包括创意创业公司天使轮投资、中国大学创客联盟（150）。

图 3-11 广告人文化集团打造的"创意星球众包网"

八、高校广告教育实践之【中国大学生广告艺术节学院奖】

【中国大学生广告艺术节学院奖】 主要开展中国大学生广告艺术节、中国大学生毕业设计大赛、中国大学生手机摄影大赛活动,其中每年产生超过40万件创意作品(见图3-12),在高校终端触达百万人群直接参赛,直接影响3000万在校大学生,全年开展30座城市超过70场地面活动,官方社交媒体达32万活跃粉丝,媒体覆盖70余个媒体平台的1510万受众。

图3-12 每年产生超过40万件创意作品的中国大学生广告艺术节学院奖

九、文化构连创意产业与广告行业的高重合度

文化思维和文化元素下的创意产业与广告行业产生了极高的重合度,使资源支撑起未来愿景。

研发设计创意主要指与工业生产和计算机软件领域相关的研发与设计活动,是创意产业发展的核心部分。包括工业设计、工艺美术品设计、软件设计、服装设计、产品设计、包装设计、电脑动画设计、广告设计、研究与试验发展等10个中类行业,21个小类行业。

文化传媒创意主要指在文化艺术领域中的创作和传播活动。包括文艺创作表演、广播、电视、电影制作、音像制作等 9 个中类行业，9 个小类行业。

咨询策划创意主要指为企业和个人提供各类商务、投资、教育、生活消费及其他咨询和策划服务的活动。包括市场调研、证券咨询、会展服务、市场调查等 9 个中类行业，12 个小类行业。

时尚消费创意主要指在人们日常消费、生活娱乐中体现创造性及其价值的行业。包括休闲体育、休闲娱乐、美发及美容设计、婚庆策划、摄影创作、娱乐游戏、旅行等 8 个中类行业，8 个小类行业。

建筑设计创意主要指与建筑、环境等有关的设计活动。包括工程勘察设计、建筑装饰、室内设计、城市绿化设计等 3 个中类行业，5 个小类行业。

十、未来战略：全面聚焦"品牌年轻化"服务

广告人的风采，首先是文化人的风采。有这样一群人，他们努力成就中国广告业的思想智库；他们运营广告人专业媒体矩阵，全景呈现行业经典大案、领袖人物观点；他们专注出版与传播，包括人物立传、案例剖析等数十部经典；他们努力成就广告传播圈的商机社群；他们构建包括数千家行业领军企业、数万家广告经营单位的资源网络，不断满足行业发展需求；他们努力成就最具资源力和执行力的跨界营销爆破平台；他们打造中国国际广告节、媒企系列活动，打通媒体、企业、广告公司、高校全产业链条，集结展览、推介、颁奖盛典、论坛全互动平台，每年十月打造最具行业瞩目的明星活动；他们操盘中国大学生广告艺术节学院奖，使其成为中国影响力最大的学生广告创意竞赛活动，一个企业广泛影响学生群体的品牌展台。

广告人文化集团正在引领中国品牌年轻化。仿佛一夜之间，所有品牌都在趋之若鹜地追赶年轻人的脚步，奢侈品研究着如何搞定千禧一代，众多国货品牌在 90 后、95 后的消费市场实现了崛起与重生，品牌年轻化逐渐成为各大品牌在面对全球化与碎片化时代新挑战下的重要课题，而关于品牌年轻化的内涵与方法正在成为广告主关心的新营销课题（见图 3-13）。

图 3-13 广告人文化集团全面聚焦"品牌年轻化"的未来化战略

1. 聚合集团之力, 打造年轻化三大平台

作为中国广告行业的前瞻性平台, 广告人文化集团早在 2007 年便投入了品牌年轻化的项目实践, 经过十余载的不断丰富和完善, 已经构建起了围绕品牌年轻化的三个重要平台, 更将品牌年轻化作为集团的发展战略之一。

2018 年第十四届中国广告论坛上, 广告人文化集团作为战略合作伙伴之一, 将围绕着"广告人, 引领中国品牌年轻化"这一主题, 聚合旗下创意星球、广告人商盟与广告人学院三大平台, 全方位展示集团构建的品牌年轻化服务体系(见图 3-14)。

图 3-14 广告人文化集团主办的品牌年轻化论坛

作为中国较早提出并执行品牌年轻化的直效平台, 创意星球现已成为广告人文化集团实现品牌年轻化战略的一把利器。从青年榜、产品体验报告、学生创意作品等年轻化内容的输出, 到全程执行中国大学生广告艺术节学院奖、组织企业品牌校园行、提出青年创意节概念、策划青年品牌公益行动，再到组建创意星球全媒体的传播矩阵，创意星球已然成为中国品牌年轻化的一面旗帜，并逐渐成长为连接青年创意与行业需求的纽带，为更多品牌打造直效的年轻化营销平台。

广告人商盟业务板块汇集了广告界众多媒介与策略资源，以品牌、媒体、智业、创客四类联盟组织为人脉基础，通过活动、传播、教育三种服务来具体实施品牌年轻化需求的服务，以做广告主需求资源联合基地为使命，并通过对在此过程中所产生和积累的各类信息和数据的再加工和再利用，更好地实现上述的生态循环，完成对品牌年轻化的战略支持。

作为热爱广告行业教育的追梦人，广告人文化集团整合现有资源，筹办了广告人学院，并逐渐发展成为一个品牌年轻化操盘手的培养平台。本着颠覆传统的广告教育方式，强调知行合一、学以致用的理念，学院聚焦品牌年轻化实战课程，众多大师、大咖、行业领袖和新锐将会同台授课。面向企业推出的品牌年轻化自主研发课程包括八大模块，立体化构建品牌年轻化的完整系统，全面培养企业实施品牌年轻化工程的操盘手和生力军。

三大板块合而为一，共同为中国品牌年轻化服务。这是传统品牌重获年轻的舞台，也是培养品牌年轻化实战人才的平台。

2. 品牌年轻化论坛亮相广告业的"达沃斯"

中国广告论坛一直以来都是广告业规格最高的智慧殿堂，被誉为中国广告的"达沃斯论坛"。如在2018年4月的论坛中，广告人文化集团着力于品牌年轻化概念传递与成果展示，承办品牌创新论坛单元，力邀企业品牌年轻化的操盘手，深度对话年轻化战略与行动轨迹。

作为品牌年轻化的倡导者，广告人文化集团总裁穆虹女士围绕"让年轻人看见：95后营销法则"这一主题进行分享。穆虹女士身为中国广告业发展的记录者、广告业大型活动的操盘手、热爱教育事业的追梦人、深受传媒界喜爱的专家导师，不断记录着中国广告业的发展脉搏，并带领团队每年承接十几场大型广告活动，参与创办了广告人学院与海外教育，又先后被聘为多家媒体及互联网公司的营销策略顾问，多次担任各类广告营销大赛评委。对于品牌年轻化，穆虹女士有独特的见解。

此外，环亚集团品牌管理中心总经理胡根华先生以广告主的视角，围绕"一起寻找95后消费者的心灵共振"的主题阐述品牌年轻化内容。胡根华先生主要负责环亚集团品牌传播、单品牌店运营等管理工作，在推动品牌年轻化及品牌价值体系建设等方面取得了卓有成效的成果，所主导的品牌营销项目曾获得 2017 中国广告长城奖广告主整合营销金奖、广告人国际大奖（ADMEN Awards）媒介整合类实战金奖等多项营销及实战类大奖。作为一位运营品牌的管理者，胡根华对于品牌年轻化营销策略的解读或许具有更多的实践价值。

在随后的互动论坛当中，围绕"品牌年轻化是企业持之以恒的营销战略"这一主题邀请六位互动嘉宾进行分享，他们分别是腾讯网络媒体事业群市场副总监洪成先生、恒安集团卫生巾发展部品牌总经理金蓓蓓女士、海昌海洋公园控股有限公司品牌总监张媛媛女士、鲁南制药品牌总监郁杰先生、美团点评市场部总经理吴荻女士、华帝股份有限公司首席品牌官卢楚麒先生。

曾任职于利洁时家化、卡夫食品等全球知名企业的洪成先生拥有近 10 年领先的国际品牌管理和互联网营销经验，成功运营了腾讯新闻、腾讯体育等多个整合传播项目；拥有近 20 年的品牌市场营销及运营管理经验的金蓓蓓女士多年来一直致力于推动七度空间品牌的国际化，专注移动互联网时代的品牌整合营销；曾就职于国际 4A 公司，拥有近 10 年的品牌及营销从业经历的张媛媛女士致力于推动"海昌海洋公园"品牌的国际化和年轻化，拓展品牌影响力；专注于医药品牌的互联网整合营销，拥有 15 年的市场营销、品牌运营及管理经验的郁杰先生致力于推动"鲁南制药"品牌国际化；曾任盛大网络市场总监、返利网副总裁等职的吴荻女士在移动互联网营销、智能硬件营销、品牌塑造领域深耕多年，致力于场景营销研究；曾经从事过快消品、汽车等相关行业，拥有多行业多品牌的操作经验的卢楚麒先生致力于打造华帝"智尚生活新标准"。

不同行业、不同背景的优秀营销人将分别讲述各自面对品牌年轻化问题与解决的解读，将品牌年轻化从理论导入实践，更透彻地分析品牌年轻化战略的应用。

3. 直效的品牌年轻化成果展现

2018 年中国广告论坛的另一个亮点是同期举办的第十五届中国大学生广告艺术节学院奖秋季赛的颁奖仪式，业界大咖、学界名师、优质品牌广告主共同出席，点评品牌年轻化案例，并与百名大学生现场分享创意思路。由原国家工商行政管理总局批准、中国广告协会主办、广告人文化集团承办、创意星球网全程执行的中国大学生广告艺术节学院奖，是目前国内规模与影响力最大的校企活动品牌，更是深受企业喜爱和备受广告主推崇的直效年轻化营销平台。学院奖活动覆盖 1500 所高校，每年有超过 40 个品牌与 200 万新主流消费群互动，每年有 20 万个团队投入竞赛产生近 40 万件创意作品，同时涵盖策略研讨与人才交流，成为行业遴选人才的重要渠道、企业获得杰出创意的重要途径。相信本次学院奖秋季赛既是一次企业品牌年轻化成果的直观展示，更是让青年创意人走上中国广告舞台、成为新一代中国广告中坚力量的良好契机。

展望本次广告论坛，广告人文化集团希望能够将品牌年轻化的价值与行动路径与业界分享，同时为中国广告行业注入新力量，为更多中国品牌服务。

4. 创意星球网举办行业教育培训，首期实学讲堂开课

2017 年 7 月 20 日上午 9 点，广告人文化集团、创意星球网携手网易传媒、燕京啤酒联袂推出的创意星球学院首期实学讲堂·金牌指导教师实训营在北京梅地亚中心盛大开课。蝉声起，夏正浓，土润溽暑，大暑时行，一年中最热的时节到来，却也挡不住五湖四海的在校教师求知的欲望。广告人文化集团总裁穆虹携手 7 位业界大咖莅临现场，为在场师生上了一场别开生面的创意课程（见图 3-15）。

图 3-15 广告人文化集团主办的首期实学讲堂

因为是首期课程，除了全国各地的教师，主办方还特意邀请了金奖获奖学生免费听课，让他们感受广告界最前沿的创意信息。

十一、成功的广告人最终都是持守文化的人

广告人文化集团总裁穆虹女士曾在创意星球学院首期实学讲堂致辞，她强调，广告人文化集团是"把创意星球学院奖这口井挖了 18 年 15 届的人"，精耕细作不浮躁，是广告人文化集团坚定不移的想法，"帮助每个有创意梦想的人实现梦想"是广告人文化集团始终坚持的信念。

广告人是用文化炼成的，成功的广告人最终都是持守文化的人。

第四章 文化创意对广告客体的势能影响

文化价值是社会公众的普世追求
品牌的强势传播力来源于文化赋能
沟通元与引爆点造就品牌的影响力
广告受众被情感营销或病毒传播"扎心"

第一节　文化元素是品牌与消费者之间的"沟通元"

一、"扎心"的文化创意更迎合社会公众的精神需求

（一）一切广告策略皆指向人心

1. 文化元素是社会受众的普世追求

关于文化符号的创意，看起来经常发生在现象级的表层，而一个"恒源祥"品牌名称，源自"恒罗百货、源发千祥"，于是拥有了恒源祥，你就相当于拥有了天时、地利、人和，广告品牌传播的文化韵味如此切合社会公众的心理需求。众所熟知的全球著名运动品牌"耐克"（Nike），以简单的"勾形"图案作为品牌标志，体现出的动感、鲜活、休闲等个性价值，尽展"耐克"品牌长期传达的"酷"且"时尚"等文化理念和韵律。于是，广大年轻的消费者，甚至一些中老年媒介受众，也愿意借助于"耐克"时尚起来。

近年来，"病毒营销"盛行于广告传播领域，有学者专门作了关于"病毒式传播"[1]的研究，这种通过互联网或者全媒介融合的方式能够使"病毒式"信息在短时间内以指数速率传染式地迅速扩散，信息的传播形态包括文本、图像、视频、PPT 文件、Flash 动漫等各类符号或组合。这种传播具有自发性，信息地散布并不一定是在获得报酬的前提下才产生的，这些信息可能是公益理念，可能是商业产品，或品牌形象广告等。而文化元素恰恰是最容易吸引、触动和感化传媒受众的"病毒"，产生迅速扩散的有效传播力。

2. 广告就是人性的沟通

广告是什么？广告可能非常复杂，但也绝对单纯。广告的复杂表现在它是知

---

[1] 冯丙奇.病毒式传播研究［M］.北京：中国传媒大学出版社，2016.

识密集、技术密集、人才密集的高新技术产业,任何一个广告经营机构都需要同时拥有知识、技术和文化三大要素力量才能得以生存和发展;但广告又是单纯的,它只面对一个对象——人,广告可以远离宇宙之间一切的自然规律,只研究如何对人发生作用。当然,广告业的"卖点"就是创意,即通过最能激发、激活人的文化创意,对广告媒介受众,也是营销传播的目标受众或用户发生作用。在20世纪90年代已有广告业界的专业人吐出真言:"广告就是人性的沟通"。广告正是通过对各类新旧元素的有效组合——创意,消解社会公众的心理障碍,搭建起产品生产经营者与社会消费者之间的桥梁,一方面实现企业微观的经济效益;另一方面实现社会宏观经济的良性运行。如本书前面诠释的文化即为"人化"之说,关于人性沟通的一切创意都可以归属为文化创意。当代社会,文化创意已经成为广告策划与创意的必要途径,广告的一切策略都旨在"扎心"。

(二)正能量传播对传媒受众具有强势吸附能力

1. 什么是正能量

关于"正能量",在网络上曾经多次热传的说法是:正能量就是"给人希望,给人方向,给人力量,给人智慧,给人自信,给人快乐"。正能量是一个具有广域意义空间的大范畴,我们难以对其做出一个精准的定义,仅从说词解字的角度,目前也难以用几句话将其概述全面。但是,哪些内容或作品是正能量的传播,人们却能够一目了然。文化正能量包括的内容可以涵盖众多领域,仅围绕社会主义核心价值观就可以通过创意产制大量"扎心"的品牌故事,以输出各种感化人性、助力健康人生的思想火花(见图4-1)。

图 4-1 社会主义核心价值观的基本范畴

在广告业界长久不衰的品牌营销传播策略，越来越多地发生在"情感营销"方式上，即以人文精神和生命的意义为核心，远离产品的构成材料与性能，也远离产品的技术和价格方面的诉求，而带有典型的中华传统文化之内蕴。

2. 文化正能量具有不可低估的传播势能

广告文化创意的正能量传播，赋予品牌信息一种能够引导人们建立科学正确的"三观"导向。谁能拒绝人文关怀？谁能拒绝健康呵护？谁能拒绝积极的生活态度？谁能拒绝真、善、美？故此，文化正能量的内容传播本身具有助推的强大势能，能够点燃品牌关注者的激情，使其迸发情感，热爱生活，自励奋进。美好的东西才是最容易被接受的，有着象征意义的品牌符号能够与消费者或用户拉近情感，心思相系，表达出特定消费者或用户的渴望和期待，也使他们更容易关注品牌，铭记品牌，成为品牌的忠实拥趸，以此达成传播目标，即品牌以其特有的文化与人文价值定位在消费者或用户的心目中。从体现在社交媒介平台上的广告转发量、点赞和评论的质化内容和量化数据看，正能量的文化创意作品对传媒受众的吸引力和感召力不可低估。如 2014 年央视的公益广告《筷子》，以动之以情、晓之以理的诉求方式打动人心，被一些网友誉为"可能是央视有史以来最好的广告了！"（详见本章案例四）。

为了在广告策划和创意以及实施中能够更加合理地发挥文化元素的正能量传播势能，我们有必要提醒广告策划和传播者注意，如果依照所谓的广告传播效果规律，只有高频词、多重复的广告才容易使广告媒介受众记住，但有时即使是非常有传播效力的"正能量"传播内容或符号，如果在短时间内的反复刷屏，不间断的重复，同样容易引起媒介受众或用户的反感，尤其在目前最为广泛运用的社交媒介平台上，更容易产生适得其反的后果。这就需要传播者运用批判性思维对广告创意传播符号的影响力以及整体传播效果进行合理化的、科学理性的评估和决策。

二、文化创意就是构建品牌与消费者之间的"沟通元"

（一）文化元素是品牌与消费者之间的"沟通元"

1. 什么是"沟通元"

"沟通元"是具有一定普遍意义的价值元素，这类元素可以是一个字、一个词、一首诗、一个成语，也可以是一种动物、一个真实的人、一个虚拟人物（包括机器人），还可以是一件事、一个场景或景观、一段历史、一种社会形态等。总之，这个元素经过不同的传播者或受众在网络或某自媒体平台上的创意和运用，可以无限复制，不断地扩散和变异。如当年"杜甫很忙"中的杜甫，他聚合了无数网友的兴趣和创作欲望，最后几乎神通广大并千姿百态，成为凝聚众人的一个沟通要素。无疑，"沟通元"一定是一个具有强烈人文气息的文化元素，当今已经成为现代信息传播与管理领域里的重要概念。

2. 广告策划与创意就是寻找与传媒受众的"沟通元"

在广告品牌的营销传播活动中，广告策划与创意的一个核心目标就是要寻找一个贴切的品牌沟通载体。比如，品牌形象代言人就是广告的"沟通元"，他可以被符号、被动漫、被网红、被H5等发生各种形态上的变化，但不能改变的是其本身自带流量和关注度。"沟通元"是广告受众与品牌传播者之间的联系纽带，其中文化元素，无论是物质文化遗产还是非物质文化遗产，甚至是现代社会具有文化意义的各种元素或符号，都是最容易吸引广告受众的"沟通元"。奥格威和奥美关于"品牌管理"理论在当代的具体运用之一，就是要找到这一具有"沟通元"意义的符号，并对之加以建设和传播管理，通过创意将其形态化或故事化，成为广告媒介平台创意的"元"元素，借以聚合公众主动参与，最后引发广告媒介受众的协同创意。

（二）文化元素是广告受众"协同创意"的沟通元

1. 何谓"协同创意"

文化元素自身的价值内涵对社会大众具有最广泛意义的吸引力。通过前期的市场调研（包括大数据分析）和广告策划，挖掘一个或几个有价值指向性、有沟通元意义的元素之后，无论何种形态的广告文化创意作品或广告活动，在一定技术条件下的媒介平台上都可能发生由广告受众为主导的协同创意。实际上，协同创意是网络技术进化到2.0时代以后网友们的一种生存状态。每一个"沟通元"的释放都是人们脑海里某些共同的认知通过媒体符号传达出来；每一个"沟通元"都带有某些群体在文化价值观上的共鸣性；每一个协同创意的参与者都对其具有个体再创作的主体性；每一次创意都有一定的留白，给予其他共鸣者容易参与的空间，犹如思维方法中的头脑风暴法，只是把思考与创作的能量通过传播符号的形态化直接表达在传播媒介上。一个"沟通元",或一个创意的点子经过社交平台的广泛传播,不断吸引志同道合的人,经过发酵不断衍生新的创意作品。这正是成功广告传播的最佳效果,广告成功与否的衡量标志是沟通,而不是售卖。"沟通元"与广告品牌的偶遇——文化创意以及传播,通过网络迅速发酵,诞生一个又一个的品牌"神话"。

2. 文化元素是传者与受者之间最便捷的"沟通元"

我国社会已经进入了数字网络时代,社交媒介平台之"霸"行使人们能够分分钟沉浸在 UGC(User Generated Content),即用户自身创造和生成内容的媒介环境中。脱离了商品(商业消费品或服务等)实体的广告创意,可以将人们纳入共同的文化偏好和创意中,以人为本的文化价值取向是广告创意元素选择的原则与底线,以协同创意为索引的符号价值取向卷入与粘着更多广告媒介目标受众。在"沟通元"与文化创意势能的作用下,广告主目标中的广告媒介受众首先是一个主动型的传媒文化消费者,然后才是品牌信息的接受者。

在当代数字网络平台上的信息流通大数据,其应用价值之一,就是借助于这些媒介用户互动的全息,通过一定的算法,越来越精准地挖掘和发现传媒受众——社会大众——广告目标消费者或用户,他们在心理接受和反馈行动上可能的兴趣聚焦点、情绪兴奋点和态度转折点,以在下一步的文化创意传播中将知识工具理性与文化价值理性有机统一。

沟通元是传播者立足于文化创意,主动寻求与广告媒介受众沟通的连接点;协同创意是媒介受众的互动传播行为,表达媒介受众与广告传播者之间已经实现了一定程度的共鸣和共振。在广告创意过程中,文化元素是广告传播者与广告受众之间最便捷的"沟通元"。

第二节　文化创意是品牌与广告受众之间的"引爆点"

一、传媒文化的深度细分对传统媒体"大众"的解构

（一）广告受众范畴的转变与文化取向

1. 传统媒体的"大众"与当代传媒的"小众"

在以传统媒介为主导性传播的岁月里，人们经常听到"社会大众"一词，其意与现在人们所说的"社会公众"相当。当年"社会大众"的运用，衍生了诸如"大众文化""大众电影""大众广播"等范畴。对传媒而言，"大众"真的存在吗？"大"的范围有多大多广？这样的问题能有答案吗？实际上，已故的英国社会学家雷蒙·威廉斯曾言：不存在所谓的大众，只存在把人们当作大众的方法。曾任美国《连线》杂志总编的克里斯·安德森有言：互联网正在成为把人们当作大众方法的终结者。此语解谜了"大众"一词的传媒背景，正是在传统媒介主导的第一媒介时代，即报纸、杂志的刊载和广播、电视的播放型传播模式下，由少数文化精英和知识分子主导的是自上而下、由一对多的单向传播，这种传媒的性质导致"大众"由此得名。以互联网为代表的第二媒介时代的"去中心化""去权威化"，使几乎人人都可以参与散点的双向交流。一种集创制者、传播者、接受者、消费者于一体的关联体系对人们的传播关系进行了全新的构型，受众是各种各样的，"分众"成为必然，经过无限细分的发展，"小众"得以产生。由于"小众"的含义被分离出来而显得更加名副其实，即指具有相同或相近的媒介消费习性，都愿意接受相同或相近的媒介载具，都对媒介内容的一部分或大部分有兴趣的社会公众对象。正是媒介技术、媒体平台和与之相适应的传媒文化的日趋细分，使得社会"大众"不断分流，各自集结在具有不同属性和传播内容的媒介或平台上，这

就是今天以"沉浸式传播"[①]为主导的第三媒介时代。通过几乎个性化的定制,回归到人——个人的本质层面,数字互联与移动智能构建的这个媒介世界让人们沉浸其中,最大可能地满足自我需求和自我供给,这是一种超越时空的泛在体验。

在当代传媒领域,人们用得更多的是"受众"一词。"受众"是报刊读者、广播听众、电视观众、上网网民、手机用户等的统称,他们都是广告媒介传播的对象,不同的称谓只是对应了他们接触的不同媒介。准确地说应该是"大众"受众或"小众"受众,因为都是被传媒所定义。受众首先是人,然后才是传媒受众,受众之"受",也是受到传媒技术的制约,具有被传统媒介时代定义的被动性。而在当代,伴随媒体传播范式的转换,由"大众"受众细分和转化的"小众"受众,其个体视角、个体表达和个体价值在传播交流中的主导作用越来越强。不同媒介有不同的语言符号,同一媒介语言在不同语境下被界定了不同的意义,媒介符号的构连逻辑和媒介再现的真实性与多维性,都打造了"小众"受众的鲜明个性,从第二媒介时代到第三媒介时代,一切受众都有可能转变为反馈的传播者、主动的传播者,传者与受者同在。当代受众的转变必然引起广告传播范式的转变。

2. 传统广而告之中的"广告"与当代"窄告"

广告业属于传统产业,这也是本书被命名为"'文化创意+'广告业融合发展"的缘由。传统媒介时期人们通过媒介触达的是同一场景、同一语境、同一内容,处于社会关系中的任何个人都要受到共同体生态环境的影响,这就是为什么有专家言:"大众这个概念不能准确适用于受众"[②]。今天,尽管还有人使用"大众""大众传播""大众媒体"这些概念,但所有人接触同一信源信息的情况已经极其罕见,即使接触同一信息也不一定有相同的场景体验和相同的语境反馈。因为不存在"大众",所以也不存在大众传播,传媒受众对信息的需求是多种多样的;受众接触媒介的类型是多种多样的(这在当代尤甚);受众的媒介体验是多种多样的;受众被传媒信息的作用方式也是多种多样的。故此,对于追求投资效益最大化的商业广告主而言,"广而告之"名存实亡!"细分市场""目标受众""精准营销""个性

[①] 李沁.沉浸传播[M].北京:清华大学出版社,2013.本书第一次提出了"沉浸传播"的概念,并将传媒发展分为三个时期。

[②] 詹姆斯·波特.媒介素养[M].李德刚,等,译.北京:清华大学出版社,2012:45.

定制""对象化传播""一对一"等成为现代商业传播的主流模式,这些都是"分众"或"小众"式的"窄告"传播。数字网络媒介环境下,针对各类小众的受众传播呈现出前所未有的多元形态,以各种主题的"群"生态维系着各社交平台的传媒形态。"广而告之"实际上已经变"窄",一定意义上,多数情况的"广告"已经转变为"窄告"。

(二)受众细分的分水岭是传媒文化的价值取向

1. 信息"窄告"是满足传媒"窄众"特定的精神需求

"小众"即"窄众"。顾名思义,"窄告"是对于"广告"而言,针对一定传媒受众细分后的"小众"而进行的信息传播活动。"窄告"传播的意义在于实现更加"精准"的信息沟通,产生更加有效的多赢效果。"窄告"传播的目的在于满足具有某种价值取向的小众受众的特定需求。从马斯诺关于人类需求的五种层次看,生存需求和安全需求是人类共同的基础性需求,而更多的需求分化发生在人类的社交需求、尊重需求和自我发展这些较高的需求层次上。很明显,两个基础性的需求是低层次上的物质需求,需要依赖于产品的物理功效得以满足;而高层次的社交需求、尊重需求和自我发展的需求则归属于人类的精神层面,直接取向于人们的文化理念和价值观,只有提供文化意义上的精神产品才能得以满足。由此,面向"小众"的"窄告",其传播特征就是在沟通符号和内容上以特定的文化价值观拉开层级或档次,以某类文化要素的品质和段位满足"小众"们的精神需求。文化创意作为当代社交媒体传播平台的"规定动作",已经成为品牌与受众之间互动交往、情感营销和病毒式传播的必要手段。

最先受益于"小众"概念的是传媒和广告品牌传播的策划者。犹如生产者在没有生产之前首先必须明确自己的商品要卖给谁一样,首先要针对目标受众进行市场定位——细分受众,然后依照这些目标受众——小众的文化偏好和媒介消费习惯,策划和创制满足他们的广告作品,选择这类或这群人聚集的传播渠道或平台性社区,整合式运用媒体,强化"窄告"的个性特色和文化价值。媒介的"小众"受众与广告产品品牌的目标消费者之间应该是彼此对应的交集,以使广告聚焦传播目标,使广告主的广告投入得到广告媒介受众——消费者或用户的认知回应和购买回报,这是提高广告效果比率和广告费用利用率的基础前提和必要条件。

2. 以文化特征辨析"小众"的市场价值

对于如何才能找到产品品牌的目标消费者或潜在消费者——具有一定传播价值的媒介受众，商业企业与传媒机构的方法论是一致的，即通过主流媒体的传播平台、社交媒介的社区、群落等渠道挖掘这些"小众"的人口属性和文化特征，针对他们相对个性化的消费和需求进行"窄众"式的广告文化创意传播。当代社会已经进入了一个大时代，技术驱动，传媒喧嚣，价值多元，文明进化，在这样一个越来越复杂的社会生态中，各个群落的文化特征越来越模糊，却更加多元化。伴随传媒市场各个社交媒介平台之间的竞争不断升级，细分目标市场、界定"小众"的参照系也越来越复杂。传统的、常规的消费者细分方法主要是依据人口的自然属性因素，包括地理细分、人口统计细分、社会阶层细分和心理细分等，传播者根据这些方面的特征进行策略性传播。

第一，地理细分策略。即按照媒介覆盖的地理区域选择媒介受众。作为传统的细分策略，对作为传统媒体的报纸、广播等地域覆盖性明显的媒介依旧有重要作用，而且适应当今商业企业流行的地域性销售目标和较低成本的地方性传媒机构。地理细分因素本身就不够稳定，从整体看，随着数字化、网络化以及融媒介和全媒介的发展，这一策略在现代市场逐渐式微。

第二，人口统计细分策略。即按照人口统计指标选择目标受众，通常情况下这些指标包括性别、年龄、民族、收入和受教育程度等。相比地理细分，人口统计细分因素相对稳定，在受众的目标细分中有一定意义。但从整体看，这些差异趋向越来越小，如近年来我国信用卡的普及使用，收入较低的人可贷款消费等，因此，这一细分策略也被逐渐弱化。在某些行业，诸如现代房地产产业，根据居民在地理位置上社区型的生活特点，有时将人口统计和地理细分策略结合在一起考量，简称地理人口细分策略。

第三，社会阶层细分策略。这是一种混合细分策略，如近年来我国使用较多的中产层、工薪层等阶层概念，不仅包括收入，还包括心理特征、社会地位等变量。在指标上具有综合性，侧重于人们心理上的价值取向，但同时又受到收入、身份等客观条件的影响，这一策略一直较为流行。

第四，心理细分策略。在过去的很多年里，这是一个处于受众市场前沿的策略，呈现出越来越重要的作用和效果。从表面现象探究到消费者的心理，会不断衍生出多种新的细分变量，如逐渐流行的"白领""蓝领""灰领"族群，以及"草根""白富美""高大上"等。这种细分方法和策略更加接近社会现实。

当代以数字社交平台为特征的媒介社会生态使传媒受众在地理上的区隔被网络打破；人们统计细分的若干指标在同质、同量的媒介语境下也变得模糊（如小学生和博士后同时可以触达同一个传媒内容）；互联网已经颠覆了传统的社会阶层格局，目前人们对"爆款"级的传播现象，属于内化性细分，只能停留在心理层面上，至今难以深入地解构。

数字化的生活方式在一定意义上改变着"地理细分"和"人口统计细分"等传统指标的地位和作用。人们的社群化生活与互动具有相似的文化价值观，在满足了人们基本的生理和安全需求之后，文化因素成为影响消费者或用户品牌购买决策的第一因素（见图4-2）。

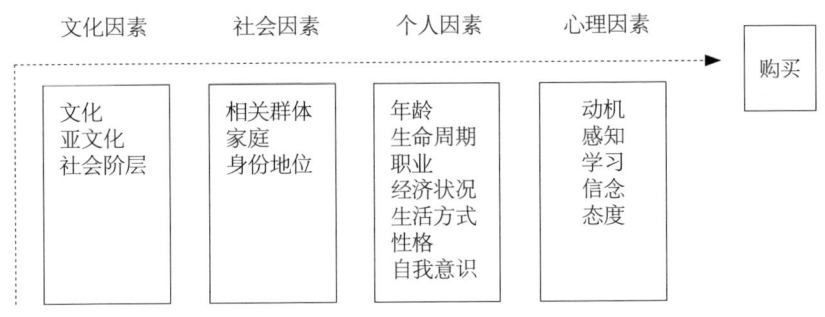

图4-2　对消费者行为产生直接影响的主要四类因素①

文化因素作为影响当代消费者购买行为的第一类要素，契合了具有社群性的"小众"在社交圈层上以特定文化理念和价值观而聚合的特性，同时也反向印证了文化元素和文化创意作品对广告受众的势能作用。社会因素、个人因素和心理因素均保留了细分消费者的传统维度和方法。根据受众的文化身份和属性创意传播，其有效性是不言而喻的。

---

① 丁俊杰，康瑾. 现代广告通论［M］. 北京：中国传媒大学出版社，2013：184.

二、广告客体的媒介消费与文化创意的"走心"状态

（一）人们为什么要接触传媒

一般情况下，人们接触传媒不是为了收看或阅读广告，而是进行日常性的传媒消费。在正态的人类社会生活氛围下，通过传媒收看新闻和了解资讯已经成为人类的刚需。这种日常性的对媒介消费的刚需来自人们的如下心理：

求新求异：好奇心与追逐新鲜新奇事物是人类共同的属性。

求知好学：求知欲与人们后天的教育呈正比增长，信息与文化一脉相通。

情感需求：社交与自尊都需要情感氛围，人际交往与交流是由人的社会本质决定的天性。

得益于传媒技术膨胀式的迅猛发展，"鱼"并不知道自己是湿的。人们通过传媒获得真实生活中亲身感触和体验不到的东西，如知识更新、技能升级，以丰富自己的生活阅历和思想内容、跟进飞速发展的生存要素，媒介消费成为人类生活的重要组成部分。借助于媒介，人们不仅仅是寻找情趣和消遣娱乐，更重要的是满足生发于内心的对精神层面日益增长的文化需求。某种意义上讲，当代人已经形成了对传媒的绝对依赖性。

（二）文化创意元素使广告受众能够"走心"

广告主的投资甚至斥巨资，看中的就是传媒受众在其媒介上的注意力，故才能有"眼球经济"之说。以广告受众的个体视角考察媒介信息，包括广告信息对传媒受众的影响，需要辨析以下问题：在什么情况下，受众发生了对媒介信息的接触？因为接触与注意是传媒受众的两种不同状态，受众在接触了媒介之后是否注意了广告信息（即广告作品或广告活动）？继而才能进一步分析传媒受众在真正接触了媒介之后，是否转变为广告受众。美国媒介素养专家詹姆斯·波特在《媒介素养》一书中将传媒受众与媒介信息的关系分为"接触与注意"和"接触状态"两大阶段，并对每个阶段继续加以细分，阐述了传媒受众不同的媒介消费状态[①]。

第一，接触与注意状态。以媒介素养的观点，"接触"与"注意"是需要严格

---

① 詹姆斯·波特.媒介素养[M].李德刚，译.北京：清华大学出版社，2012：35-39.

区分的两个不同概念。"接触"存在可以连续性出现的三种类型,即身体的、感知的、心理的,只有这三种情形都发生以后才会产生"注意"。传媒受众"接触"媒介的三种情形包括:

身体接触——最基本的亲临状态,信息与人要在某个时段占据同一物理空间;

感知接触——人的感官接收相应刺激后自身输入符号的能力,感官有局限性;

心理接触——某些元素符号进入人脑并留下痕迹,人能够意识到它的存在。

当传媒受众完成了接触信息的三个情形之后,才开始有意识地关注大脑里"侵入"的新的符号元素,这是"注意"的内涵。"注意"的发生是即时的、随机的、偶然的,有时即使对某些信息产生了关注,注意力也会被牵扯到其他事物上,因为"在任何时刻,意识所包含的仅仅是撞击人的感官系统的很小一部分刺激。没有主动的选择,注意力就被引导或被吸引,甚至会违背本意,走向相反的方向"①。这些理论恰恰揭示了为什么我们每天接触了大量的信息,却记不住几个,多数都是一闪而过,似曾有过,若隐若现,就如在宏观的视野里,尽管各类乱花迷眼的符号争奇斗艳,但是能够记忆深刻的却寥寥无几。

第二,"走心"状态。詹姆斯·波特虽然称这一状态为"接触状态",但是其意已经与最初的状态大有不同。这是在经过身体接触、感知接触,进入到心理之后并将注意力停留下来,深入地、真正地"心理接触",如此状态正是当下人们所说的"走心",继而进入媒介受众对传媒信息自动处理的流程。广告创意"攻心"的目的就是通过文案诉求,或讲出一个好故事,或产生强大的视觉冲击力,通过广告作品或活动的讯息符号留住广告媒介受众的注意力,使他们能够"走心"。如上所述,文化元素以及文化创意作品独特的势能作用,是一切广告策划与创意最佳的"走心"要素。

(三)文化创意元素使广告受众"走心"的心路历程

当媒介受众对传媒信息接触发生了注意和停留以后,会进一步产生自动、留意、情不自禁和自我反省四种状态。其中每一种状态专注的程度有所不同,之间可以实现跨越,使受众个体在信息接触本质上产生完全不同的新的体验。下面首先从原理上阐述传媒信息对媒介受众引发的四步具体的作用状态。

---

① PASHLER H E.The Psychology of Attention [M]. Cambridge:MIT Press. 1998:3.

第一步,自动状态。媒介受众的大脑自动导航,使传媒信息的刺激元素被身体感知,媒介受众潜意识自动处理信息。这一接触状态发生在受众心理接触的前刻,传媒信息符号元素处于人类感觉极限以上,却在意识的门槛之下,直至某些元素打破了媒介受众的默认模式并吸引了注意,才能使受众有意识地追踪它。

第二步,留意状态。媒介受众有意识地注意到传媒信息并开始积极地互动,但由于注意的程度不同,存在较大的弹性。

留意状态发生在心理接触之后,于此开始"走心"。媒介受众对传媒信息关注的程度取决于他的精神资源有多少是专门用于接触传媒信息的,其程度可由部分关注到广泛关注,这取决于媒介受众处理传媒信息元素的数量以及分析的深度。

第三步,情不自禁状态。媒介受众被传媒信息强烈吸引,进而更加深入到传媒信息的内容中,并同时丧失了此信息之外的知觉。

情不自禁状态是媒介受众被传媒信息强烈吸引,对于该信息的关注度极高时,便进入了自我脑海里的信息世界,以至于丧失了要离开这一信息的意识。与自动状态相反,媒介受众暂时忘掉了自己的真实世界,但是此时的关注度较狭隘,传媒受众在自身情绪高度参与的状态下,容易在媒介信息内容中迷失自我。这一状态描述出了"沉浸"传播的效果,在现实中这类现象已经比比皆是,如人们看书有时太专注,会对周围环境发生的一切没有感知;有些青少年沉迷于电子游戏中可以废寝忘食;人们乘坐地铁时由于专注于手机却坐过了站等。

第四步,自觉意识或反省状态。媒介受众高度关注并意识到自己在处理信息,这是意识最集中、最充分的程度,也是一个获取意义的自觉学习、领悟和反思过程。传媒信息对媒介受众心理的深刻影响是通过受众的认知过程完成的。

在自我反省状态下,媒介受众有意识地高度参与、分析、反思、辨析或研判传媒信息的内容,将自己带入到与传媒信息相关的真实世界并发生一次又一次的自我认知,这是人类最清醒、最理性、最有感悟、最能出思想、开境界的状态。如果对照第一章中提到的"媒介素养刻度表",这个状态对应的是传媒受众处在了媒介素养的最高阶段,即第三个阶段的第十个层次——意识到自身的社会责任,迸发出更加先进的文化、思想和价值观。这是传媒内容的最大势能效果,使传媒受众发自内心地发生转变或提高对传媒信息的认知,并自觉内化到自己的世界观和方法论体系里。

一切广告主投资媒体,传播其广告信息或开展广告活动,期待的正是广告受众能够进入自觉意识或反省状态产生最大效益的传播效果。在这里，我们可以找到文化创意元素使广告受众"走心"的心路历程：广告受众通过媒介触达到广告信息之后，文化元素以及创意作品更容易使他们注意和停留在能够引发共鸣的传播内容上，进而从传媒接触——引发对广告的注意（A：Attention）——情不自禁产生兴趣（I：Interesting）——通过认知对比和自觉意识到需求（D：Desire）状态，这就是广告学领域著名的广告心理效果测定模型——"AIDAS"的前三个步骤。广告对广告受众心理的影响和对广告产品品牌的认知是通过如上过程完成的。以文化元素为主导，好的广告创意则更容易具备作用于广告受众心理层次的传播势能。

三、文化元素影响广告受众的心路历程

（一）信息认知是受众个体心理活动的产物

1. 创意的趣味性与可视听性使受众"情不自禁"

"求知是人类的本性"[①]，这是古希腊思想家亚里士多德对人类之所以是人类的判断性条件与肯定。面对专业性极强的广告创意作品，广告受众在经历了自动状态和留意状态以后，会更容易地进入对广告信息的深度接触状态，广告作品中文化元素的相通性和沟通力、广告文化创意符号本身的趣味性和可视性（或可读性）会很快将广告受众带入情不自禁的状态，进而再深入到自觉意识状态。

同理，广告受众对广告的接触过程也是一个对信息的认知过程。现代认知心理学研究表明："人类的行为并不能被视为对外部刺激纯粹的被动反应，恰恰相反，主体的选择、加工在这一过程中发挥着十分重要的作用。"[②] 认知是人类个体心理活动的产物。"在传播中人们分享的只是符号（Sign），而不是意义（Meaning），意义总是属于个人的（Individual）"[③]。广告受众以个人独特的心理认知结构理解、解读和参悟广告中的文化创意符号，在其脑海里独自完成对广告产品品牌的接收——接受过程。

---

① ［古希腊］亚里士多德. 形而上学［M］. 北京：商务印书馆，1996.1.

② 童清艳. 信息时代媒介受众的认知结构分析［J］. 新闻与传播研究，2000（4）.

③ Schramm, Wilbur and Porter, Willian E. Men, Women, Messages, and Media：Understanding Human Communication［M］. New York：Happer & Row, Publishers, Inc, 1982：60.

2. 广告受众在"自觉意识状态"下的认知进阶

瑞士著名的近代儿童心理学家让·皮亚杰创立了"发生认识论",研究了认知形成的心理结构即认识结构,以及认知发展过程中新知识形成的机制。他指出,每个人在认知阶段的发展顺序是不变的,但是个体之间存在差异。皮亚杰在其发生认识论中提出了认知发展或建构过程中关于图式、同化、顺应、平衡的四个核心概念。

图式(Schemas)——广告将文化符号形象化为一个概念或理念模型,使广告受众在"情不自禁状态"下达成认知目的。

同化(Assimilation)——在"自觉意识状态"下,广告受众将新的信息和相关的旧的知识和信息进行类比,并作出关连。

顺应(Accommodation)——在"自觉意识状态"下,广告受众改变或调适旧的知识或信息的认知模型,以容纳新的内容。

平衡(Equilibrium)——在"自觉意识状态"下,广告受众在新与旧之间不会完全同化或完全顺应,而是在两者之间找出一个平衡点,找出这个"点"的过程就是平衡,即在新的广告信息和原有信息之间通过调整或改变,建构一个自身接受了的新的广告品牌认知。

通过皮亚杰在认知模式中抽绎的图式、同化、顺应和平衡四个概念,我们能够了解广告受众在接收新信息时发生的一系列认知建构的思维过程。可以确信,任何人都不可能脱离过去自身的头脑记忆而完成一个全新的认知建构。因此,即使在接触相同的广告讯息时,每个人的理解与解读都会由于自身的背景而有所不同。这里,只有文化元素以及文化元素的创意组合才能更加强势地建构广告受众的品牌认知理念。

3. 广告受众关于品牌认知的两个环节

关于"认知"所揭示的知识意义和原理,也可以用来解释广告受众在触达并进入"自觉意识状态"后对于广告产品品牌新理念的建构过程。广告受众的品牌理念是在认知主体——广告受众与认知客体——广告讯息的相互作用过程中完成的,主要包括两个环节:

第一,同化于己。即作为认知主体的广告受众把广告传播内容——已经发生了心理接触的信息同化为自身的认知结构,用已知的、旧的品牌信息来吸收和同化新的品牌信息。

第二，顺应于境。即广告受众主体通过理解广告作品的传播内容改变了原有的认知结构，以适应或迎合新的品牌信息情境。这一过程发生在同化于己之后，是对原有的品牌认知结构进行调整甚至改变的过程，以重构关于广告品牌新理念。

广告受众通过以上两个环节完成了对广告品牌的信息触达——同化接收新内容——调整、改变原有的品牌认知——接受新的品牌理念，建构新的品牌形象，最终实现对品牌态度的转变，达成广告主和广告公司的传播目的。

（二）文化元素对人类认知结构的激活与重构

1. 人类的认知成分与结构

人类的认知结构是由一系列认知成分按某种方式组织起来的有机整体，具有稳定的基质。一个人从孩童到成人，其认知结构本身并非发生更换，而是由于外界信息和知识刺激不断激活原有认知元素的功能，认知元素之间在交互作用中不断建构，不断完善。美国心理学家斯腾伯格于1985年提出了有关智力的认知理论，他针对人类对信息的加工过程，认为人的认知结构包括三种成分，即元成分、操作成分和知识（或信息）获得成分，三者在信息加工的过程中各自承担不同的功能。

元成分（Metacomponent）是最重要的成分，构成认知发展的重要基础。元成分承担着规划和选择认知内容，实行监控及评估认知结果，并对其他两种成分进行调控的高级指挥过程。

操作成分（Performance-components）是执行并完成解决问题的整个步骤。操作成分体现在完成任务或解决问题时执行各种策略的过程。

知识（或信息）获得成分（Knowledge-acquisition Components）指人类学习知识和掌握新信息，并将其贮存在长时记忆中的有关过程。包括对特定语境下相关信息的筛选、抉择，并将新信息与记忆库中已有的知识相匹配。

个体认知结构的元成分、操作成分和知识（或信息）获得三种成分之间紧密联系，彼此依存，总是处于不断的交互作用中。元成分始终处于调节和控制地位，操作成分和知识（或信息）成分之间的相互作用为元成分提供反馈信息。人的信息接收状况依赖于这三种成分相互之间反复激活的结果，而非传媒信息一方的单向作用。这些认知规律影响并决定了广告传播效果。

2. 人类的认知特征与文化元素的激活力

人类的认知成分与认知结构决定了人类的认知特征。美国认知发展心理学家约翰·弗拉维尔立足于信息处理视角，指出人类个体认知结构具有两个显著的特征[①]：第一，认知结构整体各元素具有相对的稳定性和持久性；第二，作为行为主体背后基础的认知结构具有某种共通性和潜在性。

因此，对于媒体而言，要追求收视率、收听率、阅读率、流量等有关传媒效果的量化指标，就要想尽办法做好、做精、做强传媒内容，无论是新闻资讯还是广告信息，无论是电视真人秀还是影、视、网剧，只有包含能够"激活"媒介受众认知结构的元素，才能有效地"冲破"认知结构各元素相对的稳定性和持久性。广告主的广告投资追求投资回报率，有哪些元素能够有较强的激活力呢？近年来不断复兴的传统文化之所以成为时尚与流行，已经印证了传统文化符号以及一切关于人性的"基因"都能够成为强势激活的要素。

如前文所论证的，我国以中华传统文化为主导的文化符号对于广告受众具有得天独厚的沟通能力。因此，从认知的科学原理角度，我们可以看到广告受众获取信息的内在生理和心理动因，广告讯息是如何作用于广告受众的认知成分结构，二者是如何碰撞和相互作用的。广告讯息到达受众的首要条件就是激活受众的认知结构和成分，根据皮亚杰的发生认识论和斯腾伯格的智力认知三成分等理论和基本原理分析，广告受众的认知特征和发生这种作用主要体现在如下关键词上。

第一，激活。在广告受众接触广告作品的自动处理模式下，其主体认知结构中的信息和知识单元能够找到相匹配的新的信息从而被激活，这是聚焦广告受众关注和注意力的启动点。因此，广告符号文化创意的刺激性是第一个条件。

第二，同化。广告受众个体把新的信息刺激纳入自己原有的认知格局，这个过程不是创新，不能改变人们之前的认知结构，而是一个人主动地吸收新的信息、增长见识、了解广告品牌新内容，或学习新的产品或品牌知识的过程。故这个环节对广告讯息质量与广告受众的共鸣性要求非常高。

第三，取舍。广告受众在同化新信息的过程中，会根据自己的人生体验和价值观产生选择性地"取"与"舍"，用自己思维结构中的被广告讯息刺激出来的欲念、信念等"硬核"（也包括其媒介素养的理念以及世界观、方法论等）做出合乎自身认知逻辑的信息内容取舍和价值判断，这是广告受众主动编码控制广告传播作用的能力和表现环节。因此，这个环节需要广告传播的内容与广告受众的价值

---

① 张开.媒介素养概论［M］.北京：中国传媒大学出版社，2006：142.

观、人生经验以及物质和心理需求的吻合性非常精准。

第四，重构。广告受众个体受到广告讯息的刺激和环境作用后，引发了对产品品牌原有认知格局的变化，在对新的信息进行理性的取舍之后，要适应新信息、新环境、新语境就必须改变原有的认知结构。于是需要调整，或创建新的产品品牌知识图式，甚至改变原有的认知成分和结构，以适应新的品牌信息、新的产品知识等，即形成新的认知构成。故这一过程需要广告传播的一切内容和元素能够具有天时、地利、人和等条件，尤其是在文化习俗和人生观等方面，要契合广告受众自身的价值取向。因此，以文化元素为主导，以文化创意为文化力、思想力和传播力的广告作品最容易使受众发生认知上的重构，即建立品牌概念，或更新品牌内涵，或升级品牌文化。

至此，在接触传媒之后，广告受众的认知世界会发生一系列的变化：广告讯息对认知结构的激活——广告受众对信息主动的选择与分析——广告受众对信息理性的分类与判断——纳入原有的品牌认知结构或图式——改变原型并重构新的品牌认知模式进入记忆。任何成功的广告讯息触达都要依赖广告受众个体的认知元素能否被激活，能否感知、选择和建构自身的品牌认知新图式。在广告受众认知结构的微观系统和整个认知流程中，都存在广告受众个体对广告讯息处理的差异性。

第三节　文化创意的品牌赋能与影响力

一、广告受众的认知规律与信息解读模式

（一）广告受众的认知规律
1. 广告受众处理信息的三重任务

当广告内容激活广告受众的认知元素以后，随即进行的就是对信息的处理，使之同化于己且顺应于境。在认知元成分的指挥与控制下，使认知中的操作成分与知识信息成分的功能交互作用，完成对广告讯息的处理任务。从广告受众的微观视角来看，是其个人大脑对广告讯息的认知和处理过程；从整个传媒活动的宏观视角看，是广告受众参与媒体的传播活动并进入角色的过程。

广告受众被广告讯息激活，进入感知和心理接触状态以后即进入了处理信息的认知活动流程中，要完成过滤信息、意义匹配和意义建构三重任务。[①]

第一，对广告讯息的过滤。广告受众要决定排除哪些信息和关注哪些信息。广告受众大脑会自动留意影响了触发机制激活认知元素的广告新信息。其目标是只获得对自身有用的信息而忽略其他，这一过程会寻找和聚焦于处在不同环境或语境中同样的信息。

第二，对广告讯息的意义匹配。广告受众要识别信息中的各个元素，这是一个从记忆中找出这些信息元素所对应的含义的过程。其目标是找到相关的知识构成，确定这些信息与脑海里哪些认知以及知识定义相匹配。这一过程会聚焦于该信息中隐含的意义。

第三，对广告讯息的意义建构。将新的广告讯息融入现有的认知结构和品牌

[①] 詹姆斯·波特. 媒介素养[M]. 李德刚，译. 北京：清华大学出版社，2012：32.

印记中，有意识地创造对于自己的意义，这一过程超越了第二重任务的意义匹配。要根据广告讯息建构新的品牌认知内容，其目标是通过诠释广告符号信息来选择意义。广告受众会着力于使自身的品牌认知结构更加完善，自成体系，丰富原本的个性认知以及品牌定位。

在广告受众接受广告讯息的任务模式中，过滤是前提，这是广告文化创意与受众媒介素养发生作用的开端。意义匹配和意义建构往往结合在一起，意义建构以意义匹配为基础，二者相辅相成。每一个任务都有特定的内容。人们在接触传媒时，无论是有意识状态还是无意识状态，都要处理信息。大多时候人们是在无意识状态下开启大脑自动导航系统过滤信息，并完成信息意义的匹配和建构；有时则意识非常清醒，能主动汲取传媒信息的营养；而更多的时候，需要特定信息的"激活"，这是文化创意对于人类大脑认知活动的意义。

2. 广告受众处理广告信息时的角色参与性

针对广告主、广告公司、广告媒介这三个广告主体要素，广告客体就是广告受众。作为客体的广告受众，其身份是多重性的：首先，他是一个社会人，其社会地位和社会角色受到整个社会大环境的影响与制约，具有社会学意义，这是广告客体最基本的角色；其次，他是一位消费者，与其他社会成员一样都有一些共性的消费需求，具有营销学意义，这是广告客体的核心角色；最后，他是一位媒介受众，与其他社会成员同处于一个大的传媒语境下，在媒介消费方面也要受到传媒内容与文化的导向，具有传播学意义，这是广告客体的延伸角色（见图4-3）。

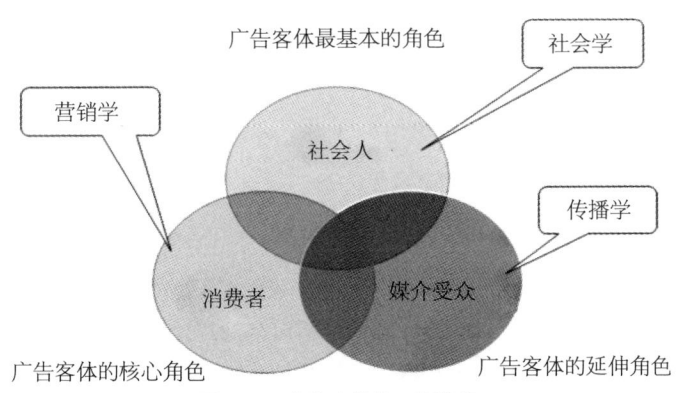

图4-3 广告客体的三重角色

基于以上作为广告客体的广告受众的角色分析，从宏观视角看待广告受众处理媒介信息，这是媒介受众作为传播客体参与传媒活动，以完成媒介消费的行为。

在这一过程中,广告媒介受众以多重角色参与传媒的传播活动。

第一,作为产品品牌的消费者。广告受众付出时间和金钱上的成本,消费媒介产品;

第二,作为传媒符号的解码者。广告受众以个体认知进行识码和译码,解读媒介内容;

第三,作为广告活动的参与者。广告受众选择性接触媒介,选择性关注和理解媒介内容;

第四,作为广告效果的反馈者。广告受众利用媒介平台发声,参与内容创作和交流互动。

因此,作为广告客体的广告受众在媒介消费中也可以视为传媒活动的主体,积极地选择、接收包括广告讯息在内的传媒内容,并可以主动参与、互动和反馈。在这一过程中,文化讯号、文化符号以及广告文化创意作品的可视听性或许更能抢眼夺目而得以胜出,以广告创意的专业魔力能够引起"辣眼睛"的传播效果,其激活力可能压倒其他传播内容。

(二)广告受众对信息的解读模式

1. 经典理论对于信息解读模式的三种假设

关于受众处理传媒信息的解读模式,英国著名文化研究学者斯图亚特·霍尔提出的三种假设,至今依然影响着传媒与广告业界对这个问题的不断研究。作为传媒编码与解码的一大经典理论,霍尔在 1973 年的《电视话语的制码与解码》中提出了受众解读信息三种假设的解码立场[①],表明受众对媒介信息的解读与知识建构同样复杂。霍尔提出的三种假设模式——霸权性解码、协商性解码和对立性解码,他强调了受众主动、积极的地位,将传播者和受众的关系放在平等地位上,回归了受众在媒介信息传播中的信宿地位。故此,这一关于电视话语的解码理论被后人看作是霍尔最大的成就。至今,人们依然沿用这些内容进行传媒与受众研究。

---

① 王磊. 电视话语制码解码的三个阶段:重新解读霍尔的电视话语制码解码理论[J]. 当代传播,2003(2).

2. 广告受众对传媒内容的解读模式与品牌素养

同理,在研究广告受众如何解读广告讯息的模式方面,我们需要借助于一般性原理,继续沿用霍尔的这三种模式,将霸权性解码、协商性解码和对立性解码定义为广告讯息偏好性或合意性解读、广告讯息协商性解读和广告讯息对抗性解读,三者绝不是分离的,而是互相联结的,其内涵如下。

信息合意性解码(Preferred Reading):取向于编码者预设的广告符号的主导意义给予解读。

信息协商性解码(Negotiated Reading):取向于在同意与否定之间协商广告符号意义的空间。

信息对抗性解码(Oppositional Reading):取向于与编码者相反的广告符号意义解读。

传媒与技术的赋权使媒介受众得到了有史以来从未有过的传媒主动权。广告受众对广告讯息内容的解读模式也发生了颠覆性的改变,借助于互动媒介平台,媒介受众可以利用文本的模糊性和多义性生产符合自己立场的符号定义,以抵制广告传播者对其产品品牌预设的意义。广告受众的解读模式趋同并倾向于创意与再创意。进入21世纪以来,传媒更加多元化,批判性解读渐渐成为受众解读传媒内容的主流取向,这点在广告领域的体现更为明显。抵抗性的接受已经不能满足受众在新媒介平台上的主体性表达,越来越多的媒介受众把解读内容提升到享受解读快感的状态,他们以更多的认知自由摆脱着商业传播带来的内容诱导性。于是有人提出了第四种解读方式——创造式解码[①],取向于媒介受众的自我表达和自我创造。这种方式更适合新媒体环境下的互动式文本内容,也更适合广告文化创意的传播内容。

因此,作为广告媒介的受众、消费者或用户,需要品牌素养把关,以坚守科学与合理的解读和认知导向。针对广告客体即广告受众而言,品牌素养能够使人们在当代传媒环境中具备一定的品牌选择、品牌解读、品牌质疑以及品牌的评估能力,同时逐渐养成对传媒符号与内容导向的思辨性反映和应对能力。

---

① 黄鑫.新的博弈:再读霍尔的编码/解码理论[J].新闻传播,2013(4).

二、文化元素与文化事件的"引爆点"功能

（一）文化元素或文化事件是品牌与消费者之间的"引爆点"

1. 何谓"引爆点"

"引爆点"①即引爆流行之意，这个词来源于美国媒体撰稿人马尔科姆·格拉德威尔在 2000 年出版的《引爆点》一书。马尔科姆·格拉德威尔通过自己的实验证实，一个新的潮流来临之前一定存在一个引爆点。要制造潮流，就要抓住引起潮流的原因，哪怕是一个微小的元素，这就是引爆点。马尔科姆·格拉德威尔提出了"引爆点"这个概念和原理，并揭示了使"引爆点"流行的三个法则，至今已经成为商业理论的新经典，被全球的传媒与广告人运用在广告品牌传播领域。马尔科姆·格拉德威尔本人在 2005 年也由于此观点被《时代》杂志列入世界最有影响力的 100 位人物名单中。

2."引爆点"的三个法则

马尔科姆·格拉德威尔揭示了"引爆"流行的三个法则，具体如下：

第一，个别人物法则，即引发流行需要三种人，包括发展人脉的"联系员"、处理业务琐事的"内行"、将有价值的信息推广出去的"推销员"。因为他们都交际广泛、能解决专业问题、是最有力的说服专家，这些个别角色是发起流行的基本条件。

第二，附着力因素法则，即流行物本身应该具备一定的要素。如让人过目不忘，能够留下深刻印象的吸附力，或生动有趣、简约易行且言简意赅，戳中要害等。

第三，环境威力法则，即强调发起流行的环境极其重要。清洁的道路更容易让人行为端正，而充满涂鸦的地铁更容易成为滋生犯罪的场所，也即破窗原理。

如上，一切"引爆点"之流行都是媒介受众的主体能动性所为，同时也难以离开传媒的"炒作"。当然，正能量元素的引爆与流行可以成为有益于社会公众和媒介受众的积极的传播力量；负能量元素的引爆与流行可能成为一种有害于社会公众和媒介受众的消极的传播力量，需要加以舆论调控。但不可否认的是，引爆点的流行都带有某种意义的文化内涵和价值导向。

---

① 马尔科姆·格拉德威尔. 引爆点：如何制造流行[M]. 钱清，覃爱冬，译. 北京：中信出版社，2009.

(二) 文化元素或文化事件的 "引爆点" 势能

1. 中华传统文化元素的分类与 "引爆点" 特质

一部五千年的华夏文明史为后人留下巨大的中华文化宝藏。人们只要撷取其中的一朵或几朵 "小花"，便能够发现一个文明古国的文化生息，体味其中的历史典故和现代故事，足以支撑 "中华传统文化" 这一厚重的概念。试图对浩瀚的中华传统文化以及符号进行分类阐述，实在是一件可想而不敢为的宏大构思，需要时间的积累和时机的成熟。早在1988年就有学者将中华传统文化分为六大类型[①]，其中第一类是制度文化；第二类是礼俗文化；第三类是学术文化；第四类是宗教文化；第五类是科技文化；第六类是器物文化。当代，一位署名为 "京畿通" 的微信公众号作者将我国传统文化元素分为十类[②]，分别是图腾祥瑞文化、思想教育文化、音乐戏曲文化、中国的书法与剪纸艺术、服装穿戴文化、生活文化（包括礼仪文化、饮食文化、陶瓷文化、节日文化）、中医文化、中国武术、中式建筑及家居装潢文化、信仰文化。在这里，笔者无意于这些元素如何分类更有权威性，而是更加看重中华传统文化元素所具备的共同特质和思想资源。

中华传统文化符号对于全球华夏儿女具有强势的认知激活作用。这一点通过历届的 "春晚"、奥运会开幕式、节假日庆祝或企业庆典，以及若干现象级的社会性活动已经得以证实，民心所向，民情所致，民意可达。因此，广告创意以文化元素，尤其是中国传统文化元素为主导要素，这点不容置疑。

2. 文化事件具有 "引爆点" 势能

2015年，一份 "世界那么大，我想去看看" 的辞职申请在网上疯传。辞职信上短短的十个字却使大量的媒介受众、品牌广告主和广告受众 "脑洞" 大开，诸多产品品牌在微平台上以几乎趋于零的成本一次又一次地得到曝光机会，不断激活广告受众的协同创意，最后达成一种事件整合传播的最佳效果。

借势营销或事件营销，是借助于某一社会事件而形成的新的信息形态，是模仿其事件文体而进行的社交呼应型营销传播，近年来在我国广告营销传播领域此起彼伏，延续不断。借势文体可以促使品牌抓住热点事件吸引受众的眼球从而达到低成本推广品牌的传播效果。被营销绑架的事件新文体可能一次又一次地被众多品牌演绎其文案

[①] 牟钟鉴. 对中国传统文化要进行分类研究[J]. 孔子研究，1988（4）.

[②] 京畿通. 中华传统文化组成的十大元素. 微信公众号，2017-11-04.

卖点。应该注意的是，这种借势文体具有双向效果：一方面，可提高品牌知名度；另一方面，一定程度上也会影响品牌在消费者或用户心目中原有的个性定位。

三、广告文化元素与文化创意的影响力

（一）文化元素创意对广告受众的影响力

1. 文化创意唤起广告受众的心动与情动

当年，一句"不在乎天长地久，只在乎曾经拥有"的广告语使"铁达时"品牌手表风靡中国。一句赋有情调的爱情文化观，诠释了"手表"毕竟是身外之物，能够拥有过就足够了，但是"铁达时"不在乎"天长地久"的自嘲却反激起人们对爱情的美好期待。一生中能够遇上一个真心爱自己的人，相爱相知、共偕连理、白头到老，这是一个多么美好的愿望！"天长地久"，是一个永恒的诺言吗？真爱永恒，道出了多数人心底曾经有过的期盼！文化的沟通力和爱情观的共鸣性通过媒体共振，使人们有效地记住了这句广告语以及它的文化载体——"铁达时"品牌手表。另外，诸如"科技以人为本""让我们做得更好"等，都曾给我们留下深刻的印象，同时成就了一批品牌。

2. 文化元素是牵动广告受众心理诉求的载体

时过境迁，一句广告语"搞定"品牌的风光虽已不在，但是，人类最基本的生理需求、物质需求和精神需求永远是生生不息的，这为广告创意提供了用之不竭的文化资源。无论何种品牌的营销传播策略，广告创意都难以离开文化元素而偏离人性和人心，因为这是牵动广告受众心理诉求的最佳元素。图4-4所示为"人类15种常见的文案诉求策略"[①]，以文字表达的每项诉求都是人们日常生活中经常遭遇的"幸运"或"纠结"。

古今中外，纵览一切成功的广告创意作品和成功的品牌文化传播，无一能够绕开这些人类特有的心理诉求。技术发展，社会进步，一切都为了同一个目标，即人的全面发展。故广告营销传播的核心目标就是为了打造品牌文化，为品牌赋能，最终完成品牌的人格化升级。

---

① 布露斯·本丁格尔. 广告文案训练手册［M］. 谢千帆，译. 北京：中国传媒大学出版社，2008.

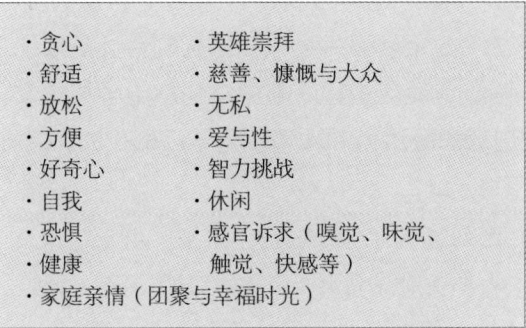

图 4-4　人类 15 种常见的文案诉求策略

（二）文化创意的影响力为品牌赋能

1. 广告文化元素创意的影响力

影响力（Influence）是一种发生作用的程度和力量，是指产生影响力的主体，或人、或物、或现象等左右其他人、物或现象的动态能力。影响力的本质是一种控制能力，表现为影响力的发出者对于影响力的收受者在其认知、倾向、意见、态度和信仰以及外表行为等方面合目的性的控制作用。

文化元素的影响力是指文化元素自身的内涵和意义通过一定产品形态的传播过程，影响到媒介受众的认知结构，最后实现左右媒介受众行为的能力。在新闻资讯里，文化元素要通过议程设置等传媒逻辑实现其影响力；在广告活动中，文化元素要通过广告的策划与创意，将旧元素或新旧元素重新组合成广告文化创意的作品形态，使其具有原创性、相关性和震撼性，以"激活"广告受众的认知结构，建构广告品牌形象。

广告作品的影响力要建立在广告受众对媒体触达以及对广告关注的基础上，其影响力的发生需要两个基本条件。

第一，发布广告的媒体首先需要具有公信力和影响力。广告媒体在传媒市场的公信力和影响力直接决定了广告受众的数量和规模；直接影响广告内容的可信度和说服力，这是广告媒介受众触达媒体以及关注广告的前提。在日常情况下，广告媒体传播内容的优劣直接影响对广告受众的吸引力和注意力。

第二，广告作品本身需要具有足够的信息诚信度和符号的说服力才能够吸引广告媒介受众，即品牌消费者或用户对广告的关注和心理接触，以改变自身的认知成分，建构或改变对品牌的印象，进而引起合目的的变化。

作为消费者或用户的广告媒介受众，其认知、情感、意志，以及品牌购买行为等变化，首先要在广告元素激活其认知结构的情况下才能发生受动性地改变，这是最基本的信息刺激与反应规律。其中，包括中华传统文化在内的文化元素、文化符号以及文化创意的激活力和沟通性是难以取代的，这样的作品和案例已经比比皆是，不在这里赘述。

2. 当代广告文化创意为品牌赋能

品牌是无形的，品牌文化只能用心去感受，用消费去体验。广告文化创意的影响力通过各种充满人性的故事诉求附着于产品实体，赋能于品牌形象，其影响力的武器[①] 主要体现在互惠、承诺和一致、社会认同、喜好、权威、稀缺等概念上。而这些概念是对文化元素符号以及文化创意符号组合的实体意义给予抽象和概括，是这些文化要素的思想表达和价值升华。建立在文化符号和文化创意"形而上"的思想内涵给予品牌深邃丰富的价值和意义，直接为广告产品的品牌赋能。

在当代，影响力在社会网络上的"发酵"也遵循一定规律。美国传媒学者尼古拉斯·克里斯塔基斯（古乐朋）提出的"三度影响力"理论，直接揭示了网络传播影响力"三度"重复的客观规律。尼古拉斯的理论内容称为"三度影响力原则"（Three Degrees of Influence Rule），即："我们所做或所说的任何事物，都会在网络上泛起涟漪，影响我们的朋友（一度），我们朋友的朋友（二度），甚至我们朋友的朋友的朋友（三度）。如果超出三度分隔，我们的影响就逐渐消失。同样，我们也身受三度以内朋友的影响。但一般来说，超出三度的朋友就影响不到我们了。相距三度之内的人之间是强连接关系，强连接可以引发行为。"[②] 这一针对当代社交网络传播现象的新发现，揭示了传媒内容在朋友圈群里可以产生三次影响力的刚性传播效果和相对界域。

"三度"意味着一种有限"涟漪"型的扩散，其前提是传播内容的受众激活力和沟通力。无疑，文化元素在人——媒关系背后的人——人关系中具有得天独厚的碰撞力和共鸣性，不仅从文化元素的内容上，也从受众"协同创意"的规模上为品牌赋能。

---

① 罗伯特·西奥迪尼.影响力[M].闾佳，译.北京：北方联合出版传媒集团万卷出版公司，2010.

② 尼古拉斯·克里斯塔基斯（古乐朋），詹姆斯·富勒.大连接：社会网络是如何形成的以及对人类现实行为的影响[M].简学，译.北京：中国人民大学出版社，2013：39.

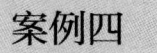

一双筷子的创意传播与文化传承
——央视公益广告《筷子》篇的传统文化演绎

案例导读：一双筷子，承载了中华传统文化的浓情重礼。公益广告通过一双双筷子的故事诉求，展现出不同的人生场景：小孩通过筷子第一次尝到人生的酸甜苦辣；老人通过筷子尝到了儿孙满堂的幸福滋味；孤独的人通过添双筷子感受着人情冷暖；相守的人通过筷子贴近了彼此的心灵……平常人，普通事，一桌饭，各种情。广告通过一双筷子的穿针引线，形成一种传统符号的强势吸附力，引发传媒受众的共鸣，这就是文化创意产品的文化力。

2014年的马年春晚之后，一直到2018年的4月，我们在网上依然能够看到"央视公益广告短片《筷子》超感人，看哭了""可能是央视有史以来最好的广告了——《筷子》！"等类似的网文标题，同题搜索，又见到了同一个话题的持续热度（见图4-5）。

2014年是中国的马年，在这一年中央电视台的春节联欢晚会上，一支以"筷子"——这一典型的中国元素和中国符号为主题的公益广告在全国人民最聚焦的时刻亮相了。随后，一波又一波的网友留言、点播、回放、评论，一直持续至今。《人民日报·海外版》以及《人民网》等也在2014年2月17日发表了有关撰文："广告也能'感动中国'""我眼泪一下子就下来了，我没想到这段公益广告拍得这么好！

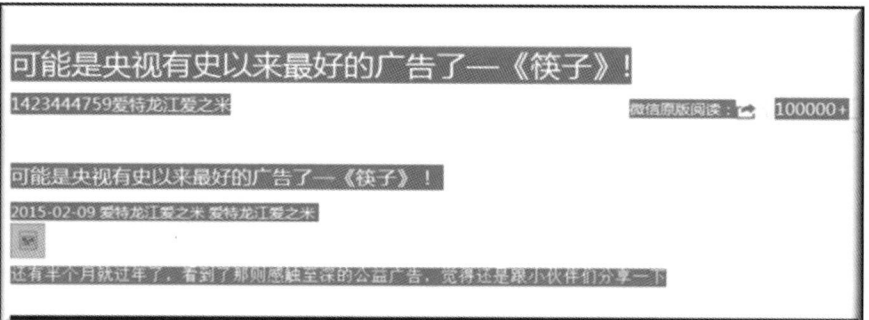

图 4-5 笔者通过网络搜索发现的关于《筷子》的多条题目

它以筷子作为一个切入点,以小见大,让我感受到了那种文化传承、血脉亲情。"①这是央视主持人董卿的感动和赞叹。《筷子》成为央视有史以来被广大社会公众盛赞最多的公益广告之一。

《筷子》"是由麦肯光明为央视定制的一款电视公益广告。在这条时长 5 分钟的广告片中,创作者用纪实的拍摄手段和故事化的叙事方式,讲述了发生在当代的 8 个生发于筷子的简要情节"。② 一双"筷子"蕴藏了丰富的中国元素气息;蕴涵了浓厚的中国传统文化价值,传递出我国人民强烈的情感和质朴的真情,以小见大,演绎出"启迪——传承——明礼——关爱——思念——守望——睦邻——感恩"等中国数千年来特有的传统与美德。

公益广告《筷子》一共设置了八个场景,以筷子作为链接每一个场景故事的纽带和情感载体,串起由广东西关老屋、上海长宁现代家庭、福建永定

---

① 施力.广告也能"感动中国"[N].人民日报·海外版,2014-02-10.
② 吴武林.从央视电视公益广告《筷子》看中国传统文化.微信公众号特透定制,2018-04-03.

客家土楼、黑龙江佳木斯东胜农家、四川宣汉乡村、美国旧金山到北京东城区等场景。

通过一双筷子，用视听语言描述了身在不同地域、不同国家的中国人，在春节"回家"过年的节日气氛中那种浓浓的民俗民风和血脉亲情，体现了普通人家幸福生活中的共同情感和文化传承，弘扬了分享、感恩、明礼、孝道等中华几千年传承下来的悠久文化。

场景一：上海长宁的一个现代家庭——"启迪"与"传承"文化

用筷子来教婴儿辨别酸甜苦辣，这是一种传承和启迪。"启迪篇"——饭桌上，爷爷用筷子蘸了一点味道放在孙儿的嘴里，大概先是苦的，孩子皱着眉头哭了；爷爷又蘸了另外一种汤给他尝，那孩子肥嘟嘟的脸蛋儿立马就露出了笑容，手舞足蹈起来，从尝汤中学会了辨别酸甜苦辣（见图4-6）。

图4-6　央视公益广告《筷子》中的"启迪篇"

"传承篇"——"今天妈妈教你用筷子吃饭好吗？不能用汤匙"（见图4-7和图4-8），妈妈边说边示范给女儿看，女儿点点头。但是，当女儿拿起筷子夹菜时，却怎么也不听使唤，女儿哭着说："夹不起来怎么办？""这样子拿筷子，夹好。""不好，我就是夹不起来嘛，怎么办？"妈妈在一旁耐心劝导："再夹夹看呀，我们再试试看，没关系的，我们是中国人，中国人就要学会用筷子，知道吗？"并且手把手地教女儿如何用筷子，"夹住了吧，啊，好棒！不是夹起来了吗，开心吗？""是不是用筷子吃饭挺简单的，吃到了吧！"终于，女孩能用筷子夹起菜，脸上洋溢出幸福的笑容。

图 4-7 "今天妈妈教你用筷子吃饭好吗?"

图 4-8 "中国人都会用筷子的"

场景二:广东西关老屋 —— 质朴中的"仁爱"和"睦邻"精神

"仁者,爱人"体现的是一种大爱与博爱精神,这种理念是现代广告经久不衰的主题。正因为仁爱已经成为一种普遍的价值观,所以《筷子》这则广告更容易被受众认可,更容易引起情感上的共鸣。

"睦邻篇"——"王叔,拜年啦!""老王,走!到我家去吃饭。哎呀,过年过节的走走,真的我就烧饭呢,多个人不就多双筷子吗,走走,不要客气,老王。客气什么呀?最怕过年过节的恐怕就是单身孤独的人了。"然而,老王今年却不再是一个人过年了。隔壁的大爷一家叫他去他们家过年,"多个人,不就多双筷子嘛。""今天过年我们高兴,高兴,高兴!"……

见图 4-9、图 4-10,邻居盛邀独自过年的老王到自己家吃年夜饭,推辞之间,一句"不就是多双筷子"让老王无法拒绝，大杂居、小聚居中邻里相助的和谐氛围由此而生，几个镜头的转换，传递给观众的是宽厚、仁爱的心灵。这则广告没有华丽的文字，不刻意去说服，而是让受众去联想、领悟，去感受、感动。

图 4-9　"多双筷子嘛"

图 4-10　"过年喽"

场景三：福建永定客家土楼 ——"明礼"文化

取景于福建省永定县土楼，主打客家文化牌"百节年为首"（见图 4-11、图 4-12、图 4-13）。春节是中国最隆重的传统节日，崇尚传统的福建省永定县的春节更有一番浓郁的亲情。除夕晚上吃团圆饭，菜肴丰盛。此时桌上要多放几副碗筷，表示请祖先回来一起过年。饭前，要先给祖先倒酒，将酒洒地，然后才开始吃饭。一双筷子，蕴涵着丰富的客家民风、民俗。

图 4-11 爸爸敲打小孩先下手夹菜的筷子以明礼

图 4-12 年轻人用筷子给奶奶夹菜以感恩

图 4-13 在除夕之夜的饭桌上摆满了筷子和热气腾腾的饭菜以示团圆

"明礼篇"——福建省永定县客家土楼里张灯结彩,一大家人围坐在一桌准备吃团圆饭(见图 4-14)。调皮的男孩望着桌上的好菜,迫不及待地拿起筷子想抢先夹食,被坐在一旁的爸爸压住小手说:"等一下,等爷爷先吃。"男孩无奈地望着爸爸。爷爷开口说:"祝大家万事如意,过年啦"并夹了菜,全家人才开始吃。爸爸的动作让孩子明白了要懂得尊老、谦让。

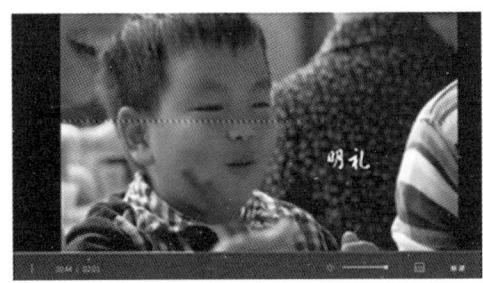
图 4-14 作为中国传统文化的礼乐文化

"礼"无疑是中国传统文化的重要范畴,中国传统文化又被称为礼乐文化。"筷子"承载着中国传统文化的礼仪和内涵(见图 4-15),所谓的文明古国、礼乐之邦,说的就是中国。"礼"在古代就被当作一种制度在社会上公开实施,足以见其地位之高。"礼"并不仅仅代表礼貌,更是大家所津津乐道的宾至如归的好客之道,其实更蕴涵着中国人对人、对事的态度和学问。

图 4-15 "筷子"承载着中国传统文化的礼仪和内涵

场景四:佳木斯东胜——"关爱"与"尽孝"文化

"关爱篇"——"哎,回来了!"冰天雪地,千里迢迢回家的儿子深一脚、浅一脚地踏进家门,"妈妈我回来啦,三年没回来,想死你了",母子相见相拥而泣。母亲对儿子说:"这次回来一定要多住几天。""行!"在厨房,母亲忙着给儿子做菜,儿子用筷子美美地夹上一块喜爱的红烧肉,"就知道你爱吃这个",母子俩开心地笑着。

"孝"作为中国传统儒家文化的核心内容,从古至今一直被认为是伦理道德的根本和首要的行为规范,因此被社会高度重视。在"关爱篇"中,母亲对儿子说:"这次回来一定要多住几天。"(见图 4-16)其中一方面蕴涵了母亲对儿子的关爱,另一方面也体现出儿子对母亲的孝敬,即"常回家看看"。

图 4-16　中国传统文化中的关爱理念

场景五：济南历城 ——"守望"文化

这是个快递小哥的家，两个人的温馨世界（见图 4-17）。"今天东西特别多！""菜都好了"，即将当上爸爸的丈夫拿出早已准备好的一份礼物送给挺着大肚子的爱人，妻子忙拆开一看，是一双小筷子，"傻瓜！"妻子疑惑，丈夫却开心地说："再过两个月我就要做爸爸了。"小小的筷子让夫妻俩找到了彼此心灵的依靠。

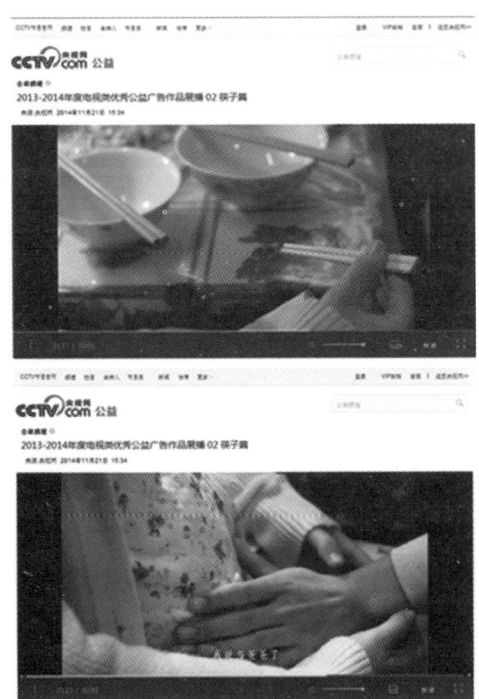

图 4-17　中国传统文化中的"守望"意识

场景六：四川宣汉——"家"文化

在中国人的心目中，家有着特殊的地位和意义。家早已成为中国人的情感归属和生存依托。亲情作为家的核心内涵，一直以来也是无数诗人所吟唱和歌颂的重点。只要你是中国人，都会在自己的心里有关于家的概念和味道，家是一个味觉的习惯，也是情感中的一种记忆，虽然由于地域不同而差别比较大，味道也不尽相同，然而对家人的爱却是无法替代的，都是同样的。

场景七：美国旧金山唐人街——浓烈的"思念"与"孝敬"文化

在美国唐人街，"好的，我们晚上见，拜拜！""爸、妈，过年了，给你们拜年了！"为了告慰自己逝去的亲人，一位白发老人在桌上用心地摆好两幅筷子，从中可见晚辈对长辈的孝敬。

场景八：北京东城区——"感恩"文化

展翅高飞，年年有余，五谷丰登，长命百岁！
—— 一双筷子，
—— 承载中国数千年的情感。
—— 有滋，有味。
—— 幸福中国味（见图4-18）。

图4-18 中国传统文化中的"感恩"意识

"文化创意+"广告业融合发展

通过一双"筷子",以小见大,演绎出"启迪—传承—明礼—关爱—思念—守望—睦邻—感恩"等中国数千年以来特有的传统与美德。如图4-18所示,令人深深地回味其中的寓意。一双筷子,一个中国,一家人,很感人。正如影片结束语的广告文案:"一双筷子,承载中国数千年的情感。有滋,有味,幸福中国味。"

这里值得推介的是,《人民日报·海外版》为这支公益广告专门撰文,见图4-19,特全文转载如下。

图4-19 《人民日报·海外版》为公益广告《筷子》专门撰文

附文:广告也能"感动中国"
施 力

《人民日报·海外版》(2014年02月17日 第07版)

"我眼泪一下子就下来了,我没想到这段公益广告拍得这么好!它以筷子作为一个切入点,以小见大,让我感受到了那种文化传承、血脉亲情。"让央视主持人董卿感动和赞叹的,是今年春节期间央视发布的公益广告《筷子》。

《筷子》描述了一种我们经常会忽略掉的生活中的美好。广告片中有牙牙学语的孩童,有满头白发的老者,一双双筷子述说着他们的不同人生和情感:小孩通过筷子第一次尝到人生的酸甜苦辣,老人通过筷子尝到了儿孙满堂的幸福滋味,孤独的人通过添双筷子找到了人情的温暖,相守的人通过筷子找到了彼此心灵的依靠……

今年春节前后,中央电视台发布的公益广告《筷子》《中国年,让世界相连》《感谢不平凡的自己》以及小米、京东、苏宁、格力、克莱斯勒、欧米茄、肯德基7家企业的广告大片在社会上引起了强烈反响。公益广告感人至深,广告大片不管是低调奢华有内涵、清新昂扬小励志还是平民大温情,都与其所要表达的品牌内核相契合,并与春节团圆回家的主调相协调,如果不是最后出现企业的Logo,观众也许都不会意识到这是商品广告,因而都广受好评。

《筷子》制作方麦肯国际负责人介绍,这则广告在四川、福建、黑龙江、上海等地拍摄,力求体现各地最有代表性的地域文化。为了更精准地传递筷子的含义,创意执行团队去上海筷子博物馆参观学习,专门采访了筷子博物馆的专家,补习了很多关于筷子习俗的专业知识。央视还专门请了一位人大的教授和一位国学院的研究员,与创意团队一起研讨。演员的挑选也十分讲究,广告中的一位儿童演员就是从大大小小的幼儿园的七八百名小朋友中挑选出来的。

广告以"回家"为主题,和自己"对话"。片中,广告人物驾驶着大切诺基由城市回到乡村的"老家",回归最原始的那份"初心"。质朴温暖的基调,年代感十足的四合院,充满哲学意味的内心旁白,拨动观众心弦。广告人物曾半开玩笑地说,这就是他的故事,其实这也是很多人的故事,广告不仅传播了商品信息,也带给观众无限启迪。

中国人民大学新闻学院院长喻国明说,这些广告都像《筷子》一样,是"四两拨千斤"的、"顶天立地"的。"它具有'顶天'的创意,广告制作人找到了一个触点,社会情感、社会诉求得以放大,在当下社会,像灯一样,让被雾霾遮蔽的人们的良知、情感、文化被激发出来,引起共振;它又是'立地'的,为观众找到了一个承载物,把自己的情感、情怀装进去。"

或许,明年央视春晚表彰应该设立最佳广告奖。

我们应该为《人民日报·海外版》点赞,赞赏主流媒体对公益广告传播形式的支持,以及对广告行业社会地位的肯定。公益广告《筷子》用精彩的蒙太奇表现手法,记录了我们生活中最容易忽视且最易感动的小事,一双筷子!《筷子》

的创意生动，故事主题与中国传统文化的诉求点达到了高度巧妙的契合。将深刻的文化思想传达给观众，这就是广告的魅力，也是"文化创意+"广告业融合发展的传播影响力。如此，才能将中国传统民俗文化以及民族宝贵的精神财富一代一代传承下去。

如今，把中国特有的优秀民俗文化运用到广告品牌的创意传播中，已经成为中国广告发展不可阻挡的趋势。文化创意不仅助力公益广告的传播效果，更助益于传统的中华民族复兴优秀的传统文化。

第五章 文化创意产业与广告产业的交融性

广告是文化创意产业之"秀"
文化创意产业是广告品牌成长的土壤
广告产业与文化创意产业之交融
助推商业品牌的迭代和升级

第一节 "文化创意产业"与"广告产业"范畴

一、关于"文化创意产业"范畴

(一)关于"文化创意产业"现状与现象的反思

1. 关于"文化创意产业"的界定

文化是一个民族的标识,创意是人类文明发展的驱动力。"在产业经济的作用下,文化与创意的结合萌生出了一种新型的产业形态——文化创意产业"。[①] 一定意义上讲,文化创意产业是通过创新、创造和创作,以内容的文化性和符号型态表现的以创意性为核心价值,以知识产权实现和文化消费为市场特征,为社会公众提供尝新性文化体验的产业链型的行业集群。

从政策看,目前我国各地方政府对本区域内文化创意产业的划分方法不同,划分的差异较大。以北京为例,根据2007年北京市政府颁布的《北京市文化创意产业分类标准》,北京的文化创意产业主要包括文化艺术;新闻出版;广播、电视、电影;软件、网络及计算机服务;广告会展;艺术品交易;设计服务;旅游、休闲娱乐和其他辅助服务等行业。

从学界看,我国最早研究文化创意产业的学者金元浦先生认为,创意产业就是指雇佣大量艺术、传媒、体育从业人员的产业。产业对艺术的依赖度是通过计算下列工作产业内所占的比例确定,这些工作属于"艺术、设计、体育和传媒行业"类。任何产业只要其艺术相关的职业比行业艺术雇员平均值高至少一个标准差,即可被界定为创意产业。"在本研究里,任何产业的创意工作的雇员超过10%

[①] 吕学武,范周. 文化创意前沿 [M]. 北京:中国传媒大学出版社,2007.

（等于比平均值高一个标准差）即被定义为创意产业"。①

金元浦先生早在 2006 年就提出了创意产业的三个基点：第一，创意产业是与文化——艺术、设计、体育和传媒行业相关的；第二，创意产业是新创业的有新的文化创意和运作方式的企业；第三，从事创意工作的雇员超过先前同类行业 10%。最后一点甚至成为划分创意产业的实操标准。

顾名思义，"文化创意产业"是一个依靠"文化创意"而形成和创造效益的产业，这里的"效益"既包含社会效益，也包含经济效益。"文化创意产业"范畴既内含一系列理念以表达其无限丰富的内容意义，又外延到其他产业以呈现其多姿异彩的产品形态，文化创意产业具有衍生性。所以，理解"文化创意产业"需要一个思想维度。今天，在数字网络环境以及全球市场一体化的消费背景中，"文化创意产业"这一围绕人性——人化——文化，距离人文精神最近的产业，一次又一次地受到商业的青睐，成为商业文化领域里倡导创新和创意，强调文化驱动经济发展的一个富有永续生命力的产业。

2."文化创意产业"的基本现状和现象

尽管各地政府划分文化创意产业的标准和政策不一，但是文化创意产业在我国政府的直接牵引和市场拉动下发展较快，"文化人"们在动漫、游戏、电影、电视、广告、艺术设计等领域以自身的行业实践走在了社会前列，他们审时度势，营造出一定的市场氛围和经济环境，力求从根本上解决我国长期以来"有了创意而没有产业"之痛，在市场运作时大都采用了现代整合营销传播的"大广告"造势，以赢取动漫、游戏、电影、电视剧等文化创意产品的经济效益和社会效益。

然而，由于缺少文化创意产业内涵性的进化，一方面，本该具有可持续化旺盛发展的文化创意主题活动却于这几年悄然沉寂下来，主题公园活动的形式终究不能留住节假日游客们的公众化文化消费；另一方面，当初几乎遍地开花的"文化创意产业园区"，即时性进驻了一批大大小小的"文化创意企业"，但是这些年由于缺少文化创意理念和内容上的升级，一些"文企"的市场经济效益惨淡，业务进展举步维艰。一时之间，"文化创意产业园区"被诟病为"房地产政策的特惠区"。

---

① 金元浦.当代文化创意产业的崛起［EB/OL］.（2006-01-19）［2019-04-15］. http://www.culindustries.com.

(二)"文化创意产业"的由来

1. 文化产业的总体性和包容性

文化产业的英文原称为"Cultural industries",作为社会经济实践领域里一个主体能动性极强的操作产业,文化产业是一个总括性、包容性的综合概念(所以在英语中以复数的形式表达),第一章已经有所阐述,文化创意以及文化创意产业对传媒,对其他相关产业有一定的,甚至绝对的依附性,很难以独立的形态存在。故此,文化产业,或文化创意产业,是以产业或产品对象的总的"文化"性质做出的分类。从当代文化产业的发展现状来看,文化产业具有一般产业所必备的某些属性。首先,文化产业属于服务产业。就其所提供产品的性质而言,文化产业可以被理解为向消费者或用户提供精神产品或服务的行业;其次,文化产业是精神产品的生产行业,为人类提供精神和文化消费品。就其经济过程的性质而言,联合国将文化产业定义为按照工业标准生产、再生产、储存以及分配文化产品和服务的一系列活动。

2. "文化创意产业"起源于"创意产业"

当代文化创意产业的兴起源于创意产业这一创新理念的发现和创建。创意产业、创意经济(Creative Industry;Creative Economy)或译"创造性产业",是一种在全球化消费社会背景中发展起来的,推崇创新、个人创造力、强调文化艺术对经济的支持与推动的新兴理念、思潮和经济实践。早在1986年,著名经济学家罗默(P. Romer)就曾撰文指出,新创意会衍生出无穷的新产品、新市场和财富创造的新机会,所以新创意才是推动一个国家经济成长的原动力。

3. 英国关于"文化创意产业"的内涵

文化创意产业被作为一种国家产业政策和战略的明确提出者是英国创意产业特别工作小组。1997年5月,英国前首相布莱尔为振兴英国经济,提议并推动成立了创意产业特别工作小组。这个小组分别于1998年和2001年两次发布研究报告,分析英国创意产业的现状并提出发展战略。1998年,由当时英国政府推动的英国创意产业特别工作组首先对创意产业进行了定义:"创意产业是源于个人创造力、技能和才华的活动,通过知识产权的生成和利用,使这些活动发挥创造经济效益和就业的成效。"① 据此定义，广告、建筑、艺术和文物交易、工艺品、设计、时装设计、电影、互动休闲软件、音乐、表演艺术、出版、软件、电视广播等行业被划归创意产业范畴。随后，澳大利亚和新加坡等许多国家都沿袭了英国的创意产业定义，并将广告业纳入到创意产业的领域内。

（三）"文化创意产业"的属性

1. 文化创意产业的"国家文化软实力"属性

"国家文化软实力"是指国家文化的影响力、凝聚力和感召力。2007年10月，党的十七大报告里第一次提出了"国家文化软实力"这个概念；2012年11月，党的十八大报告又特别强调了这一概念。2013年12月，习近平总书记在中央政治局第十二次集体学习中指出，提高国家文化软实力，关系"两个一百年"的奋斗目标和中华民族伟大复兴中国梦的实现。

我国社会主义的核心价值观正是国家文化软实力的智慧性传承，也是弘扬中华优秀传统文化、夯实我国文化软实力的理念根基。2014年2月，习近平总书记在中央政治局第十三次集体学习时提出，核心价值观是文化软实力的灵魂、是文化软实力建设的重点。

以文化自身作为国家文化软实力的核心为基础，文化创意是表现和增强这种国家文化软实力的必然途径。文化创意产业是经济与文化的交互效应，以实现可持续性发展和筑牢国家文化软实力的支柱性产业。因此，国家文化软实力是文化创意产业的首要功能，具有国家政治属性。

2. 文化创意产业的个性化智慧创新属性

文化创意首先发生在个体思维中，任何一件文化创意作品（或产品）都是凝结了个人创造和智慧的产物。从一个文化创意概念的产生到最后生产或创制完成作品（或产品）以投放市场，形成了一个创意作品（或产品）在知识产权的保护下，具有健康并完整的产业发展链条。其中，标志着智慧创新的是知识产权或知识版权。文化创意产业效益的最终达成，需要三大缺一不可的必然要素，即人的智慧性独特创造或创意 + 知识产权 + 产业链。因此，智慧型创新是文化创意产

---

① 金元浦. 什么是文化产业 [EB/OL]. (2006-01-19) [2019-02-20]. http://www.culindustries.com.

业最基本的属性。

3. 文化创意产业正能量传播的社会效益属性

文化创意首先是一种理念,自带文化链接的思想性,然后才是其方法论。立足于文化创意产业对社会政治、经济和文化的助益作用,可以将其产业贡献归集为两大基本系列,其中第一个方面就是文化创意产业助力于社会公益事业的发展。即文化创意渗透在社会文化各个公共与公益领域,助力于政府的各项文化建设,尤其是立足于"国家文化软实力",不仅大力促进整个社会的文化建设,还助力于提高国力,提升人民的文化素质和知能素养。

提高国家文化软实力是党和国家的一项重大战略任务。坚持中国特色社会主义文化发展道路,以马克思主义为指导,坚守中华文化立场,立足当代中国现实,结合当今时代条件,发展面向现代化、面向世界、面向未来的、民族的、科学的、公众性的社会主义文化,以培养和践行社会主义核心价值观,塑造负责任的东方社会主义大国形象。充分发挥社会主义核心价值观对国民教育、精神文明和文化传播的引领作用。以上,都是文化创意产业能够实现的社会效益。

4. 文化创意产业的市场常青树属性

人类对精神产品的刚需,决定了市场对文化产品以及文化创意产品的刚需。在此意义上,文化创意产业应该是市场常青树,具备坚挺的生存和发展能力。目前,文化创意产业就是市场经济体制下我国经济发展的强大助力。其中商业品牌的广告营销传播,正是文化创意产业得以实现其经济价值的广阔空间,这也是本书的主题。

一定意义上讲,我国文化创意产业发展的核心目标就是凭借文化思想和文化符号的创意打造民族品牌,并形成产业链以实现高速发展。通过民族品牌的建立,传播中华传统文化,拓展现代中华文明,在全球经济一体化进程中以"软文化"的品牌效益提升我国的国力,以实现强国富民的大"中国梦"。

(四)"文化创意产业"的特点

1. 凯夫斯关于创意产业的七个特点

凯夫斯在其著作《创意产业》中,为创意产业归纳了七个特点:

文化创意产品具有需求的不确定性;

文化创意产业的创意者十分关注自己的产品;

文化创意产品不是单一要素的产品,其完成需要多种技能;

文化创意产品特别关注自身的独特性和差异性；

文化创意产品注重纵向区分的技巧；

时间因素对于一个创意产品的传播销售具有重大意义；

创意产品的存续具有持久性与营利的长期性。

金元浦先生在研究凯夫斯提出的这七个特点的基础上，又提出了自己的观点。

2. 金元浦关于创意产业三方面特点的观点

关于创意产业的特点，金元浦先生认为，凯夫斯的观点抓住了创意产业的重要特点，是颇有见地的。综合起来，创意产业具有什么基本特点呢？"创意产业的基本经济特点可以从创意需求、创意产品、创意人员等三方面来探索。包括需求的不确定性与产业的风险；创意为王与创意产业的精神特质；创意产品的多样性与差异性以及纵向区别与横向区别"。①

第一，需求的不确定性与产业的风险性。创意产业生产的产品不再是过去时代的基本的物质性产品，而是精神性、文化性、娱乐性、心理性的产品。随着人们生活水平的提高，对这种精神性的产品的需求日益提升，需求量越来越大，这是创意产业发展的根本原因。但是对于每一个具体的产品如电影、电视剧、广告片、MTV、动漫、网络游戏来说，这种需求又有很大的不确定性。每一个创意产品对于消费者或用户的需求来说，都存在着时尚潮流、个体嗜好、传媒炒作、时机选择、社会环境、文化差异、地域特色等多种不确定因素，因而也大大增加了创意产品的风险。从当代经济发展来看，创意产业无疑是风险产业，对创意产业的投资是一种风险投资。风险投资被认为是当代经济增长的发动机，它以知识创新与高新科技为支持体系，具有可能的高收益、高回报和高增长潜力之特性，但这种高收益也可能遭遇风险。即使是十分成熟的好莱坞电影，同一个著名导演，他也无法保证自己的每一部电影都能成功。成功与风险并存，这也是创意产业的魅力。

第二，创意为王与创意产业的精神特质。当代创意产业的蓬勃发展促使创意产品成为买方市场，而眼球和注意力则成为卖方市场，越来越稀缺。创意产业的产品最忌讳沿袭陈规俗套，它在总体上必须凸显产品独具的特色，才能"击中"人心，在市场上获得超值的效益。创意产业的精神性、流动性、易逝性决定了创

---

① 金元浦.什么是文化产业［EB/OL］.（2006-01-19）［2019-02-20］.http：//www.culindustries.com.

意产业的根本原则即创意为王。尽管创意产业的组织结构与交易过程十分复杂，但其核心仍然是创意。创造性是创意产业的生命线。当代消费社会，公众流行文化遵循时尚化、浪潮化的运行方式，使文化产品的新颖性、短时性和可视化特征空前凸显出来。创意产业所包含的广告、建筑、艺术和文物、工艺品、设计、时装设计、电影、互动休闲软件、音乐、表演艺术、出版、软件、电视广播、游戏与网络游戏以及动漫、DV、Flash、长短视频以及 AR、VR 等无不强烈地依凭新的创意、新的设计。文化创意产业精神性、流动性、易逝性和组织结构与交易过程的复杂性，表明了创意产业必然超越传统时代产业水平和产业模式，在一个更高的层次上展开。它既要求创意产业建立在现代企业制度的构架之上，又具有自身对文化传承、精神创造、意境营构和艺术天才及其灵感的追求。

第三，文化创意产品的多样性与差异性以及纵向区别与横向区别。尽管文化创意产业十分推崇创造者的个人创造力，但它又不同于传统时代文学家、艺术家在象牙之塔中闭门造车的那种"独创性"，不同于传统时代艺术作品如绘画完全由画家个人独自完成的情形。当代创意产品必须由创意策划、技术制作、传播操作、管理协调、商品销售、市场推广等多方合作才能最终完成，它是各方协同联合的产物。

因而，文化创意产品的创作过程远比一般产品复杂。这就要求创意产品的所有创造投入都要达到和超出一般流水线上的熟练水平，才能生产出合格的创意产品。这样的创意行为才是经济学家所说的增值生产功能。文化创意产品具有创意的多样性和差异性。由于创意产业更多地具有文化艺术的特性，因而其风格、基调、艺术特色则更多地具有多样性与差异性。创意产品的差异性既包含纵向区别，也包含横向区别。所谓纵向区别，是指产品与产品之间在产品水平、等级或质量上的区别，它关乎产品的"原创性""技巧性"或艺术境界的评价。好莱坞的剧作家、导演及制片人在任何时候都会对剧作家的好坏有一致的评价，因此能断定谁应属"一流"剧作家，谁应属"二流"。"用经济学的术语来说，这些创意型的产品在纵向上（或本质上）是有区别的。这就是'一流／二流'特性。"从根本上说，任何一个产品与其他产品都是不同的，而它们的不同将导致截然相反的结果。比如在同时播放的电影或电视节目中，一个观众就会选取这一部作品观看，而不是选择那一部。因为在尝试了两个产品之后，买方认为甲种产品比乙种产品好，如果两种产品的销售价格相同，就没有人会买乙种产品。

横向区别则是指不同类别、不同特色文化创意产品之间的区别。同样质量、同样水平的创意产品之间会因为消费者的习惯、偏好而有不同的选择。"两首歌曲，两部动作片，在消费者看来，其特点和质量可能非常相同，但它们又不完全相同。用经济术语来说，它们具有横向区别。"横向区别能够激发产品种类的多样性，从而促使创意者或创作者在各种可能中加以评估，刺激消费者或中间商在一系列真正具有创意性的产品中做出选择。而创意产品通常是横向区别与纵向区别的混合体。

总之，文化创意产业是在全球化条件下，以消费时代人们的精神文化娱乐需求为基础，以高新技术手段为支撑，以网络等新传播方式为主导的，以文化艺术与经济的全面结合为自身特征的跨国、跨行业、跨部门、跨领域重组或创建的新型产业集群。它是以创意为核心，向社会公众提供文化、艺术、精神、心理、娱乐产品的新兴产业。

3. 我国文化创意产业的"灵魂"

文化创意产业的灵魂就是"文化"这一被定义为"国家文化软实力"的最高形态。2014年10月，习近平总书记在中央政治局第十八次集体学习时强调，中华民族传统文化是我们最深厚的文化软实力。党的十七大明确提出，要积极发展公益性文化事业，大力发展文化产业，激发全民族文化创造活力，更加自觉、更加主动地推动文化大发展大繁荣。2009年7月22日，国务院常务会议通过的《文化产业振兴规划》，将"坚持把社会效益放在首位，努力实现社会效益和经济效益的统一；坚持以体制改革和科技进步为动力，增强文化产业发展活力，提升文化创新能力；坚持走中国特色文化产业发展道路，学习借鉴世界优秀文化，积极推动中华民族文化繁荣发展"作为发展文化产业的基本原则。党的十九大提出同时推进国际传播能力，发展并用好新型媒体，讲好中国故事，传播好中国声音，阐释好中国特色，向世界展示一个真实、立体、全面的中国，引领人民树立和坚持正确的历史观、民族观、国家观等各种正能量的文化观，以培养能够担当中华民族复兴大任的时代新人，增强做中国人的骨气和底气。

新时代国民经济发展的引擎是什么？什么才是最能代表国家综合竞争力的标准，是人们赖以生存的资源还是无处不在的信息？美国学者理查德·弗罗里达在《创意经济》里指出，"今后，创意实力将成为显示一个国家经济强弱的重要指标。"① 我国要从"中国制造"转变为"中国创造",中国经济的下一个增长级就是自主创新。我国文化创意产业是以自主文化为灵魂的创造、创新、创意新业态。

欧洲的英国、亚洲的韩国都是在本国文化的基础上发展起具有本国特色的文化创意产业,为其国家经济带来巨大活力。在新一轮的竞争中,中国当然不甘落后。意大利设计师 Rosa 曾指出:"不管是意大利还是法国设计师,他们设计的往往是符合或者融合本国元素的东西,而中国如果丢掉本土的东西的话,便没了特色,也缺乏市场竞争力。我觉得还是要融合中国自己的东西,让世界为你们而疯狂!"我国的文化创意产业近年虽有长足的进步,但相比国外仍处于弱势。中国的文化资产虽然有着深厚的渊源,但在长期的经济发展过程中一定程度上被忽视了,在国际市场表现为创意风格淡化,自主品牌个性模糊。在全球大兴创意产业的今天,中国的文化创意产品该以怎样的面目示众?"中国元素"的横空出世正是一剂良方,这里不仅仅是简单释放出一个复兴中华文化的信息,而是使渗透在我们骨子里、溶化在我们血液中的民族文化精神迸发出来,使其焕发出应有的勃勃生机,激活我国创意人饕餮中华文化的情感,充实我国文化创意产品的底蕴,使其在产业链上不断发挥重要作用。在我国振兴文化创意产业之际,重拾中国元素,承继中国本土文化元素的生命力与创造力,形成我国独特的文化创意范式,并在世界范围内主导中国元素的市场应用和人文价值。中国元素与中国的文化创意产业不仅息息相关,还是当代我国文化创意产业的主导性资源。

二、关于"广告产业"范畴

(一)"传统广告产业"范畴

1. 传统广告的功能

广告作为一种商品经济的必然产物,本能地生存并作用于不同社会历史背景下的商品经济与市场流通过程中。广告的"广而告之"功能在我国古代已有记载,据《周易·系辞》记载,远在神农时代,就有"日中为市,集天下之民,聚天下之货,交易而退,各得其所"的场面。又据《周礼》记载,当时凡做交易都要"告

---

① 理查德·弗罗里达. 创意经济[M]. 方海萍,魏清江,译. 北京:中国人民大学出版社,2006.

于示"。由此可见，在原始自然物质型态下的广告即具有"告于示"的功能。传统广告的信息告知功能旨在传递商品信息，加速商业流通。

由此，广告从其起源的根向属性上就具备商业信息服务的功能。直到大工业社会发展中报纸的出现，使广告的商业服务功能直接产业化，专业传播媒介的问世促生了广告产业得以诞生。

2.传统广告产业的功能

广告产业即广告业，是指以广告为专门职业，专门接受客户委托，从事广告代理服务的行业。广告产业是根据其所提供的特殊服务类型来划分而形成的一个庞大而复杂的专业化社会组织的集合，需要由多种机构共同参与构成，包括从中形成经济利益并参与广告活动的各种经济群体。

在20世纪90年代末期之前，根据我国传统的产业分类方法，广告产业被纳入第三产业的范畴中，属于第三产业类别中的服务性产业（在第二个层次，即为生产和生活服务的部门，如金融、保险、信息等），广告产业当属信息服务产业。

根据国家"八五"规划，广告产业属于知识密集、人才密集、技术密集的"三密集"的高新技术产业。广告业利用"三密集"型产业所掌握的技术、人才和知识，通过广告经营活动，为客户提供一种专业化的信息服务，这使得广告具有了区别于一般服务型产业的特点。

20世纪90年代之后，随着世界经济的发展和新技术的广泛应用，原有的产业结构逐渐被重构，创意产业的概念浮出水面，打破了原有第二产业和第三产业的界限，为传统产业带来了新的生机，同时也为世界经济发展注入了新的增长点。知识经济时代，凡是由创意推动的产业均属于创意产业。广义上讲，知识经济时代，广告也被划归到创意产业范畴。

由此可见，传统广告时期的广告产业分别被纳入到第三产业范畴，知识密集、技术密集、人才密集的"三密集"产业范畴和知识经济时代的文化创意产业范畴。伴随着不同时期的"进化型"产业定位，广告产业专业化的服务功能渗透到整个社会政治、经济和文化等多领域。

广告产业的主体功能是其商业性的经济功能，其宏观表现为：沟通产销，促进流通；刺激社会的整体需求；有利于在同类或异类产品之间的竞争；可促进社会经济和财富的增长。其经济功能的微观表现为：第一，对企业的作用，主要是围绕产品品牌的营销传播，实现产品差别化；实现市场细分；实现品牌定位；实现企业利润。第二,对消费者的作用,为消费者提供生活信息,指导消费;提供消费知识,有助于消费者识别商品;可促进消费者生活合理化;增加消费者选择商品的机会;影响消费者生活方式和生活水准。

广告的社会文化功能表现出正态与负态效应。广告的社会服务功能正态效应主要包括繁荣了社会文化生活和体育事业;有助于公益事业的发展;改进生活品质,推进社会文明;提供娱乐和话题;直接反映本地社会文化特征。广告的负态主要包括广告的泛滥;广告煽动物欲;广告中的虚假问题;广告从心理上对消费者进行控制;广告的品位问题;广告污损语言;广告是形成社会偏见的原因之一;单纯追求贵族化(成长不利的价值观渲染);广告对儿童的危害和广告导致消费主义增生等。

既然广告自身在社会商品经济和市场经济中具有不可或缺性,但同时在商业利益的驱动下又可能产生负能量,甄别广告传播的双重影响,除弊扬善,加以文化品性的优化与提升,这是文化创意的意义。文化创意,终将成为广告产业能否健康且又好又快全速发展的引擎。

(二)"当代广告产业"之特征

1. "当代广告产业"的定位

根据国家统计局发布的《2017年国民经济行业分类(GB/T 4754—2017)》,作为排列在第72大类的"商业服务业","广告业"成为第725类国民经济的行业(产业)是这样界定的:"广告业指在报纸、期刊、路牌、灯箱、橱窗、互联网、通信设备及广播电影电视等媒介上为客户策划、制作的有偿宣传活动"①,在第725类下又细分出第7251项"互联网广告服务"和第7259项"其他广告服务"。作为我国政府部门的规范性文件,"互联网广告服务"被定义为"提供互联网推送及其他互联网广告服务";"其他广告服务"被定义为"除互联网广告以外的广告服务"。在这里,我们看到一些关涉现代广告产业基于政策导向性的发展态势。

---

① 国家统计局官方网站.2017年国民经济行业分类(GB/T 4754—2017)[EB/OL].(2017-09-29)[2019-01-20].http://www.stats.gov.cn/tjsj/tjbz/hyflbz/201710/t20171012_1541679.html.

2. 当代广告的"产业"属性

"行业"与"产业",既可以渐行渐近,又可能渐行渐远,二者之间存在极端发展的两重属性关系。"产业"是针对产生经济效益的"行业",行业除了包括产生经济效益的"产业",还包括公益或公共服务性的不产生经济效益的社会岗位。所以,针对公益广告这项公益事业,广告具有行业属性;针对商业广告,广告具有产业属性。当代广告是一个既具有行业属性,又具有产业属性的综合性产业。

文化创意产业与广告产业的相互关系看似一目了然,实则交融一体,难以分割。一方面,厘清二者之间的行业性界定,旨在通过比较研究,攫取资源,取长补短,为广告产业今后的发展注入文化元素这一强心剂,使其直接为以创意为专业卖点的广告产业助力;另一方面,也为文化创意以及文化创意产业探讨一种可能的主体性发展轨迹,虽不能称之为理论创新,但也是为了绘制文化创意产业发展之蓝图。

第二节 文化创意产业与广告产业的关联性

一、文化创意产业与广告产业的关系辨析

(一)广告是一个打造品牌文化的产业

广告产业与文化创意产业之间的关联性是与生俱来的。文化元素是品牌文化以及品牌形象的催生剂和营养剂,广告作为打造品牌文化,最终生产品牌形象,或是产品的品牌形象,或是企业的品牌形象的产业,始终以文化创意为灵魂。

广告产业的实体是什么?广告是关于品牌文化的写真。回归广告产业的本体功能:广告策划是要确定一个明确有力的品牌形象;广告创意是要寻找一个贴切的品牌形象载体;广告制作正是这种形象载体视听传达的符号表现。如果从本质层面诠释产业价值,广告是一个生产产品或企业品牌形象的产业。

商业巨子比尔·盖茨曾直言:"创意犹如原子裂变一样,只需一盎司就会带来无以计数的商业效益。"正是通过广告这个以文化创意表现企业或产品信息,进而弘扬品牌内容的产业,才为无数产品的品牌推广造就了难以言表的市场效益甚至商业奇迹。如几十年甚至上百年都不曾改变产品元素的可口可乐和百事可乐,不依赖任何现代材料工艺和科学技术,只是凭借精准的广告定位和强势的品牌传播使其在全球市场经久不衰,而且实现了两个品牌"广告战"之后的"双赢"。

今天的广告仍旧不是一个可有可无的东西。广告虽不是万能的,但没有广告却是万万不能的。传统的广告作为广告主付费传递的有偿信息,借助于传播媒介与目标受众双向沟通,进而实现品牌的市场推广和营销传播。需要注意的是,现代广告产业已演变成为一种横贯全媒体传播的"大广告"概念,不仅包含传统意义上的媒介硬广告,还涵盖了广告主企业的公共关系和产品

直销等一切市场营销传播活动，即品牌的整合营销传播。现代"大广告"概念的提升又一次聚合了文化创意在品牌营销传播活动中的灵魂地位，也使广告产业的链条得到不断延伸和扩充，同时更需要吸纳和融入更多的文化创意精华，以实现广告产业自身的升级。在社会不断进步，人文意识不断增强的消费者市场竞争中，广告产业的价值和经济贡献正在越来越依赖于文化创意产业的健康发展与成熟。

（二）文化创意产业是广告品牌形象建设的土壤

广告创意，这一通过文化创意"生产"品牌的产业范畴，一定意义上讲，要依赖于文化创意产业才能得以发展和升级。这里的广告产业，亦即现代数字媒介环境下整合营销传播的"大广告"产业，早已成为一个不折不扣的文化创意产业。不难看到，文化商品的经济力和创意品牌的经济力都在文化创意产业的产业链上发挥着重要作用，既可以相对独立又需要相互依存，且交互促进。

一切文化元素和文化商品都是品牌形象建设的催化剂。品牌自身就是一个创意领域，需要围绕文化元素的创意、设计和传播。广告作为一个生产产品或企业品牌形象的产业，始终以文化创意为核心。同时，文化创意产业的发展可以在市场经济维度上不断延伸并提升其文化元素的社会价值和经济价值，为广告创意提供生生不息、源远流长的文化元素和创作源泉。现代广告早已演进成为一个以品牌之"秀"为产品内容的文化创意产业。

同时，在广告产业链基础上形成文化创意产业规模（品牌）的经济效益，将会带来传统广告整体性的产业升级，也预示着以广告产业为品牌塑成的文化创意产业同样能够以一种新的产业形态，犹如其他商品实体一样，彰显自身的经济效益。

关于文化创意产业与广告产业的关系，中央电视台财经频道的《经济半小时》栏目曾在2012年做过一个专题为《广告的力量》的节目，其中阐述了广告产业与文化创意产业的关系，节目中特别提到："欧盟曾经提出，二十一世纪的战略支柱产业是文化创意产业。而文化创意产业里面九个行业中，广告业名列第一。""在美国，同样把文化产业列为战略性产业，总共分十三类，广告同样是其中最重要的一类。"（见图5-1）

图 5-1　中央电视台《经济半小时》栏目截图

在我国，虽然各个省、自治区、直辖市对文化创意产业类别划分的方法有所不同，但是，诸如广告策划与创意、商业设计、影视传播、会展经济等职业均以不同的界定包含在文化创意产业的范畴里。其实，如何划分归类并不重要，这毕竟是各个地区政府主观认知上的差别，最重要的是，无论如何划分，在商业传播的广告产业中，文化创意已经成为广告品牌传播策略中不可或缺的、标志性的必然要素，这一点早已被广告实践所印证。

（三）广告产业本身的功利性需要文化熏陶

广告传播因其明确的商业目标，需要强势传播、需要事前缜密的广告策划和媒介计划，广告传播对社会的影响和作用不能低估。当传媒作为广告媒介进行商业传播时，其传播力和影响力必然要放大广告讯息内容的商业导向和功利性：一方面，广告传播"与生俱来"的和谐之本能够为企业传递品牌信息，生产商业价值，沟通服务百姓，实现生产与消费的社会和谐发展；另一方面，广告传播难以根治的冲突之源也会同时产生商业功利化之下不和谐的媒介视听。广告传播引发的一系列社会问题将进一步引发媒介机构对其社会责任与社会效益的反思。广告传播的功利性需要通过文化的熏陶，以不断"治愈"商业竞争中市场主体之间的"野性"，文化元素有力量使不同角色的主体回到人类的"七情六欲"中。

"打动观众的心"经常成为泰国的广告创意"很给力"的概括，一支题为《天花板》的广告曾被网友疯传，被誉为"感人的创意广告"。广告讲了两只壁虎的爱情故事。由于房屋的天花板不结实，破旧的天花板裂开后导致一只壁虎掉了下来，正好砸在一群下棋人的棋盘上，这只壁虎摔死了。在人们惊诧之余，另一只壁虎见状也跳了下来，殉情而死。这几位下棋的人愤怒地抬头，指责天花板的"罪行"，最后，广告画面出现了一个高质量的天花板品牌定格（见图 5-2）。

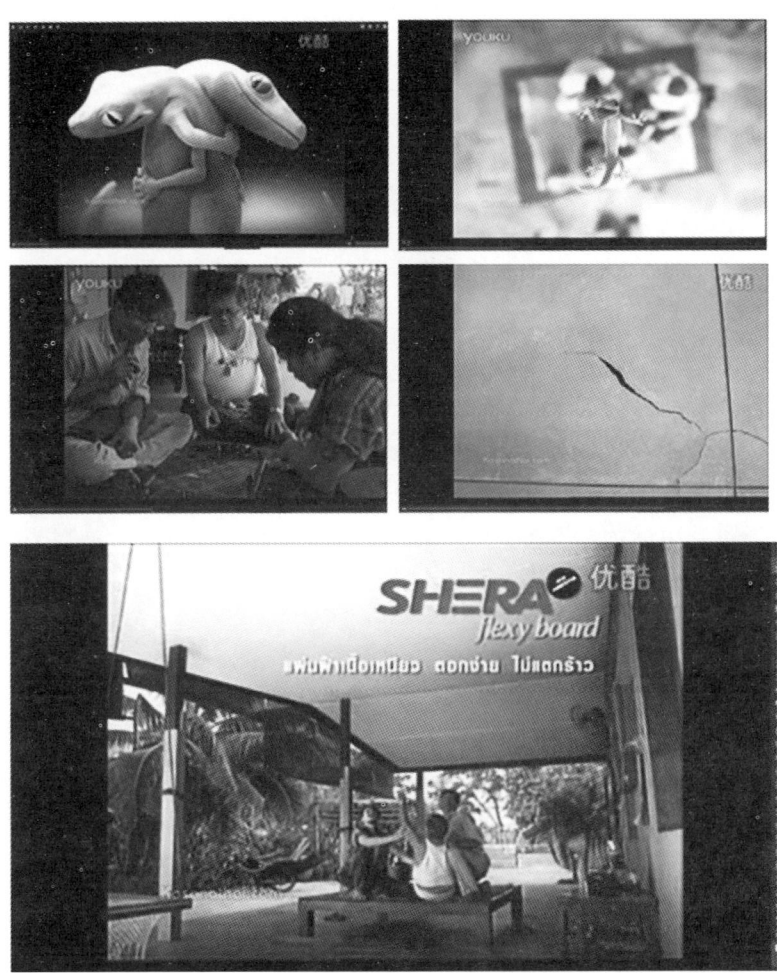

图 5-2　泰国的《天花板》广告（截图于优酷）

这支广告通过"两只壁虎的爱情"（You jump, I jump）故事，打出了一张情感动人的文化牌：就是因为没有用某牌子的天花板，引发了一个悲情故事。人们不禁感叹：为卖一个天花板，广告片竟如此运用拟人的感人特写，传达了一种非常强烈的感性诉求。以文化意义健全人格化的商业品牌，这是广告的真谛，是广告人以成熟的人格自滤和自律创制成熟的广告，使广告正态传播。

二、广告是文化创意产业之"秀"

(一)广告产业"秀"出文化创意产业之光彩

1. "秀"与广告产业

现代社会,任何一个商品都要经历一个营销推广,即品牌化的过程,才能走向市场,实现经济效益,这正是一个名副其实的广告营销传播过程。以品牌之"秀"为产品内容的广告产业与文化创意产业之间必然相互联动。这里,我们不妨以"秀"来揭示或概括这两个产业之间的辩证关系,阐释如何通过广告方法论打造文化创意产业。

"秀"即 Show,既有展示、介绍、陈列之名词之意,也有引导、带领、告知等之动词之内涵。"秀"可以展示一种活动平台、一种特定市场,还可以表现为一种行为、一种状态,甚至一种态度或心情。将众多含义凝结为一个"秀"字,在实践层面已经越来越具有时尚韵味,同时以独特的传播效果影响人们的生活方式。今天的中国也几乎处于一个全民皆"秀"的年代,个性的凸显与特色的张扬使我们的社会更加精彩纷呈。"秀"能够以强烈的视觉冲击力传导创意,传递信息,传播思想,甚至演变成为一种媒介形态。

2. 广告产业中的"文化创意"

广告作为广告主付费传递的有偿信息,其目的是借助于传播媒介,通过有效的作品创意表现与目标受众实现双向沟通,进而实现品牌的市场营销传播。一定意义上讲,任何商业广告活动都是一种"秀"的行为,是通过有效的创意,"秀"出品牌价值的专业活动,持续的、长期的广告传播活动是针对广告媒介受众——目标消费者进行的品牌写真。广告产业本身就是一个"秀"的市场,在这个"秀"场里,各类广告主或展示自己的品牌真"金"(商业广告),或弘扬一种社会理念(公益广告或公共关系),但都力求以人为本,以说服人、劝诱人、打动人、震撼人为信息传播目标,创意品牌的文化内涵,传播品牌的文明信息。广告产业正是一个以品牌之"秀"为产品内容的文化创意产业。

(二)文化创意产业的发展依赖于广告产业之"秀"

1. 文化产品同样需要打造品牌

中国发展强大的标志之一,就是拥有众多能够走向世界的本土品牌,这是一个国家经济实力的象征。名牌就是质量,就是效益,就是竞争力,就是生命力。国力的强大有望我国有更多的名牌走向世界,加快培育更多世界级企业和世界级品牌。在产品同质化的现代竞争市场,工商企业产品如此,文化产品更是如此,尤其是在国际市场。文化产业同样需要依赖于品牌立足市场,更需要依赖于名牌走向世界。

以文化产品的品牌之"秀"打造创意产业的品牌,是文化产品实现市场效益的必然环节,也是我国文化创意产业发展的核心目标,即打造民族品牌,并形成产业链以实现高速发展。通过民族品牌的建立,传播传统文化,开拓现代中华文明,最终的结果是以"软文化"之品牌效益强大中国经济。

所以,文化创意产品也同样需要专业广告创意为其塑造品牌,营造一定的市场氛围和经济环境以赢得经济效益和社会效益,以此根本解决"有了创意而没有产业"之痛。时下,无论是商业电影的上映还是主流电视剧的播放,在市场运作时大多都采用了广告造势打品牌即关于内容"卖点"的传播活动,文化工作者以自身的社会实践已经身体力行。

2. 文化创意产业自身的广告之"秀"

自从政府提出大力扶持和发展文化创意产业以来,我国一些城市已经将创意产业确认为未来新的经济增长点,将文化创意园区或集聚区作为一个城市或地区经济兴旺的标志。21世纪是创意的世纪,创意产业的根本观念是通过"跨界"促成不同行业、不同领域的重组与合作。以何种方式寻求现代文化产品的市场"卖点"呢?同一般产品一样,文化创意产业本身也需要,甚至更需要广告产业专业性的创意理念和技术方法。

以广告方法论打造文化创意产业。文化产业缺少创意就会失去文化元素在现代市场的生命力,广告缺少创意就可能摧毁优秀文化产品并砸掉传统品牌。总之,创新和创意的不足都会让文化及广告产业成为"虚弱的巨人"。因此,必须以广告思维和专业化的广告引导艺术等方法论打造文化创意产业,即通过创意对"旧元素"进行重新组合,实现"跨度"创新,提升和融合文化及广告产业的新的增长点,开拓心理型、精神型、知识型、体验型、休闲型、娱乐型和艺术型等新的文化产品或广告作品的业态属性,通过广告"秀"出文化产品的品牌,提高其文化影响力,不断培育新的文化消费市场,涵养新一代的文化创意消费群体,以推动文化创意产业的发展。

关于文化产品品牌的塑造与传播，在今天这样一个注意力资源越来越稀缺的新媒介环境下尤显重要。以"秀"场吸引眼球，通过广告文化创意提升文化产品的品位，强化与消费者的沟通环节，使文化产业更加创意化，也使广告创意全面文化和产业化，其结果必然是使精神文化财富"转化"为物质经济财富。文化创意产业的品牌策划、品牌战略、品牌建设和品牌效益都需要围绕品牌文化而铸造品牌价值。

文化创意产品品牌的价值属性不是物质性的，而是精神层面的、心理层次的。赢得"人心"才是最高追求。有关调研表明，目前在一部电影的预算中，要有三分之一的经费用于推广；出版业也不仅仅是完成印书和售书，而是必须成为善做内容的服务商，对出版内容进行精准的定位和市场推广，这些都需要专业性较强的整合营销传播，即大广告的专业运作。

如果在各个省市每年或隔年举办的文化创意产业博览会上增设"品牌文化创意"这一专项内容，介绍广告产业创意品牌的商业运作模式，充分展示富有传统文化内涵又不失现代人文精神的文化品牌及广告"秀"场，打造作为博览会的文化创意品牌，既能够塑造广告产业应有的良好形象，又能够完善文化创意产业链，以改变文博会越来越像"售卖场"的现象。总之，文化市场也亟待依靠文化竞争力做强文化创意品牌。

第三节　文化创意产业与广告产业的交互融动

一、"文化创意"需要全力开发自身的产业功能

（一）"文化创意"本身蕴藏的巨大潜能

人们清醒地记得，有的国家将中国元素全球大卖，并为此无比自豪。这类现象不得不引起我们的反思与反省：进入 21 世纪，我国政府就提出了大力发展文化创意产业，并相应配套了扶持政策。2006 年 11 月 7 日，经北京市委、市政府批准，《北京市促进文化创意产业发展的若干政策》正式发布；2009 年 7 月 22 日国务院常务会议通过了《文化产业振兴规划》，提出必须深化文化体制改革，以激发全社会的文化创造活力。可以说，国家营造了一个千载难逢的文化创意产业发展环境和良机。不可否认，诸如游戏软件、大型原生态歌舞作品等一些好的文化创意作品的产业效益曾令人瞩目，但同时我们也看到了这样的文化创意业态：旅游业"先造势后造面"；动漫学院遍地开花都不大；一年一度的文化创意产业博览会越来越成为文化产品的大卖场。

当然近年来，我们也欣喜地看到中国元素腾空而起，成为当代中国传媒文化一股浓妆重彩的绝强力量，但是却更多停留在符号化的表层展示，缺乏深刻的思想力和文化力。目前中国元素与内容创作的意义远没有开发出来，这是国家主旋律和市场力量的联姻，其可能构成我国当代文化生产中一个颇具理论意义的景观……万事俱备，唯缺一个至关重要的元素——创意人及其文化产品，这是文化创意产业兴盛之本，却是当前广告人和传媒人之短项。故要进一步做好"文化创意＋"广告产业的融合，首先需要全力开发文化资源，以及自身的产能。在这一点，有时我们需要向文化创意产业做得比较好的国家学习。

2009 年 10 月 22 日，Whopper 汉堡策划了一个活动：在"牺牲你的伙伴"活

动中，策划者鼓动 Facebook（即脸书，美国著名的 SNS 之一）用户删除自己的好友。其规则是：当你删除 10 个好友时，就能够免费得到一个 Whopper 汉堡。结果，在 10 天的时间里，有 82771 个用户参与了这个活动，他们总计删除了 233906 个好友，以至于 Facebook 紧急叫停了这项活动。Whopper 的目的达到了，比起社交网络上的朋友，人们似乎更喜欢汉堡。这个广告活动的入口就是 Facebook 社交网站。微软联手美式快餐巨头汉堡王在日本推出一款以 Windows 7 为主题的汉堡，用来推广微软新款 Windows 7 操作系统（见图 5-3）。这款名为 Windows 7 Whopper 的汉堡使用了 Windows 的主题，汉堡共包含 7 层牛肉饼，高达 5.1 英寸（约合 13 厘米），售价为 777 日元（约合 8.53 元），通过汉堡推广 Windows 以契合 "7" 的主题。

图 5-3　微软联手汉堡王在日本推出的 Windows 7 主题汉堡广告招贴

此外，微软还向荷兰 Zevenhuizen 村和西班牙 Sietes 村的居民派发了新款 Windows 7 操作系统赠品，这两个村名的含义都是 "7"。微软也在其他国家赞助一些家庭聚会，以便庆祝 Windows 7 的发布。在这一活动中，Whopper 汉堡挑战了 SNS 的稳固性，一系列独特的推广活动与 Vista 及之前的 Windows 版本的传统推广活动形成鲜明的对比，表明微软借助 Windows 7 重新树立 Windows 操作系统品牌形象的决心。

汉堡王联手微软的新产品 Windows 7 在全球进行市场推广活动，其内容却是与人们的日常文化生活息息相关的社交网站与吃汉堡的关系。从中我们能够看出商业品牌运作的文化入口、受众入口、关注入口和沟通入口。

（二）融于广告人文化创意意识的是"大爱"

源于广告人的专业素质和学养，关涉明天中国品牌的成长和媒体文化，营销传播者所需要的特殊素质，如接受挑战、自制自醒，既要有创新思维也要有批判性思维等，保持好奇心的高智商和高情商等。而获得这些素养的养分都散落在生活的各个场域，其前提首先是爱，大爱，然后才是学习、观察、实践、阅读、赏析、旅行等。增强自身对文化元素，尤其是中国元素的理解和运用，这是当代广告人的必修课业。

值得注意的是，目前我国社会实践领域的种种市场行为已经暴露出一种"职业人"的异化现象，传播媒介领域的假新闻和商业市场里的虚假广告屡见不鲜，极大危害着整个社会的健康发展和人民群众的日常生活。一些传媒和广告人在这个时代虽然敬业，但却越来越不够专业，创制了不少使"新闻不像新闻""广告不像广告"等种种带有"病症"的传媒内容，混淆视听，蛊惑民心。同时，有些专业设置过于重视新媒介技术类课程而忽略文化素质课程。殊不知，缺少文化思想的传媒内容与传播符号要么是娱乐至死，要么是障眼法。这些问题如果追本溯源，必然推寻到教育环节，这些年轻的职业人们是否在专业素质、专业知识、专业原则和专业精神等方面受到了科学与人文相结合的专业教育。社会大市场以其不可抗拒的客观本性质疑着当代传媒和广告人——这一本为文化精英族的群像素质，也唤醒了人们关注高等教育与人才质量这一教育问题。

二、广告产业中文化创意缺失的表征

（一）广告激活了传媒主体的经济属性

传媒机构的市场化经营使广告成为传媒产业链条上重要的效益生长点。而对于市场依赖度极高的民间传媒机构，广告更成为其衣食父母，直接影响传媒的生存与发展。于是，广告本体在各种所有制的传媒机构中都成为其产业链条上的能动力量，报刊的扩大发行量、广播的提高收听率、电视的提高收视率、网站的提高点击率、社交平台的冲击流量等,一切传媒受众"触达"的量化指标都直接影响媒介刊例广告价格的高与低,直接决定传媒机构的经济效益,传媒经营的驱动力——生产广告价值成为众媒介机构融入市场经济的全景。同时广告对传媒的能动作用毋庸置疑,广告促进了传媒资源的开发与利用以及传媒技术效果的提升,广告对传媒机构的商业化和企业化转型具有重要作用,广告经营已成为传媒机构经营效益的主要增长点。

在有效的广告作业程式中,真实信息——艺术表现——心理接触——价值认同——购买行为这一以媒介传播为载体的广告逻辑是广告活动特有的基本规律。广告活动价值链上的各个环节都关系到广告受众对传播内容的认同性。只有广告主自身的品牌价值主张具有足够的品性和高度,广告经营者通过其专业水准的策划、创意与作品表现,所选择的传播媒介具有足够的品质,才能在广告受众的认知价值中产生广告品牌"够文化"的良好印象,这是建立品牌好感度和诚信度的基础。

(二)不良广告的传播引发的社会性问题

正是由于广告目的的功利性和广告媒介传播的无限影响,广告在媒介刊播和发布之前需要经过层层审查,需要政府有关部门的严格管理,需要行业协会规范广告市场和广告媒介市场。然而,由于各种原因,一些不良广告还是侵扰了公众视听,由此带来的不和谐之音引发出一定的社会问题。

1. 广告自身的功利性及可能带来的社会欺骗性

商业广告带有"原罪",这是由商业广告自身的功利性造成的与生俱来的属性。广告主投资,甚至掷巨资购买媒介做广告是为了要达到他们的广告目的。正如美国广告公司协会主席约翰·奥图尔(John O'Toole)指出的,"是因为他们希望广告能帮助他们卖出某种商品、服务或者观念"。因此,为了达到吸引受众、诱使购买的目的,广告总要表现出有利于广告主或其商品品牌的内容。因此,一些过分夸张的、带有欺骗性的,甚至虚假的广告陆续出现在广告媒介上,甚至出现在具有较强公信力和社会影响力的主流媒介上,以致对社会公众和广大消费者产生了不容置疑的欺骗性后果。

2. 广告传播内容的倾向性及可能带来的文化污染

由于广告传播的目的性和某些广告创制者自身的原因,广告信息内容、广告创意和表现形式本身可能出现各种问题,如广告情节中含有的性别歧视、暴力、性诱惑等；广告文案中出现的低俗甚至恶俗的谐音广告；广告诉求中出现的违背社会伦理道德现象；广告画面出现的对青少年成长不利的价值观渲染等，这些消极的东西通过广告媒介的专业传播力便会放大并加剧其负面的社会影响，造成对社会文化环境的污染，甚至一定意义上的文化误导。

3. 不良广告传播对媒介公信力和媒介形象的毁损

出于商业目的，有的广告媒介不惜版面和频道刊载追求猎奇的广告信息或低级趣味甚至色情性的视听符号。同时，各类媒介之间的"发行大战""广告大战""有偿新闻"等现象使少量媒介机构陷入传媒市场竞争的混乱和无序状态。一些传媒机构的广告人员追逐企业厂商以"拉"到广告为最终目的；有的企业厂商为媒介能够曝光又来追逐新闻记者等。个别传媒机构与广告主企业之间的关系也走入了一种彼此挟制的怪圈：企业出了问题以广告相要挟不准媒介曝光；传媒机构对不能满足其广告投放要求的企业进行媒介封杀等，这些都已影响到传媒的健康发展。由此引发媒介市场的无序竞争和传播内容的庸俗化，已不仅仅是经济效益问题，而是社会性问题。

4. 不良广告传播对社会文化和道德伦理等文明元素的玷污

不良广告传播正在对社会文化和道德伦理等文明元素进行侵蚀。如谐音广告，这是一个广告业界老生常谈的问题，时至今日仍未得到彻底解决。广告语应该是产品品牌的精髓，是引导消费者生活方式的文化时尚，它需要策划创意，更需要创新，使用成语或民谚并借其谐音为广告语，只是文字游戏中的挪用和套用，本身缺乏新意，更不能算创意。谐音成语难以具备对产品或品牌进行文化包装的功能，如果谐音原意是一般的民俗，广告语意也囿于此，便难以进行品牌延伸；若谐音的原意是恶俗的，则带给品牌的将是形象被玷污。使用广告谐音最致命的问题是文化误导。除了误导消费者对品牌形象的定位，更不容忽视的是对社会文化的宏观影响。广告是强力导向工具，谐音广告玷污了我国语言文字的纯洁性，直接误导人们对语言文字历史文化的理解。不良的广告谐音会传播低俗文化，污染社会人文环境，损害广告业的形象。这是一个事关我国精神文明建设和维护中华民族语言的文化问题。同时，不良广告传播也将对企业及产品品牌形象造成不利的影响。

5. 不良广告传播对青少年心智健康的影响

在目前我国广告事前的监管制度还不能完全到位的现实情况下，传媒机构巨大的资源优势正在放大广告传播功利化表现的负面效应，直接有害于广大青少年的心智健康。正如过去电视产生的"温室效应"，目前未成年人大量接触网络媒介，一般情况下，网媒节目和广告传达的内容都会超出未成年人平时积累的生活经验，必然会对他们产生各种各样的身心影响。一方面，使孩子开阔视野，心智早熟；另一方面，由于缺少分辨和判断力，很少预存立场，没有自我防御能力，往往对视听内容深信不疑，其中暴力、商业化、性已成为各类媒介对少儿危害最深的内容。如何通过全媒介使未成年人受到良好的文化熏陶已成为亟待解决的社会问题。

6. 传媒的高成本对广告信息完整性的制约

无论是国内传媒还是国际传媒，媒介市场一个共同的事实是：广告活动都面临更高的媒介成本，媒介的广告价格不断增长。每一类媒介及每一种媒介载具价格的不断增长限制了广告讯息表现的完善化。在广告主越来越追求投资回报的今天，广告媒介的高额费用限制了广告信息内容的完整性。同时，有些广告媒介机构在经济效益的驱使下难以拒绝不良产品及品牌的广告投放，虽然媒介的品牌可以提升广告内容的诚信度，但是不良的广告创意也会玷污媒介的品牌形象。

广告产业作为对商业产品包装性的品牌建构，其通过有效传媒进行专业沟通的属性决定了广告是一种有责任的社会信息传播行为。从广告作品价值的取向分析，文化创意已经成为广告人自律性和专业性的标志。广告市场的种种不良，一方面依靠广告产业自身的认知和监管；另一方面也依赖文化创意产业的勃兴。

第四节　文化创意升级广告品牌永远是刚需

一、"重要的事情说三遍"不是重复而是升级

（一）文化创意是品牌迭代的必由之路

大部分人认识"滴滴"几乎都是从红包开始的。2014 年，"滴滴"发了几十亿红包给司机和用户，直接把钱花在用户身上而不是用来做广告，这一举措体现出"滴滴"的务实精神。2016 年 7 月，"滴滴"为了举办首届全球 Di-Tech 算法大赛，推出了一组"脑洞大开"的 gif 海报，广告文案分别是"喝最烈的酒回最温暖的家""星期一拒绝水逆""顺路是最好的套路"等，终于，"滴滴"的品牌势能得以胜出，2016 年 5 月从苹果公司获 10 亿美元战略投资；2016 年 7 月朋友圈传言"滴滴"和 Uber 合并等。当初"滴滴"简单粗放的红包补贴行为仅仅是为自己赢得了入口，只是品牌入市低段位的行为，之后的公关广告内容营销等活动成功地使品牌上位，提升了形象。浓浓人情味的问候，与商品功能无关，却提升了"滴滴"在人们心中的品牌定位。

产品或企业品牌打造不是一蹴而就的，而是需要更新换代。因此，"重要的事情说三遍"不是简单性重复，而是依赖内在逻辑的升级来达成目的。当前人们津津乐道的"重要的事情说三遍"其实来源于"三打理论"。这一理论是由美国心理学家及公众观点研究员、美国通用电器公司主管民意研究的经理，获得哥伦比亚大学博士学位的赫博·克拉格曼（Herbert Krugman）博士于 1972 年提出的。"三打理论"（Three Hit Theory）的主要内容就是：消费者第一次看广告时知道是什么产品；第二次时了解产品特征；第三次明确产品是否符合自己的需要，以后再看多少次效果都一样。这些揭示了广告需要不断强化才能防止受众忘却的观点是片面的，广告的频繁曝光并不如广告发布的前 2～3 次有效。同质化的产品时代，

需要以产品或企业的品牌进行定位。在今天，这一理论启示我们：关于品牌的广告传播也不能一蹴而就，需要不断更新换代，品牌升级永远是刚需。在产品或商品的性能、性价等技术或硬性指标难以区分的市场环境下，品牌形象迭代中关于文化元素的创意传播是明智和有效的。

广告传播从告知产品功能到品牌文化体验，这是一个从低端向高端的升华。毕竟，广告只是个媚眼，算不得结婚证明的（钱钟书语）。然而即使是那些短期的促销广告，你能说没有品牌传播的作用吗？近年来，我们亲眼目睹了农夫山泉、华为等一些本土品牌的更新换代，目前，除新产品外的多数产品都到了需要迭代品牌的发展阶段，定位与重新定位，为品牌创造新价值，或使品牌年轻化，或完成青春期的反哺，持续的品牌广告不是简单的重复，而是提升，这是专业广告机构的责任，与广告业自身需要的产业化升级相匹配。

（二）当代商业品牌已进入更新换代的新时期

第一，品牌形象的发展需要不断进阶。互联网上的一切首先都是传播，且多数都是商业传播。面对新时期数字媒介环境下的市场竞争，只能使作为商业传播的广告更加高端而且永远坚挺。近年来，网生性的媒介机构早已开始内容创业和营销创新，广告产业若仅步网生媒介机构的后尘，广告则必成了晚告。生产品牌、传播品牌和升级品牌，这才是广告产业的正业。品牌生产与发展的市场规律决定了市场对广告业的刚性需求，同时传媒技术提高并增强广告的传播效果也助力于新时期广告产业的可持续发展。

第二，大广告的品牌管理与创意传播工程。

大广告范畴 = 商业传播 + 公益传播

品牌传播管理 = 塑造品牌 + 维系品牌 + 升级品牌的全过程

正如央视广告经营中心任学安所言："今天中国经济的发展比任何时候都亟须国家品牌"。市场经济是消费者主权经济，是品牌经济。品牌从无到有，从小到大，从弱到强的发展进程正是一部广告人呕心沥血为广告主品牌打拼的"悲催"史。因此，品牌创新刚需，广告发展坚挺，无论新旧媒介，商业传播的操盘人正是专业广告传播机构的广告人。

二、文化创意产业提升广告产业的社会地位

（一）全媒介广告呼唤高品位的文化创意

广告是品牌和品牌文化的写真，是对一切商业产品的文化包装，这是提高商业传播段位的根本保障。广告可以远离天地之间一切的自然规律，只研究如何对人发生作用。无论是温婉的心理劝诱还是煽情或"撩人"，都是当代广告深入到人性层面的沟通，品牌的人格化趋向难以替代，这些都需要广告的策划者具备相当深厚的文化底蕴和人文学养，更深刻地理解人间的情义、仗义、大义和正义。《地球是平的》《未来是湿的》，人媒背后的人人关系使内容营销与文化创意水乳交融、相互贯通，提升着全媒介广告的文化品位。

同时，伴随当代人们文化生活的日益丰富，影视剧、动漫、电竞游戏等一线文化产业也同时撬动了广告产业的密集型发展。如这几年院线系列映前广告的勃起，截至 2017 年上半年，全国共有 4.65 万块银幕，根据 2017 年的单厅单月平均 9596.15 元的价格计算，全国电影院线系列单厅的广告收入接近 12 万元 / 年，若一个银幕代表一个厅，全国的映前广告收入约为 56 亿元。这也意味着：多屏和大视频广告时代的来临。

（二）"人文故事性 + 产品相关性"决定品牌传播的诉求力

与传统媒体为主场传播时期不同的是，今天的大广告出现在网络社交平台上的现象已经成为日常，在社交场景下的商业信息沟通更需要人情味，品牌更需要人格化，以引发用户的心理共鸣（媒介只能起到声音共振的作用）。故事性诉求能否打动甚至击穿人心，其中与产品功能或品牌文化的相关性直接决定了广告符号的影响力以及广告传播效果。所以，会讲故事，会讲中国故事，会讲品牌故事是广告创意人必须具备的能力。辅之主流媒介的植入以及硬广告支持，方能引发人们对品牌的再一次关注，如上一刻是农夫山泉的水质监测工人在北京电视台讲述水样抽取的过程，下一刻农夫山泉广告就植入到《北京您早》的新闻节目中。以此使品牌渗入、进入并深入人心，逐渐产生好感度、信任度和购买行为，或转变态度成为品牌的消费者，并逐渐养成消费习惯甚至成为品牌的忠诚卫士。

今天的广告应该生长在"文化创意产业"与"广告产业"的交汇处。品牌是传播的产物，当代广告策划要摆脱"阴谋论"之嫌，阳光下以人为本的策划原则

才能成就商业传播讲好品牌故事。今天的广告策划已经发展为基于用户的媒介体验，以信息分享和场景代入为手段，使用户在接触商品或企业文化的互动沟通中更加全面地感知该商品或企业的品牌利益，从而实现品牌有感传播的战略谋划活动。广告策划旨在聚合品牌的一切资源，优化品牌信息符号以强势诉求传播和引导用户。其中，汲取文化创意产业领域一切优势文化元素或创意作品，这是构建或重构品牌形象，塑造或重塑品牌文化，以形成品牌影响力和诚信度的传播"大智慧"。

案例五

早已走在广告公司路上的"华为"
——从华为的"扎心"广告看文化创意产业的交融力[①]

案例导读：华为是谁？至今可能无人不晓，华为当然是广告主，是广告产业链上的甲方。作为一家全球领先的信息与通信（ICT）基础设施和智能终端提供商，除了拥有走在世界前端的高科技，竟被网友称之为"早已走在广告公司的路上"！这是由于华为的品牌广告之专业、之文化、之创意、之"扎心"，远远胜出一些专业广告公司的策划与执行。广告作品在朴实无华的氛围中表现出的那一次次满满的爱，用心即神！文化创意中的品牌永远是温情的、真诚的、令人难以忘怀的。

2017年12月27日，华为的一则新广告上线，让我深深地觉得，不光TAB、网易这些互联网公司是广告公司，华为早已走在了广告公司的路上，先看视频截图（见图5-4）。

---

① 冥想.华为最新广告,扎心.微信公众号广告情报局,2017-12-28.为保证原文的阅读效果,在微文版本上直接引用了原创版式,个别处有更改,特此说明。

图 5-4 华为的品牌广告视频（作者在腾讯视频中的截图）

广告讲述了一名技艺高超的脑瘤医生
也是一位有爱的父亲
乘坐飞机去执行一次跨国手术
随身携带了一只女孩子才会有的小熊娃娃
无论是在飞机上
还是在餐厅里
在珍爱之余，都会拿出手机拍照

这样的举动
引起了周围人的好奇与不解
原来这只小熊是女儿因为不能陪伴爸爸出差
而送给爸爸的"护身符"
当爸爸出差回来
她知道小熊被送给一名 6 岁小男孩时
虽然表现出对心爱玩具的不舍
却依稀懂得了什么是爱
我的眼泪
也在女儿微微一笑的时候流了下来

华为从那则海外走心广告片 Dream It Possible 开始
到前阵子刷屏的《ai 在防水》

再到 Mate10 Pro 的这则《小熊篇》

我们可以看到

华为都选择了一个容易让人亲近的符号——小女孩

尤其是《ai 在防水》与《小熊篇》系列中此感更强

它变成了一个充满温度的 IP

你不知道它要讲什么

你却知道它可能会再次感动你

所以你无法拒绝

我想

好广告值得一看再看

说的就是这个道理吧

《ai 在防水》和《小熊篇》都是聚焦到了一个字——"ai"

这个"ai"有两层意思

产品上的智能

和品牌上的温度——"爱"

退一步讲

现在大多数手机广告

要么明星代言似不要钱

要么视效轰炸到你疲软

而华为却稳稳当当、不躁不作、不张扬

凭什么

凭的是足够自信的"ai"

也就有了持续沟通的"爱"

广告故事在表现手法上没有多余的技巧

没有华丽的镜头语言

一切都不温不火、娓娓道来

选角色也非常讨巧

男主英俊而气质温和

"小棉袄"可爱、灵气，一眼就能萌化到内心

当女儿探着小身板问父亲自己心爱的玩具在哪里的时候

"文化创意+"广告业融合发展

相信不少人的心都被萌化了吧
这也是整则片子我最喜欢的一个细节

也许你注意到了
广告在"卖点"表现上也没有给人很生硬的感觉
给小熊拍照
可以解释为小熊与爸爸旅行的影像日记
开会的时候露出手机投屏的功能点
这应该是这则广告故事片最硬的"植入"吧

最后回到家给女儿展现小熊照片
也是不着痕迹地传递了操作流畅的产品属性

华为一直希望与消费者的沟通
是自然的、相融的
产品功能是为故事服务
而不是故事为了产品功能去服务
这也是 havas 北京接到 brief 时最大的难点
还好,答案不错
回过头来看
2017 年的上半年可以说是丧文化当道
就连火热了一阵的 Rap 都透着一股颓废的丧味
当我们在荒原上放逐久了
就会需要回到人群里
感受到人的味道,才能让心彻底地平静下来
就像离家太久的孩子
回到家才能卸下防御,安放那颗漂泊的心
所以
这则充满正能量和人情味的广告
更像是一种心灵的回归

在寒冬降临之际
来得刚刚好
另外，从 Dream It Possible 开始
这首华为广告歌曲成为无数人手机铃声的不二之选
我曾经就循环播放了好一段时间
这次的 BGM 同样引起了无数人的询问
可惜找遍网络都没有找到
据说是国外没有开放 MP3 的版权
我只能告诉你
这首歌叫 where the love is
歌手是 James McCollum & Carys Selvey

爱常常是在失去的时候建立的
当我们懂得为什么失去的时候
也就不会在乎失去什么了
我想
教会孩子什么是爱
才是她一生最大的财富
谢谢华为这则广告

广告是有始有终的，而华为留下的温情却沁人心扉，耐人寻味。这是文化创意的渲染力，也是品牌文化的感召力，更是品牌形象的影响力。感谢微信公众号"广告情报局"给我们奉上了一篇有情有感、图文并茂的文案。这本身又一次验证了华为以"爱"为主题的系列广告，是广告策划的成功，是文化创意的成功，是华为的成功，也是品牌的成功。

第六章 "文化创意+"广告业融合发展的路径

文化是一个民族的标识
思想者的创新是社会进步的引擎
数媒环境下的创意势能源于中华文化的思想力
中国元素必为广告文化创意的主导性资源

第一节　中华优秀传统文化是广告创意的主导性资源

一、中华优秀传统文化给予广告创意肥沃的土壤

（一）从"吃粽子"到传统文化说开来

一年一度，伴随着"端午节"的来临，卖粽子、买粽子、吃粽子，一波又一波。微信朋友圈里偶遇老友，一句暖暖的问候却夹带出了一个大疑惑：

——"嗨，×××，粽子节好！"，

——"粽子节……好吗？！"该怎么回答？

——"粽子节"叫什么节来的？

——哇哦，对了，端午节！"端午节好！"

嘻嘻哈哈，哈哈嘻嘻，怎么把传统节日的正名忘个精光，第一反应就是"吃货"们又插科打诨了。一片不好意思之后，不得不回到正题：这些年来，节日越过越多，文化却越来越少！吃喝游玩的资源越来越丰厚，传统文化的思想价值却越来越枯竭！

我国每年阴历的五月初五，是中华民族的传统节日之一——端午节。2009年9月，经联合国教科文组织正式审议和批准，中国的端午节被列入"世界非物质文化遗产"之列。于是，"端午节"成为中国首个入选世界非物质文化遗产的节日。如果我们只记得"吃粽子"，还能够记住其中华传统文化意义吗？关于屈原的知识，当代年轻人又能了解和知道多少？

这里，我们并无意于用大量的篇幅介绍"屈原与端午节"等历史文化故事和知识，而是针对文化创意中的传统文化，针对中国元素中的传统文化，希望能够提出一种新的认知，甚至对其当代价值进行重识或重构，也为找到当代"文化创意+"广告产业融合发展的路径起到积极作用。

（二）中华优秀传统文化的意义

商业品牌正能量传播的路径就是文化搭台，以社会效益拉动经济效益。面对中华民族优秀的传统文化宝藏，我们需要打开更广域的思维视野，需要格局、需要境界、需要战略、需要科学的思想性创新。

中华优秀传统文化是习近平总书记提倡的"文化自信"的基础之一。习近平总书记曾指出，在5000多年文明发展中孕育的中华优秀传统文化，在党和人民伟大斗争中孕育的革命文化和社会主义先进文化，积淀着中华民族最深层的精神追求，是中华民族独特的精神标识。

1. 文化是凝聚人心的理想信念

中华民族具有5000多年悠久的文明历史，创造了博大精深的中华文化，为人类文明进步做出了不可磨灭的贡献。历经几千年的沧桑岁月，把我国56个民族、13亿多人紧紧凝聚在一起的，是我们共同经历的非凡奋斗，是我们共同创造的美好家园，是我们共同培育的民族精神，而贯穿其中的、更重要的是我们共同坚守的理想信念。

——2013年3月17日，第十二届全国人民代表大会第一次会议

2. 中华文化是海内外中华儿女共同的精神基因

中华文明有着5000多年的悠久历史，是中华民族自强不息、发展壮大的强大精神力量。我们的同胞无论生活在哪里，身上都有鲜明的中华文化烙印，中华文化是中华儿女共同的精神基因。希望大家继续弘扬中华文化，不仅自己要从中汲取精神力量，而且要积极推动中外文明交流互鉴，讲述好中国故事、传播好中国声音，促进中外民众相互了解和理解，为实现中国梦营造良好环境。

——2014年6月6日，会见第七届世界华侨华人社团联谊大会的代表

3. 传统文化是中华民族的根和魂

泱泱中华，历史悠久，文明博大。中华民族在几千年历史中创造和延续的中华优秀传统文化，是中华民族的根和魂。

——2014年12月20日，庆祝澳门回归祖国15周年大会暨澳门特别行政区第四届政府就职典礼

4. 中华文化崇尚和谐，中华民族爱好和平

中华民族历来是爱好和平的民族。中华文化崇尚和谐，中国"和"文化

源远流长，蕴涵着天人合一的宇宙观、协和万邦的国际观、和而不同的社会观、人心和善的道德观。在5000多年的文明发展中，中华民族一直追求和传承着和平、和睦、和谐的坚定理念。以和为贵，与人为善，己所不欲、勿施于人等理念在中国代代相传，深深植根于中国人的精神中，深深体现在中国人的行为上。

——2014年5月15日，中国国际友好大会暨中国人民对外友好协会成立60周年纪念活动

5. 讲清楚中华文化，阐释好中国特色

宣传阐释中国特色，要讲清楚每个国家和民族的历史传统、文化积淀、基本国情不同，其发展道路必然有着自己的特色；讲清楚中华文化积淀着中华民族最深沉的精神追求，是中华民族生生不息、发展壮大的丰厚滋养；讲清楚中华优秀传统文化是中华民族的突出优势，是我们最深厚的文化软实力；讲清楚中国特色社会主义植根于中华文化沃土、反映中国人民意愿、适应中国和时代发展进步要求，有着深厚历史渊源和广泛现实基础。

——2013年8月19日至20日，全国宣传思想工作会议

6. 习近平总书记谈全党要坚定包括文化自信在内的四个自信

全党要坚定道路自信、理论自信、制度自信、文化自信。当今世界，要说哪个政党、哪个国家、哪个民族能够自信的话，那中国共产党、中华人民共和国、中华民族是最有理由自信的。有了"自信人生二百年，会当水击三千里"的勇气，我们就能毫无畏惧面对一切困难和挑战，就能坚定不移开辟新天地、创造新奇迹。

——2016年7月1日，庆祝中国共产党成立95周年大会

7. 文化自信是更基础、更广泛、更深厚的自信

文化自信，是更基础、更广泛、更深厚的自信。在5000多年文明发展中孕育的中华优秀传统文化，在党和人民伟大斗争中孕育的革命文化和社会主义先进文化，积淀着中华民族最深层的精神追求，是中华民族独特的精神标识。我们要弘扬社会主义核心价值观，弘扬以爱国主义为核心的民族精神和以改革创新为核心的时代精神，不断增强全党全国各族人民的精神力量。

——2016年7月1日，庆祝中国共产党成立95周年大会

8. 坚定道路自信、理论自信、制度自信、文化自信

严肃党内政治生活是一篇大文章，其中最重要的是围绕坚持党的政治路线、思想路线、组织路线、群众路线，坚持和完善民主集中制、严格党的组织生活等重点内容，集中解决好突出问题。要固本培元，把加强思想政治建设摆在首位，引导党员特别是领导干部筑牢信仰之基、补足精神之钙、把稳思想之舵，坚定中国特色社会主义道路自信、理论自信、制度自信、文化自信，增强党的意识、党员意识、宗旨意识，坚守真理、坚守正道、坚守原则、坚守规矩，做到以信念、人格、实干立身。

——2016年6月28日，中共中央政治局第三十三次集体学习

9. 说到底是要坚定文化自信

构建中国特色哲学社会科学，一是要体现继承性、民族性。要善于融通马克思主义的资源、中华优秀传统文化的资源、国外哲学社会科学的资源，坚持不忘本来、吸收外来、面向未来。坚定中国特色社会主义道路自信、理论自信、制度自信，说到底是要坚定文化自信，文化自信是更基本、更深沉、更持久的力量。

——2016年5月17日，哲学社会科学工作座谈会

10. 增强文化自觉和文化自信

加强和改进党对文艺工作的领导，要把握住两条：一是要紧紧依靠广大文艺工作者，二是要尊重和遵循文艺规律。各级党委要从建设社会主义文化强国的高度，增强文化自觉和文化自信，把文艺工作纳入重要议事日程，贯彻好党的文艺方针政策，把握文艺发展正确方向。

——2014年10月15日，文艺工作座谈会

11. 建立在5000多年文明传承基础上的文化自信

我们从哪里来？我们走向何方？中国到了今天，我无时无刻不提醒自己，要有这样一种历史感。伫立在天安门广场的人民英雄纪念碑有一组浮雕，表现的是1840年鸦片战争到1949年中国革命胜利的全景图。我们一方面缅怀先烈，一方面沿着先烈的足迹向前走。我们提出了中国梦，它的最大公约数就是中华民族伟大复兴。……中国有坚定的道路自信、理论自信、制度自信，其本质是建立在5000多年文明传承基础上的文化自信。

——2015年11月3日，第二届"读懂中国"国际会议期间会见外方代表

中华优秀传统文化给我们的文化自信，可能变为一种巨大的精神力量，鼓

舞士气，凝聚人心，体现在日常社会生活和品牌文化的传播中。这些内容价值和元素符号，不仅能够植根于中华儿女的心里，还应该更多地渗透在市场文化的传播中。

二、中华优秀传统文化的内容价值与符号表征

（一）中华传统文化的主要内容和价值表征

1. 中华传统文化的内涵

中华传统文化是"中华文明演化而汇集成的一种反映中华民族特质和风貌的民族文化，是中华民族历史上各种思想文化、观念形态的总体表征。中国传统文化是指居住在中国地域内的中华民族及其祖先所创造的、为中华民族世世代代所继承发展的、具有鲜明民族特色的、历史悠久、内涵博大精深、传统优良的文化。简单来说，就是通过不同的文化形态来表示的各种民族文明，风俗和精神的总称"。① 中华优秀传统文化历史悠久，蕴藏丰厚，构成多元。

2. 中华传统文化的价值表征

中华传统文化凝结着中华民族的民族精神和民族情感，承载着中华民族的文化血脉和思想精华，也是维系国家统一、民族团结和社会和谐的重要精神纽带。

"正是基于天地人和谐的生命精神，中国不仅多次形成包括社会经济的高度繁荣，更形成举世罕见的全民自我教化体系，人类基本的伦理道德规范，无须外在强制力量的督导，即内化为民众生活的思考方式和行为习惯，如今我们将之概括为30个字的价值表征"。②

"天地君亲师"的感恩价值序列；

"士农工商学"的职业价值序列；

---

① 光明网–光明文化.我们为什么还在过传统节日，这些文明价值你知道吗［EB/OL］.（2019-03-18）［2019-04-15］. http：//culture.gmw.cn/2019-01/31/content_32449403.htm.

② 光明网–光明文化.我们为什么还在过传统节日，这些文明价值你知道吗［EB/OL］.（2019-03-18）［2019-04-15］. http：//culture.gmw.cn/2019-01/31/content_32449403.htm.

"仁义礼智信"的伦理价值序列；

"忠孝节烈恕"的社会价值序列；

"道德廉耻勇"的行为价值序列；

"温良恭俭让"的礼仪价值序列。

以上中华传统文化的价值意义，又可以通过符号形态表征出来，我们称其为"中国元素"。

（二）中华优秀传统文化的符号表征

长久以来，"中国元素"为来自主流传媒的官方叙事与来自民间市场的商业传播搭建了直通车。在一些重大的国家及社会活动中，如果比较官方传媒和民间市场的商业传播导向，可以明显地看到，政府叙事一般要为涉及民族与国家的事件提供一个基本框架，而更贴近市场的商业品牌传播则可以为此框架提供丰富的感性内容和具体故事，也由此而使商业品牌信息大行于世。因而近些年来，每届国际奥林匹克运动会都出现了主办国的全民皆秀以及大量赞助商的前赴后继。只有官方和民间同时认同的文化价值导向才能使商业传播更加有效。依此，中国元素正是这种可以将政府和民间传媒导向统一起来的首选对象，中国元素蕴涵的民族风情与国家精神是当今时代文化创意的主流，中国元素永恒的社会流行与国际时尚属性，最易成为我国文化创意品牌的主要内容，成为品牌传播之"秀"的核心价值。

中国元素本质化了的民族主义、国家主义特征，突出表现在其用于国家政治传播与社会商业传播中的同一性和贯通性。中国元素具有政府和民间双重意义下的传媒话语优势和社会影响力，这种民族主义的话语内容适合国情民意，在我国当代起到合理传播并融通商业的巨大作用。不可否认，意识形态的权威化需要单向的自上而下的灌输，而在建构文化品牌传播的传媒叙事中，文化创意品牌的传播者却是源自经济社会文化企业的专业人士，他们的参与一方面受市场利益的牵动，另一方面也源自真诚的民族情感，这种民族主义——爱国主义几乎是所有公民原生态的，且与时俱进。于是，"中国元素——创意文化——品牌传播"使国家政府与市场经济的力量得以联姻，无论是自上而下还是自下而上都是契合的，都可以起到唤醒人心、激活需求的作用，传媒受众会以积极的心态领略并接受这种饱含爱国情怀的品牌传播符号，从而使商业传播更加得市场、得人心而且得政策，进而产生更好的社会效果和经济效益。在我国，以中国元素为主体构成的文化创意品牌传播可以削弱商业信息的功利性，可以丰厚创意品牌的人文内涵，可以降低传媒受众对文化商品的排斥心理，可以搭建文化品牌在消费者心目中的人文形象，可以使我国的自主品牌通向国际市场。因此，以中国元素为创意实体的文化品牌传播不仅具有深远的民族主义意义，而且还是颇具经济价值和理论意义的中国社会人文景观。

三、中国元素是我国广告文化创意的主要物料

（一）中国元素是我国文化创意产业发展的生命力

立足我国，无论过去、现在，以及未来，我国文化创意产业发展的主导性资源就是中国元素。这是当今我国无论在文化创意产业，还是在广告产业抑或其他传媒领域发展的必然取向。"中国元素"不仅是5000年来悠久中华文化的精神与象征，更是面向国内外市场，关注民生，做大、做强民族品牌，实现强国梦想的基本路径和集中体现。我国文化创意产业的发展依赖于本土优秀文化和自主品牌的复兴。重新认知中国元素，继承中国本土优秀文化元素的创造潜力，形成我国独特的文化创意范式，并在全球范围内主导中国元素的商业运用和价值取向，这是我国文化创意产业发展的生命力。

将中国元素作为广告文化创意的主要资源，意味着一种文化逻辑。目前这条逻辑链不仅广泛渗透在文化以及商业传播等各个领域，而且早已深度嵌入人们的日常生活与工作的各个环节，构建起我国社会传播领域的文化范式，以及国家与社会重大活动事项主题传播的核心价值。

"中国元素"从概念意涵到型态符号，早已为人们耳熟能详，从每年的春晚到在我国举办的大型国际赛事，从诗词歌赋到京剧脸谱，无论是在中国大地还是在全球的各类"秀"场，"中国元素"这一概念已经深入海内外众多华夏子女的心里，成为每逢民族节日、商企庆典、国家重大活动以及世界文化交流的现象级表征。

中国元素是中国文化（传统与现代）象征符号的统称，是中华民俗文化、民间艺术、民族精神的符号载体。凡是能够被中国人（包括海外华人）认同的、凝结着中华民族传统或现代文化精神，并体现国家尊严和民族利益的形象、符号或

风俗习惯均可称为"中国元素"。目前"中国元素"尚属一个开放性的范畴体系，具有广泛而深厚的内涵底蕴。

中国元素象征着中国文化、中国风格、中国精神和中国力量，并以其形而上与形而下的内在统一诠释了蓬勃向上的中国力量，展示了中华民族坚强不屈、团结合作、坚韧有节的民族精神。结合中华人民共和国成立70年来政治、经济、文化的全面崛起，用富于本土文化气息的中国元素，多元化的艺术形式与风格，能够展现出当代中国在民族力量的勃发下强国盛世的大国气象。

中国元素依据不同时间、不同视角、不同型态等不同的区分标准可以划分为多种类别。如以形态（型态）区划，可将之分为符号表现、民俗风情、文化精神等类别；如以时间区划，可将之分为古典元素和现代元素等类别，其中古典中国元素为5000年来源远流长的中华民族的传统文化元素，如具有浓厚民俗风情的福禄寿喜、云龙图腾、真丝面料、京剧脸谱以及各地区各民族历史流传下来的民俗民谣等；现代中国元素为中华人民共和国成立以后，尤其是改革开放以来现代化进程中更加流芳异彩的现代文化元素，如北京奥运、中国航天、自主品牌的表征符号和文化精神等。现代是年轻的古典，古典是永远的现代，只有民族的才可能是世界的，这就是中国元素的绝对意义。

中国元素焕发着鲜明的民族文化魅力。在精神文化消费决定物质取向的今天，中国元素既是民族主义符号，更是充满现代意义的国际时尚元素。以中国元素作为创意符号或创意语言，可以丰厚自主品牌文化、加注传媒符号表意。在国际一体化进程中，世界经济越来越离不开持续增长的中国经济这种大气候、大环境，世界文明和全球性的文化消费更离不开中国文化。孕育着中国文化精神的中国元素承担着中国企业自主品牌走向世界、融入世界、影响世界的时代使命。

中国元素体现了强烈的国家主义意蕴。纵观传媒，包括从主流传媒的新闻报道、国内外大事庆典，到网络视频微平台的各类节目创制，各种传媒活动经常通过中国元素的创意组合叙事，展现中华民族强大的国家主义特征；建构一个本质化的富足的民族实体；描绘一个蕴涵丰厚文化底蕴的文明古国，这些都印证了中国元素的外延力量能够表征民族的实力形象，彰显国家的政治权威。中国元素具有能够代表中华民族的文化、实力和国威的象征意义。当代我国主流媒体运作中经常通过国家——市场——社会来体现我国的政治——经济——文化之间的彼此牵连又错综复杂的关系，这种中国元素——中华民族——强国之梦一体化的传媒叙事策略使中国元素具有一定意义的"国家主义"的特征。尽管这是一种源于政治领域之外的强力符号，却是一种更具有渗透力和影响力的文化符号。

（二）中华汉字文化与广告创意的天然合一

汉字文化与广告创意天然契合。汉字的象形、形声、指事、会意、转注、假借等造字方法内涵丰富，古韵深刻。如果我们从字源角度去研究和开掘汉字的信息，将会给华文广告带来独特的智慧支持。汉字作为维系中国民族精神文化心理的"文法"规则，构成了中华民族传播交流的文化基因。汉字历经数千年的演变，形成了自己特有的书写表现方式，它将日常生活中的心物名理、知识本体浓缩在符号化的"图"与"象"中，激活"象思维"是创造中国广告独特象征的重要法则。广告创意和设计的过程应该是一个与品牌产品、服务建立文化关系的过程，也是建构一个能够被理解、可解释，可表现、可执行的符号化过程。这个过程与汉字的诞生极为相似。汉字的形体（能指）、意义（所指）之间的关系非常密切，并且汉字的认知和解读方式与人类对于自然认知的过程相符合。其中符号的形成，除了象形字为"具象仿生"，其余"四书"均为符号形成的变化，这与创意符号的建构与认知过程有异曲同工之妙。汉字是一种全息的符号系统。汉字的"象思维"是创造中国广告独特象征的重要法则，是"随物赋形"的智慧。汉字反映出人们直觉思维图示的智慧成果，其玄深的哲理，灵动的意念，具有很强的创作意义和视觉价值（见图6-1和图6-2）。

图6-1　文字的文案化解构以表达多重含义

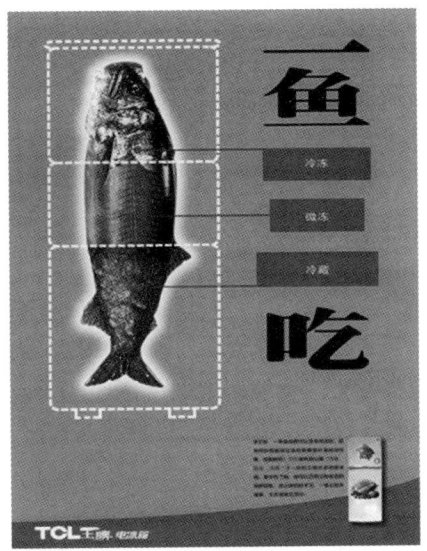

图 6-2　图文设计中对中华文字的运用

图 6-2 来自《中国广告作品年鉴》。

作品：TCL 冰箱的广告

客户：TCL 集团

广告标题：一鱼三吃

广告正文：一鱼三吃。手艺好，一条鱼可以变着戏法吃，但有何办法能保证鱼的新鲜度？此刻，如你所需，恰到好处。TCL 率先推出集"冷冻、微冻、冷藏"于一体的三制式多功能冰箱。家中有了它，你可以巧用三种形态的保鲜功能，加上你的好手艺，一鱼三吃非难事，无穷滋味在其中。

创意：卓越

文案：卓越

制作：卓越

（三）品牌的本土化是广告主经营的主要目标之一

中华汉字本身的自带结构和文化内涵，对我国本土商业品牌的创意无疑是一种最佳的传播符号，品牌的本土化恰恰是我国多数广告主的经营目标。用中国元素的创意传播成就品牌的"本土化"，用品牌标签征服人心，打造市场价值，成为我国众多本土企业品牌营销传播的良策。

任何一家广告主都希望自己的商业品牌被打上"本土化"的标签。在我国，中国元素就是实现其目标最具代表性的品牌表现形态。

基于目前广告传播市场内容营销、事件营销和公关营销等取代硬广告投放已大势所趋的态势下，只有文化能够拯救广告，只有官方和民间同时认同的文化导向才能使广告更为有效。在我国，中国元素正在成为广告创意元素的首选，这方面成功的案例实在太多，不再一一赘述。中国元素蕴涵的民族风情与国家精神，是当今时代广告文化的主流。民族的，就是世界的，就是能够流行的，中国元素具有国际化、时尚化的属性。

第二节　数媒环境下广告产业的新形态

一、数字媒介环境下品牌的年轻化与IP化

(一) 数字营销传播促生广告新业态

1. 数字营销传播意味着什么

数字营销传播即在数字技术和网络媒介，尤其是在移动网络和智能终端的媒介消费条件下，广告主力求通过最先进的传媒技术和媒体影响力实现广告产品或品牌市场推广目的的广告传播活动。由于传媒技术的赋能，数字营销传播具有远远超过传统媒介传播的多元化功能和丰富的效果，数字营销传播意味着：

"流量"——体现了话题或作品的热度和广告符号的传播效力；人们在社交网络平台上的"协同创意"——某种话题或文化符号引发的头脑风暴般的社群活力；具有相同或相似价值观的网络群族的形成——品牌消费者或用户不断的聚合力；传播媒介或社交平台出现的"沟通元"——群友们对某种文化元素或产品符号产生的心理共鸣和自然发声；品牌的IP生成——这是IP的广义泛用，这里的"IP"是建立在粉丝、流量等网络聚合用户意义上的现象级新范畴。IP已经从作为专业术语的"知识产权"被拓展到传媒、娱乐和品牌等多领域，出现了"大IP"或"超级IP"这些数字营销成果，使品牌从一般的市场差异化竞争中升级为"IP"化，自带流量，自带用户。

以上这一切，都是广告主的广告投资、广告公司的策划与创意、广告媒体的传播策略所追求的市场效果，将广告媒介受众带入特定的营销传播语境中，使其对广告品牌从自然到自觉认知，从关注到采取行动。

2. 数字营销传播中媒介功能的拓展

近年来，"万物皆媒体"在业界广泛流传，专业的广告与传媒人士已经对此观

点津津乐道。本身，这一"定论"也是发自于传媒一线的实践人，而非来自学界。但几乎专业人都知道，早在20世纪中叶，加拿大著名传播学家马歇尔·麦克卢汉就在其著作《理解媒介——论人的延伸》中指出了媒介不是专指狭义的广播、报纸、电视等从事大众传播工作的机构，而是在更广泛意义上实现人的延伸的各种技术与中介。这些媒介有很多融于日常生活之中，根本未被人意识到，如道路、服装、住宅、时钟、轮子、飞机、打字机、游戏，乃至武器。"在我们这样的文化中，长期以来已经习惯于把所有的事物都分裂和切割，以此作为控制事物的手段"①。传播学的缔造者在理论上的高屋建瓴得到当代媒体实践的证实，"在人的延伸中"，眼镜、手表、服装等已经成为具有智能和网络传播效果的一台台"电脑"。数字技术赋能下的多元化、网络化、交互性以及高效性传播的媒介载体，这里我们简称为"数字媒介"，其具备了以往传统媒介不曾有过的多重属性，在传递广告品牌信息，实现品牌推广和销售，服务品牌文化升级的需求中具备"前所未有"的强大功能。

数字媒介的广告营销传播使其讯息内容的分享、转发和扩散之速度前所未有；数字媒介的广告营销传播使其推广品牌在社交媒介平台上得到的互动响应前所未有；数字媒介的广告营销传播使品牌广告主得到即时性反馈的真实性前所未有；数字媒介的广告营销传播使其品牌用户针对品牌质量消费反馈的话语权前所未有；数字媒介的广告营销传播使品牌策划者对品牌创新创意的心智投入前所未有；数字媒介的广告营销传播使品牌的重新定位或升级的品牌人格化趋势前所未有；数字媒介的广告营销传播使品牌讯息内容的渗透性和影响力前所未有；数字媒介的广告营销传播使其消费者或用户对品牌的体验和意愿性表达前所未有。

以上，数字技术下媒介传播功能的拓展为广告的文化元素提供了更加广域的创意空间和优化的展示条件。新的媒介环境促生广告作品和广告产业的新业态，广告"新事物"不断勃发，为大量需要"焕发青春"的老品牌提供了有利的媒介环境。品牌的升级和迭代需要其卓越的市场表现，数字技术为广告品牌的做大、做强注入了新动能。

3. 数字新技术促生了广告新业态

数字网络社交平台和移动终端的崛起，使广告信息的传播渠道和内容形态发生了深刻变化，促生了有别于传统广告作品的新业态。广告新业态即指基于数字

---

① 马歇尔·麦克卢汉.理解媒介[M].何道宽，译.北京：商务印书馆，2000：33.

技术和网络媒介特征的广告传播的新形态。从策划和创意到传播执行，传媒技术和社交平台都赋予了广告新形态新的创意符号组合形式和传播效果。如微信上的H5广告，便是集以往各类媒介传播符号于一体的新形态广告产品，滚动推送，24小时在线，图文并茂，音视频交叠，亦可以无限链接进入企业网站或其他更加深度的信息源，也可以使受众随时反馈或与广告品牌产生互动，直至实现"品效合一"（即广告的品牌传播与产品的销售同时在一个平台完成，即可产生经济效益）。

广告产业新业态的出现是传媒科技的发展与当代公众社会心理进化之必然。这其中，广告信息传播的属性始终没有发生改变，却扩展了人们普遍追求的功能：移动消费日常化、社交媒介商业化、事件报道品牌化、内容营销场景化、受众接受粉丝化、网红直播符号化和传播与销售的一体化。

传媒科技的发展也改变了广告文化元素的创意方法和形式，使更加多元化的文字与图案也进入当代技术程序下的完成创意组合，以呈现出更加丰富的信息意义，打造了品牌以及品牌文化更加全息的语境，实现了"语用＝语境＋语义"这一语言表达的基本原则，使广告文案创作更加真实与科学化（见图6-3）。

图6-3是一家老北京的炸酱面品牌"海碗居"在微信公众号上发布的品牌广告。当代科技条件下，通过文字云编辑网站，广告文案自身也成为制作软件下文字程序化的一件作品，这既是广告的新形态，也是传媒科技使老品牌"年轻化"的生动呈现。

图6-3 老北京炸酱面"海碗居"在微信公众号上的品牌广告[①]

---

① 图片截自"海碗居"老北京炸酱面的微信公众号，2017-04-30.

数字时代，媒介的多元化格局使信息的真伪辨析愈加重要。信息的来源以及真实性、网络内容的真与假都直接影响到广告品牌的传播效果，更影响到消费者心理对广告品牌的信任度。因此，通过大数据的分析和运用，不断优化、甄别和过滤喧嚣的商业信息，实现对广告信息的有效管理，为用户提供优质且真实的品牌写真内容，是当代广告业在技术驱动下的增值服务。广告产业信息传播的服务属性决定了广告不仅需要依赖先进高效的传媒技术硬工具，更需要创意文化元素符号的软实力，二者相辅相成，不可或缺，后者具有决定意义。

（二）数字营销传播使品牌年轻化与IP化

1. 数字营销传播促进品牌的年轻化

市场竞争，历经数年、数十年甚至上百年，已经形成一定品牌资产的商业"老字号"品牌需要迭代，需要"年轻化"。数字技术下的媒介环境提供了一系列有利的条件，有助于实现老品牌的年轻化升级。品牌的年轻化即品牌的创新或更新，通过品牌文化的新界定、品牌形象的重新定位和品牌符号的新形态表现出来。目前人们对品牌的"年轻化"有两种基本的理解，第一种是针对"老品牌"产品自身，主张在新的品牌传播语境下，把老品牌的内涵重新定位或升级，以淡化或去掉"老化""老气"的品牌历史印象，刷新品牌在老用户心目中的品牌形象，同时吸引年轻的新一代消费者；第二种是针对年轻的品牌消费者或用户，主张把品牌市场直接对准新生的一代年轻用户，通过有针对性的品牌文化传播方略，抓住年轻的媒介受众，使他们成为品牌个性的粉丝和品牌文化的拥趸，进而成为品牌的目标消费者或用户。

这里，我们着力于第一种对品牌年轻化的理解，因为老品牌如果能够"满血复活"，重整资源再现市场辉煌，对更多的中华"老字号"会有更加广泛的意义。

品牌年轻化的基本途径离不开文化元素为品牌输血，离不开文化创意重塑品牌形象。立足于当代传媒语境，我们认为品牌的年轻化可以选择：加入新鲜、时尚的文化元素，或更新原有的文化调性，同时保持（如老字号）或提升（如非老字号）品牌原有的品质定位，给予产品品牌旧貌换新颜的印象；选择新媒介平台的传播效果，使老品牌的个性表达时尚起来，如图6-3中的"海碗居"老北京炸酱面品牌，引用数字化的先进技术软件，使品牌形象重新定位；联盟市场新秀品牌协作式营销推广，传播出1+1大于2的品牌双双增值效果。如肯德基&阴阳师跨界应援二次元的营销传播策划与实施，用足人们玩游戏时刻的注意力；选用年轻、新鲜的代言符号，赋予品牌活力四射，阳光向上的感性。这一切都需要健康的符号形象和正能量的传播场景，与品牌重塑所要传达的文化概念毫不违和。运用文化符号创新立意，提升品牌的社会责任感和品牌文化的公益内涵，以重塑品牌公共形象，这是以文化元素创意的力量带动产品的功能性市场定位，相对于以上品牌年轻化的各种路径，这才是品牌"攻心"的上策。

真正的广告文化创意是不落俗套，令人耳目一新，又充满正能量的作品。数字技术助力文化符号的创意表达，发乎需求归于升华，基于品牌的物理功能又能使人精神愉悦。

2. 品牌的IP化与文化创意

IP是什么？原意即其英文全称"Intellectual Property"的直译——"知识产权"也可译为"知识版权""知识财产"等，是一个在传统媒体时代就有清晰界定的专业术语。但是近年来，IP却广泛流行于网络文学界、游戏界、娱乐和影视界等，还出现了"大IP"以及"超级IP"之说，已进入商业品牌领域。何谓广告品牌的IP？直观表达就是品牌的市场表现卓越，已经有了稳定的粉丝群（数目较为庞大），品牌自带流量，品牌有自己的拥趸。IP的本质是具有版权的文化财产，IP价值体现的是其背后"粉丝"的规模数量以及他们的消费能力——这才是人们关注的实质，也才是IP得以流行的主要原因。至此，IP的经济价值便浮出水面，依靠IP凝聚起来的是一个受众（观众、读者、网友、用户等）群体，聚合他们的力量是IP内容的影响力。能够成为IP，即具有知识财产内涵的东西，应该具备完整的文化产品形态，赋有一定世界观和价值观属性，由自身的文化逻辑构成其生命力。所以，IP应该是在具备了一定的文化元素积累之后所输出的具有某种价值观取向的精华作品。显然，在数字媒介环境下，由于互联网功能上的聚合力、扩散力和交互动能，将IP转化为大IP，再促生出超级IP的周期相比传统媒介时代要缩短很多。于是，当一个有吸引力的好内容出现后，争抢购买其IP的现象便会出现，正如现实一般。

同理，商业品牌的差异化个性定位与IP关于知识财产的独占性版权在本质上相互通达；商业品牌为吸引媒介受众而进行的创意性传播与IP凭借好内容吸引更多的粉丝异曲同工，这是商业品牌IP化的学理基础，目前已得到业界将IP泛用在商业品牌传播众多案例的实证。

广告品牌的 IP 化，即依赖广告品牌自身的文化内容和作品形式以及持续的传播力吸引、凝聚和黏住广告媒介受众（即目标消费者或产品用户）的活动过程。每个在差异化建设，或重新定位等升级过程中的品牌都有其自身的内涵意义和成长逻辑，并通过广告专业人的策划与创制，持续地将品牌文化诉求以广告作品，或以广告活动内容的方式呈现给受众。其中，品牌通过一定的广告传播策略实现维护老用户，吸引新用户，扩大品牌粉丝的过程就是品牌 IP 化的过程。

广告品牌的 IP 化还是一个新生事物，其成熟的标志是品牌 IP 自身能够开发性地承载品牌文化的全部价值。较为典型的案例是，几年前农夫山泉和网易云音乐两个品牌合作过的"乐瓶"活动：在农夫山泉的瓶子上点击瓶贴图案上的任意一颗"星球"，都会出现一句精选的乐评——爱乐者们在音乐的氛围中发自内心的深刻感受。这是一个极富文化创意的整合传播活动，使农夫山泉和网易云音乐双双获益，后者自带的巨大乐评数据库足以支撑"乐瓶"在数字营销传播中不断输出新内容，壮大其 IP，也不断释放广告文化创意于两家品牌的文化魅力。

广告品牌的 IP 可以通过一个具体的象征物或传播符号来表达，但其 IP 的实质内涵是广告品牌文化的价值取向以及价值观。走出一条健康的广告品牌 IP 化发展路径，需要具备品牌内涵的文化要素以及文化创意，主要包含构成品牌 IP 形态三个层次的内容：

第一个层次是品牌 IP 的文化精神内核，即产品的文化价值或品牌故事，这是构成品牌 IP 的核心引擎。产品的文化价值是建立在高规格产品质量（有需求的使用价值）的基础上，这是最不能被忽视的前提，是产品品牌存在的意义。建立在使用价值的基础上，其文化元素创意的吸引力是产品品牌走向市场赢得 IP 的关键。

第二个层次是品牌 IP 的物质载体，即承载物，抑或品牌 IP 的传播符号，这是 IP 黏住"粉丝"的外在符号性表现，以实现品牌与用户之间的连接。在一个"泛 IP"化时代，无论是针对制造商的物质消费产品品牌，还是针对文化企业或传媒企业的文化产品品牌，广告品牌的传播者都可以根据产品特质、外形或用途创造出适合于品牌形象推广的"虚拟化 IP"，或人物，或二次元动漫形象，或某一虚拟物（符号）等。

第三个层次是品牌 IP 的附加值，即品牌的 IP 传播不仅要强化原有品牌文化，还要使其不断延伸，通过 IP 化不断寻找品牌文化价值增长升级的空间，通过思想性文化的冲击力和影响力长期黏住用户并不断吸引新用户。

以上品牌 IP 化的三个层次，实际上对应的是商业产品构成原理中的"核心产品""有型产品"和"附加产品"三个层次。构成品牌 IP 形态的三个层次都具有文化意义，都需要文化创意，都具有文化创意激活的思想力。

品牌 IP 化共同的属性就是通过优质的文化内容和符号创意，构建具有思想内核的文化意义，与人性相通、与人心相连、与人群协同，从广告主以及经营的产品品牌到通过品牌文化提升品牌形象，从文化沟通进化到商业往来。在当今社会，借助于数字媒介传播平台之便利，生产赋有情趣和正能量传播意义的品牌热门话题，制造品牌流量，在社交网友无限长尾的互动中赢得眼球（经济效益），实现用户由关注者到消费者的转化，最后，将品牌的 IP 由大规模的粉丝流量推向品牌的大 IP。

二、数字营销传播效果中的文化体验

（一）文化体验的价值

"体验"是一种人的感官受到某种刺激或享受价值后而引发的心理反应，要经过人的感觉感知上升到理性察觉两个过程。"体验"是直接反映人们在周围环境、场景和语境中的获得感和存在感等从心理感受到精神意义这一过程的术语表达。在数字媒介的营销传播中，体验性一方面是指用户在消费传媒内容时对信息或信息符号的刺激所产生的情绪感受和心理体验；另一方面还包括用户在使用媒介时感受到的方便性、快捷性、简约性和愉悦性等在媒介传播效率和效果方面的心理感受。文化体验是在文化元素符号的传播刺激下，人们从生理到心理，从感官到精神上得到的"享受价值"。多数情况下文化体验能够带给人们美好的、正能量的享受价值；有些情况下也可能是负面的某种痛苦。切中用户需求的品牌文化体验是最能迎合用户和留住用户的商业目标。

如设立在瑞典斯德哥尔摩地铁站台的数字广告牌，就是一个具有较强的广告体验性的技术＋文化型的创意（见图 6-4）。这个广告牌的特殊之处在于自带仪器，当该仪器监测到列车来了时，广告牌上模特的长发即被"地铁带来的风"吹得飘来飘去；当地铁列车离去，长发瞬间便恢复了原来柔顺的发型，依旧顺达挺直。仅仅几十秒钟的广告画面，却非常直观地呈现出这款广告品牌——某款洗发精产品"让秀发保持飘逸"的创意诉求。这是一种值得超赞的广告新技术体验，被风吹乱头发是长发女性都有的烦恼，她们需求一款能使秀发迅速恢复造型的洗发产品，以满足女性在细节上保持外在形象美的期待，这是很多女性都深有感触的普遍性需求，广告创意便油然而生。

图 6-4　设立在瑞典斯德哥尔摩地铁站台的数字广告牌

产品是有形的，品牌是无形的，而创造出的体验是令人难忘的。文化元素的创意构连起人们的主观体验感，令人难忘的除了产品本身能够满足人们物质需求的质量感，还可能是品牌在营销传播中的情绪和快乐感。数字营销环境为品牌传播提供了更加充分的技术可行性条件，使广告品牌的策划和传播者可以通过场景设置、符号组合、AR 或 VR、人工智能等先进技术进一步吸引、刺激、感化广告目标受众，使其在良好的文化体验中铭记品牌。目前，广泛运用在广告品牌传播中的体验性分为信息内容的体验性和媒介使用的体验性两种基本类型。

第一，文化创意使广告品牌传播更加吸引用户的内容体验性。

当初的微信在刚刚上线，投放市场使用时，经营者担心广告的商业性影响其社交性，从而给用户带来不悦，并没有在微信的朋友圈里设置投放滚动性商业广告的功能。众所周知，至今微信的使用得到迅速普及。根据人民网发布的 2018 年微信年度数据报告："2018 年，每天有 10.1 亿用户登录微信；日发送微信消息 450 亿条，较 2017 年增长 18%；每天音视频通话次数达 4.1 亿次，较去年增长 100%"①，2014 年，被称为"微信之父"的张小龙曾表示，希望每一个微信用户都能够尽快地离开微信，因为如果你每天在微信里花太多时间，就会过多地依赖微信，并且变得很焦虑。因为过度的信息供给也是一种负担，无形中会增加

---

① 人民网 . 2018 微信年度数据报告：每天 10.1 亿用户登录微信 [EB/OL].（2019-01-10]）[2019-04-08]. http : //media.people.com.cn/n1/2019/0110/c40606-30513560.html.

精神压力。正是出于这种文化层面的考虑，直到2015年年初，微信才开始推送其信息流中的商业广告形式。第一次即2015年1月25日，微信的经营团队小心翼翼地根据大数据进行了分类分发，当时只投放了宝马中国、可口可乐和vivo智能手机三个品牌，却引发了全民刷广告的风潮。微信的经营者硬是将一贯惹人反感的商业硬广告"玩"成了人人都可以对号入座，寻找自身画像的文化体验事件。正是此般文化创意，使微信朋友圈的滚动式广告在正式上线后没有受到广大用户太多的诟病。这些围绕人的心理感受而策划的文化体验策略将广告传播对用户的"骚扰性"转化为"趣味性"和正常的信息消费，以文化内容更加吸引用户的主动参与。

第二，技术赋能不断优化用户对媒介的体验性。

数字媒介技术造就了一个人人媒介时代。传媒技术的飞速发展和迅速普及，伴随着"三网合一"（电视网、通讯网、互联网）和"四屏贯通"（电视屏、电脑屏、手机屏、户外屏），使人们以往读者、听众、观众和网民等媒介受众的身份，逐渐升级为可以随时触达媒介屏幕，实现各种消费意愿的用户。移动屏读、碎片化时间的沉浸、随时随地的场景，用户比以前任何一个传媒发展时期都具有更方便触达传媒的身心条件，能够"分分钟"激活用户的求知或好奇心理。"分分钟"地学习，"分分钟"地体验，使用户的身心满足感更强。相比以往任何一个历史阶段的广告商业传播，用户对品牌文化的场景化体验效果更加明显，数字媒介与人的身心距离更贴近、对用户的触达性更便利、广告品牌信息与用户的互动性更灵活、广告媒介受众其主体性的表现空间更充分。

所以，数字媒介传播给予人们的体验性更强烈，尤其是其文化体验的方式更贴合人性的自然接受心理。品牌文化在移动终端视频化的网络传播环境下，伴随主流媒体先后建立客户端，以及各类APP客户端的"割草"式增长，呈现出所谓"病毒式"营销传播。"病毒式"的品牌传播从本质上揭示了用户难以抵挡媒介信息的各种侵袭。近年来，体验性已经成为包括主流传统媒体在内的各种客户端竞相争宠的主要策略。在当下终端入口多、信息渠道广、传播行为过度的媒介环境中，哪家APP的体验性好，尤其是能否具备文化的吸附力，哪家的媒体就会受到用户的青睐，继传统媒介时代停留在商品层面的体验之后，数字媒体时代的体验经济再一次浮出水面。

（二）体验经济与广告品牌的价值传播

传统媒介时代的"体验经济"多发生在商品生产领域，意指产品的生产者和经营者利用消费者对于产品生产过程的好奇心，将原本不需消费者亲历亲为的生产或服务过程，以一定的方式邀请消费者参观或参与的经济活动。体验经济追求的目标是消费者获得对产品品牌的个性化心理满足和享受价值，包括对构成产品原料或材料的"眼见为实"等。如消费者在参观啤酒制造车间，甚至直接参与酿制啤酒的过程中获得的了解与学习、尝试与实践、安全与成就感等方面的体验性快感。数字媒介的种种优势性能都加持了品牌传播过程中的良好体验性，还可以使人们通过数字媒体平台的多功能化，进入对产品品牌价值在精神层面的体验过程。

品牌价值是一个主观范畴。国内外品牌价值的评估机构们不断推出各自的评估指标体系，即使是那些上了各种榜单的所谓"头部"品牌，在人们心目中的真实地位却依旧是瞬息万变的。品牌在人们心目中的价值属性或定位，首先受制于人们的主观偏好，即媒介受众关注信息的选择性定律。这一定律揭示的是受众接触和认知媒介信息具有三个步骤：第一，选择性接触，又称选择性注意。即在一般情形下，媒介受众是先要接触与自己观点相吻合的信息，这是一个过滤信息的选择性过程；第二，选择性理解。即媒介受众总是依据自己的价值观和认知模式解读所接触的信息；第三，选择性记忆。媒介受众根据自己的个人需要和偏好选择有利用价值的信息储存于大脑，甚至直接完成认知或重构知识元的过程。媒介受众对广告品牌价值的认知，同样遵循包含上述三层意义的选择性定律。其次，在一个泛式传播的"万物皆媒体"时代，广告产品的品牌价值在目标用户中的心理定位，时时刻刻会受到人们随机性刷屏而获取网络信息的影响。这些信息的发布者可能有各种身份，或是广告产品品牌的直接消费者及用户；或是竞争品牌的经营者；或是一般娱乐性狂欢（包括娱乐性恶搞）的媒介受众等。遇到事件营销，关于品牌的信息内容又会成为人们的谈资。以上这些，实际上都属于媒介受众在精神层面对品牌价值的体验过程。这一过程带有文化价值观的选择性，带有文化符号创意的娱乐性，带有文化元素影响力的冲击性。

构成"品"字的三个"口"将会永远提醒品牌的拥有者和策划传播者们，品牌是靠消费者或用户的口碑积累而形成的。尽管广告具有"生产"品牌的功能，但是单向的品牌喧嚣和政策性的授予或加持都难以使品牌在消费者或用户的心中生根、开花、结果。当代的网络数字社交平台提供给品牌经营者或传播者一个具有"双刃剑"属性的媒介环境,或对广告品牌雪上加霜,或锦上添花。故此,亟待品牌传播者通过营造特定的语境,创制适当的符号,传播适切的文化信息,使受众在精神上产生良好的品牌体验,将品牌牢牢地"黏"在消费者或用户的心里。品牌文化的构连力是检验广告文化创意策略的主要内容。

(三)文化的构连力使目标受众从体验者走向意愿者

意愿经济,这是一个非常契合当代数字传播语境的范畴和议题,是伴随人人媒介和自媒体发展的必然效益。意愿经济即指广告媒介受众或产品品牌的目标用户根据自己对品牌在身心接触后的良好体验,从自然到自觉地转化为品牌消费者的商业行为和经济过程。于是,发现用户意愿便成为广告品牌经营者和传播者一个重要的调研任务。

如何打动媒介受众并激活他们的认知结构,引发他们的反馈和互动,使他们在有感后进入有意识的身心体验状态呢?这会考验广告品牌的经营者与传播者的专业功力。与传统媒介相比,今天的社交平台更有利于人性的沟通,更有利于呈现真诚。发力于数字媒介传播中的广告品牌都可以通过文化创意使品牌文化渗入场景,如情感因素、文化因素、娱乐因素、同理心、恻隐心等能够引发媒介受众"心动"的美好情愫,为用户每一个可能触达的环节注入"体验价值",使他们在美好的体验中从不知晓——知晓——理解——确认——行动,实现品牌的"沟通光谱目标"[①],这是品牌从体验经济走向意愿经济的必然过程。

设置吸引目标受众注意力的品牌入口,使用户在良好的品牌体验中产生消费品牌的意愿。纵观移动媒介的强大功能,概览社交平台勃起后人人媒体的万象景致,数字媒介语境下如果有文化元素的牵引和构连,人们对广告品牌的态度可能会更开放、更感性、更具有想象力。

意愿经济发生的基础是消费者或用户的情感投入和对品牌的心理认同,即买方发现合意的卖方,这里更需要广告传播者切准品牌入口,运用文化创意的构连力聚合和黏住更多的消费者或用户。无论是线上还是线下,都需要广告品牌的传播者把目前市场低端的、喧嚣的话术竞争转变为释放品牌利益的体验性场景,进而从体验

---

① 丁俊杰,康瑾.现代广告通论[M].北京:中国传媒大学出版社,2013:216.

经济升级为意愿经济。这里，从广告业的三大主体——广告人、广告公司和广告媒体，到广告客体——广告媒介受众（即消费者或用户），都需要与时俱进，充分享有传媒技术的高效与便利，通过自身当代媒介素养和品牌素养的提升，自觉与自律地甄选媒介入口，以文化创意优化商业传播内容，以传统优秀文化和先进的当代文化元素为广告品牌到达消费者或用户的"最后一公里"保驾护航。

第三节　科技发展对文化创意与广告业融合的驱动力

一、科技发展的客观性与"双刃剑"作用

(一)科技的发展加速了广告产业的升级

科技的发展,尤其是传媒科技的发展使广告产业呈现出客观必然的升级态势,并加速将这种升级推向市场。广告产业的升级需要强化广告受众的入口性,培育传播媒介和广告作品的网生性,构建广告人和传媒人的大视频思维,以此成就众多品牌的文化内涵在消费者或用户的新定位。广告的品牌战略与战术决策过程尽管依赖于调研分析和大数据支持,却首先需要人文学科和社会科学的引导。"六度分隔"和"三度影响力"以及众多传播学的理论学说,都是围绕人性和人伦在人文学科意义上的传播效果解构。伴随传媒科技的日新月异,文化与创意依然,甚至更加成为商业品牌在数字网络媒介环境下进行广告传播不可或缺的重要理念和实践应用,文化元素和思想点亮的火花落地到实践中,星星之火可以燎原。

人文精神要高于科学精神!在品牌文化领域,能够"买断"消费者需求的,只有高含量的情感诱因,这已被科学理论所论证。《未来是湿的》是根据"湿件"之意对未来预测的结论。1988年,鲁迪·卢克出版的《湿件》这一科幻小说首次提出了"湿件"(Wetware)。"湿件"是相对于硬件和软件提出的新概念,意为"头脑的生物控制软件"。在新经济增长理论中,湿件也称技能或只可意会的知识,是储存于人脑之中、无法与拥有它的人分离的知识,包括能力、才干、信念等。《未来

是湿的》^①（另版书名为《人人时代：无组织的组织力量》），其阐释的观点是，由于互联网和其他技术的影响，网络改变了人们的关系，促生了新的组织形式，未来社会因互联网把人与人的关系以及社会环境变成了一种"有生命力的、有黏性的、湿乎乎的存在"。作者这里是将"社会性软件"（Social Software）与"湿件"（wetware）的意思串联在一起，即人们的生活水平越高，自由度越大，其选择价值越"任由我心"，故此，前面所谈到的意愿经济或将成为未来品牌世界的关键概念。

（二）科技发展同时导致的传媒乱象

传媒技术飞速发展，移动终端迅速普及，能够分分钟进入人们的碎片化时间，一个把持手机的人是难以远离喧嚣和鼓噪，真心静下来沉淀一些东西的，这是当代社会性的浮躁现象——无论是处于传媒界，还是社会其他各个领域的根本原因。

新新媒介，人人时代，经历了网民的狂欢，认知盈余开启了无组织的时间力量。一方面，为了免费模式背后的社会化驱动而制作话题，大量冗余且过剩的信息真假难辨；另一方面，为了迭代更新追赶微平台和APP，视频、图片等"快"信息使人们思考性阅读的精良习性消失殆尽。大连接使互联空间既是网络又是社会，聚合了群体力量的正负传播同生共长。朋友的朋友的朋友的"三度"强连接，使社会传递的力量比信息本身产生的直接影响更大；六度分隔的弱连接，使一个人和任何一个陌生人之间所间隔的人不会超过五个。世界是平的，未来是湿的。连接唤起的人人意识将人人价值释放在无组织的组织里，有人性的真、善、美，也有病态的假、恶、丑。无极限网络爆发的大数据大合作使线上与线下的O2O引发移动互联网时代新的商业革命，创业者前赴后继。尽管创新者遇到窘境，草根媒体却永远生机勃勃，创客不时的萌动，引爆点一波又一波，公众风潮将传媒机构们围观得既"破窗"又"破界"，没了底线，加剧了传媒伦理的渐离渐远。谷歌带来了什么？除了发现问题的探索精神，还有它的街景车；脸谱效应使它的7亿追随者除了受到馈赠型经济的诱惑，也毫不犹豫地贡献了自己的私人信息。势不可挡的传媒技术在发展中，也在报复中。曾有人预言：全人类的最

---

① 克莱·舍基.人人时代：无组织的组织力量（修订版）[M].北京：中国人民大学出版社，2012.

终命运和结局就是失控。

色情传播、网络诈骗、隐私泄露、黑客猖獗,屡禁不止。技术本中性,全在使用者的意念间。微平台深入生活,无线网络触摸到每一根神经。当人类被彼此镶嵌在一个网络上,在更大的网络和更小的世界之间虚实隐现时,媒介技术的赋能使话语权在商家那里得到无限度,甚至无底线地放大。当代传媒不仅是传播内容的管道,还是人们精神交往的平台。市场经济体制下商业品牌的竞争不仅仅是消费者的竞争,还是品牌文化优劣的较量。当代无线便捷的移动社交网络不仅作为人们媒介消费的工具,也已成为人们创造自我价值、创造产品价值、创造品牌价值、创造企业价值、创造产业价值、创造民族利益、创造国家"软实力"的窗口和平台。因此,广告策划与创意品牌传播中的文化创意便成为打造商业品牌文化和提高商业媒体文化价值的必要方式。自觉地坚守正能量传播,发挥技术的正态效应尤其需要传播者的理性和自律。

二、科技发展对广告文化创意的影响

(一)传媒技术激活了人的主体性文化创造力

人的主体性即人对自身的意识性、能动性和创造性等本体功能属性的个体主导作用。每一种新媒介技术的使用和普及,都会形成一种全新的社会交流构型,越来越趋向于授权给媒介使用者个体:从印刷媒介到广播、电报、电视和电话的普及,再到 PC 互联网,以致今天以智能手机为标志的数字移动终端这一完胜的自媒介形态。传媒技术的纵深拓展构建了个人与他人和社会越来越宽广和迅捷的连接。当代人类进入了以互联网技术和数字移动媒介为特征的媒介时代,在互联网牵动下的思维导图,绽放着人类个体各色各样的心灵花朵。新的数字网络媒介激活了人们的主体表达意识,同时呼唤信息文明消费中的文化素养。

互联网唤醒了人的主体性,"人人意识"使整个社会进入了个人崛起的时代。互联网连接起每一台电脑,使网络终端的每个人都拥有网络的一切资源,也使每一个人都成为无法分割的网络世界的主体元素。于是创客与创客空间不断发展壮大,在网络空间用户生产的原创内容 UGC(User Created Content)源源不息,无限"长尾"。互联网使每一个人都可能是个人命运的直接掌控者,也是个人价值的直接创造者。同时,网络社交平台链接起"人人媒体"的超功能也激活了人与人之间的双向或多元互动，个人和个人力量的汇合与凝聚释放出以往不曾有过的创造力量与"人人价值"。个人力量的崛起——文化创造力的普发性——文化元素的丰富性——符号组合的多维性在每个人的能动意识和思想力的爆发下得到无限的拓展和长尾性绵延。伴随互联网平台自发性群体智慧的迸发，通过专业传媒与广告人自觉的调研与策划，文化、文化元素、文化元素的创意、文化创意中新的符号构连意义得以有效"溶解"在品牌文化中。互联网使每一位文化的"原创者"更容易实现自我价值，使作为个体的每一个人都拥有了前所未有的媒介权益，集中体现在三个方面：

赋权：网络的技术性"赋权"使每个人拥有了让自己的声音影响世界的权力。

态度：人们在网上拥有更开放更有想象力的人生，塑造出个性化的媒介态度。

个性：在一个自由时空中的人们回归着人的主体性，造就出草根型传播明星。

互联网让每一位公民个人，或曰"草根"型的普通人跨越了传统的社会阶层、学历资质、专业职称、权威评价等成才中的路径屏障，获得了平等而充分的展现机会。然而，正如波普艺术的倡导者安迪·沃霍尔在1987年预言的那样：每个人都可能在15分钟内出名；每个人都只能出名15分钟。媒体能够使每一个人、每一个品牌尽快成名，但是也可以使其轻而易举地毁于一旦。传播媒介是工具，互联网也是工具，最终能够留在人们心里的不是这些多姿多态的工具，而是与人的情感与体验息息相通的文化内容，是人类创造的文化价值，是赋予文化意义的品牌形象。通过互联网将每个个体的价值最终汇聚成整个社会的共同价值，创造出一个具有新的意义的时代变迁，这是互联网技术对于人类社会个体人性的发展提供的积极意义，是传媒工具对品牌的赋能。同时需要提醒的是，传媒工具永远不可能替代内容价值，人的创造力在文化创意中终将超越技术的影响力。

2017年的人工智能来得比往年更猛，从上半年人们热议的AlphaGo战胜围棋国手，到李彦宏视频直播自己乘坐的无人驾驶车上北京五环路（宁愿收到罚单）；从国发【2017】35号，国务院关于《新一代人工智能发展规划的通知》，到阿里云在"双十一"一天能处理8亿个包裹。但是所有这些，毕竟是人工编程，即使互联网或物联网技术再登峰造极，它也要经历算法智能、感知智能，最终才能进入情感智能阶段。2017年，马云的"鲁班"机器人当天设计出4.1亿张海报，这只是算法型或感知型智能机器人的作品，而未来的情感型智能机器人则要在一定的场景下参照用户内心的价值取向进行设计和选择，更加需要真心策划和真诚创意——既是回归又是升华，这就是情感智能。技术、程序、智能，以及互联网物联网等，都是内容传播的载体工具、手段和路径。广告，永远是那种通过策划和创意才能实现用户沟通的专业传播产业（另一个专业传播是公益性的新闻事业）。技术越发展，智能越发达，越需要以主题诉求表达用户洞察，以诚信为魂震慑人心，打造以人为本不可替代的传播产业全价值链。广告的专业卖点依然是通过策划与创意生产、迭代和升级品牌形象，而传媒技术是必要的、重要的，但不是唯一的，技术只能是手段和工具。

（二）新时期的数字语境需要技术＋思想＋表达

2016年中国新闻学年会上，一位复旦大学的老教授直言：传统媒体萎缩，记者素质大幅度下降，全国新闻院系毕业生进传媒的不到10%，以往的培养目标名存实亡，需要修正现代传播学野蛮生长，继续扩张的现象。然而，新媒介的连接本质使得传播不限于传递价值，更创造价值。传媒教育要以培养公共传播复合型人才为目标，以社会交往、沟通为基本范畴，以技术＋思想＋表达的方式重新设计课程体系。

在广告人才的知能结构中加入技术元素，这是必需的！我们不期待广告专业人士都会开发APP，但是我们专业人会用H5，熟练PS和PR等计算机软件工具。戛纳广告节的评奖标准之一是关于创意的原创性＋相关性＋震撼性，其前提首先是用户的媒介触达。广告的整合传播正是集传媒与用户可能达及的各种触点而共振发声。

2014年10月，自媒体逻辑思维平台播出了柳传志的真声，通过60秒语音征集互联网思维的柳桃营销方案（见图6-5）。他在7天里共收到2863份营销方案，当2014年10月23日柳桃开售，1万箱便被一抢而空。

图6-5　柳传志在罗辑思维上发起卖桃英雄帖

这就是现代传媒环境下自媒体社交平台——信息沟通——价值交付——品效合一的功能,早已超越传统意义上公关的一般作用。自媒体的核心逻辑是连接,首先是兴趣和观点的连接,在此之上再有服务的连接和体验的连接。所以自媒体如果有营销诉求,除了帮助品牌做价值理念的传递,更应该去尝试做价值交付。柳桃案例就是这样的一个逆向思维的结果。"求营销"本身即是一个营销。为什么这个营销行为不会被用户反感呢?其一是"向对的人,说对的话",这是由逻辑思维的用户群体特征——知识社群的条件决定的;其二是该案例当中有价值交付,2000多份营销方案,这当中不乏高价值的、对创业者和产品人有启发的创意与信息。

(三)技术进步更需要广告人的大智慧

传媒技术的进步,社交媒介平台的普及和社会化营销语境需要广告主体的高智商和高情商匹配。其实,人类认知规律的发展早就明示了:不存在事事有效的套路和捷径,打造品牌,构筑品牌文化水准的高低全在人心的一念之间。这需要广告人在亲身感受、用心体验、认知领悟和洞察后的灵光。广告新生代们只能把对优秀作品的模仿留在学校,甚至仅仅留在广告专业学习的初期,进入行业时一定要拒绝"山寨",要以深厚的文化底蕴和对当代需求的敏锐把握创新创意。品牌文化的原创性市场竞争、人工智能等当代技术对专业广告传播人才提出了更高的要求,广告人需要大智慧。

从广告人的媒介素养辨识到品牌素养的加持;从广告技术的智能化(价值化)离析到媒介社交平台人与人之间的交互能力;从生产和打造品牌个性到品牌的人格化迭代乃至升级,这是广告人硬件、软件和潜件的综合,需要具有大格局和大修为。

三、新语境下文化创意对广告业升级的质化作用

(一)传媒技术的进步驱动了广告产业的升级

传媒技术的进步驱动广告产业升级的表现:第一,强化入口性。广告传播效果的前提就是媒介受众的规模和质量。消费者在哪里,用户在哪里,哪里就是企业扩大市场占有率、赢得传媒受众的地方,这就是"入口"的意义。2017年4月13日,北京卫视与阿里巴巴签署了"台网联盟"战略合作协议,这是阿里集团寻求电视这一永恒的重量级家庭媒介的最大入口;网生性平台的各个APP大号,如头条号、搜

狐号、企鹅号、百家号、UC大鱼号等终端纷纷登录也是加强入口。关于"两微一端",人民网记者杨芳于2017年1月13日在人民网传媒频道上发了一条重磅报道,使《今日头条》在众APP中脱颖而出。第二,培育网生性。"网生性"这个概念最早应该是由黎瑞刚先生提出来的,网生性意味着媒介从根本属性上即是全部的互联网基因,没有传统媒介的痕迹和负担,即与生俱来的"网性",意味着互动、转化、沉浸等前台表现和后台大数据全息等网络元素及效果。第三,构建大视频思维。"大视频"这一概念源于黄升民老师带领团队编写的《大视频时代广告策略与效果测量研究》,是电视+网络视频(包括PC和以智能手机为典型代表的各类移动终端)+户外LCD、LED屏等一切数字显示屏幕的统称。顾名思义,大视频意味着在融媒介网络数字环境下一切用视频符号表达的内容以及相关的媒介载体。入口性、网生性和大视频等概念的问世代表了当代传媒理论的发展。

(二)坚持优秀的文化创意守住广告行业信誉

习近平总书记提出:广告也要注意导向。2016年李克强总理曾经讲道:"教育走得太快,请等等落下的灵魂。我们的教育缺乏的是灵魂的东西!"在市场经济中的商业传播领域,品牌文化走得太慢,不能跟上消费者或用户的期待,不能跟上人们日益增长的精神消费。大量中国本土品牌太缺乏质量担当的东西,亟待通过品牌故事传递中国精神、中国价值和中国力量,铸造中国品牌之灵魂。

传承优秀的品牌文化,只为好产品做广告,这是坚守品牌传播质量的保障。大广告需要公共传播的复合型人才,即具有社会交往与人际沟通的人文素质,具备主题洞察和内容符号表达的社会传播学识,复合型广告人才要心有猛虎,细嗅蔷薇,感知信息,洞察趋向,分享文化体验,找寻品牌感觉,掌握技术(入口)要领、能够爆发思想力(内容)、掌握符号表达(社交人际沟通)能力,这是传媒人才的知能体系和广告人的专业表现。但是,首先要守住品牌质量,也是守住专业传播的质量,也是守住广告行业的信誉。

在广告策划、创意等流程中,必须以商品的优良质量为前提和必要条件,否则可能适得其反。当代商业传播策划,当以真诚为灵魂,以媒介为先导,以技术为驱动,以用户正态心理为价值取向,所以需要重构品牌要素。浮躁与浮华、浮夸与浮漂、弄虚与作假、欺骗甚至欺诈等社会问题如果在广告业盛行,品牌绝不可能树立起来。因此,有些产品即使依靠杀价热卖也难改品牌的颓势。广告行业的经营理念应该是传递信息、传播文明,远离权贵、远离名噪,擅于倾听来自一线(用户与市场)的声音,留住广告的原味,把住广告的根向,基于科学的广告思维方法论、宗旨、底线和三观,在碎片化时代,不仅具备制造引爆点的实力,还要具有掌控辐射范围和舆论传播的导正能力。

(三)文化元素是消减技术或商业负能量传播的利器

将文化创意与品牌传播不断深化,并且践行于行业实践,对多数情况下亟待资金回流的广告主企业来说,有时是难以实现的。正如一位广告人所言:"让广告客户接受创意比做一个创意难多啦!"于是出现了"悲催"的广告代理公司与"难缠"的广告客户之间难以弥合的创意鸿沟。深刻解构和解决这一困境,在于广告产业的三大主体——广告主、广告公司和广告媒介都要深谙"在商不言商""广告效果在广告之外"的社会效益拉动经济效益原则。虽然以"价格战"促销的商业广告在过去的数年里一直成为电商们抢占市场、争夺消费者的"杀手锏"。然而,伴随着人们经济收入和日常生活水准的不断提升,追求质量、追求安全、追求放心、追求更加高端的社会品位已经成为一线、二线城市大多数消费者或用户的必然选择。在冗杂的网络信息环境中,大量商业信息的日常化干扰已使媒介受众不胜其烦,因此,文化是消减商业负能量的最佳创意元素,是聚合人心的利器。

大数据、云计算、人工智能、AR/VR 等新技术和 5H 媒介环境,以及即将到来的 5G 通讯时代,都在呼吁广告的人文性。只有掌握广告的本质属性,打开大广告格局,才能驾驭"两微一端"(微信、微博、APP),以文化创意和人性诉求讲好品牌故事,使本土广告拥有高能,在传承中华优秀传统文化和现代文化的数媒语境中,为广告主品牌做好创意传播和品牌管理,同时实现广告产业自身的蜕变和升级。

案例六

"除夕夜"与中华传统的节日文化

——从中国北斗卫星定位系统授予的精确时间说开来[①]

案例导读：数字文明大时代，节日还重要吗？当除夕夜零点钟声敲响的时候，中国北斗卫星定位系统授予了我们精确的时间。前思后想，还是觉得这份经人民网发布，光明网转载的关乎传统节日文化甚至整个传统文化体系的资料，系统、权威，难得！从"文化"到"人化"，再到"仁化"，观乎人文，以化成天下！这是中华文明创世传世的基础机制。文明是人类生活方式的价值总和，此文通篇展现了中华文明的源远流长，以此脉络，得以深谙中华文化发展的血脉相承。广告创意，这里有象征一个民族崛起而生生不息的文化思想、文化符号、文化精神和文化生产力！

近年来，每逢节日就可能听到"没劲了""没有什么可过的"之类的感慨，说明人们在对节日逐渐丧失热心、信心与耐心。我们的节日究竟是怎么来的？在一个科技高度发达的当代社会生态下，我们为什么还在过传统节日？这些传统节日究竟有什么样的文明价值？当除夕夜十二点钟声敲响的时候，您知道吗？这是中国的北斗卫星定位系统授予的精确时间。我们的中华传统文化，就从除夕夜与北斗卫星说开来。

[①] 我们为什么还在过传统节日，这些文明价值你知道吗？文化杂志微信公众号，2019-01-31.

一、春节与中秋是中华文明的全民性节庆体系

与西方文明、伊斯兰文明不同,中华文明几乎没有神话英雄或宗教原教旨传承的全民性节庆体系。从古至今,中国只有在事关农业生产和健康生活的重大节气上才有全民性的祭拜或庆贺仪式,如春节、清明、端午、中秋、重阳、冬至等,这些构成中国数千年传承的文化节庆体系影响到东亚、东南亚各国。其中,立春作为新年伊始并协力播种的节气,中秋作为收获团圆的季节,对应成为两个最为重大的节庆——春节与中秋节,这是构成中华民族最大人口基数的全民节日,而与此相关联的区域性和民族性以及行业性和群类性的节日和节庆文化多达数千种。

几乎所有的文明都发源于对时空关系的总体认知和实践达到了改变人类生活纯粹依附自然的程度,这就是天文历法诞生的必然性,构成文明创生和传承的价值。天文历法推广应用中的节日与节庆文化就是这种文明价值的特有表达方式。中华民族文化的血脉与真情通过节日这一形式得以永存,将人世间的悲欢离合、喜怒哀乐、美好期盼和吉祥祝愿提炼成为万古不衰的节日之魂。

中华文明体系的文化内容之丰富,非任何国家集群或文明圈所能比。这种丰富性使得我们不能简单地将中华文明的总体精神归结为天人合一,毋宁说是《易》所阐发的三才合一,即天地人合一,也就是天道、地德和人文三位一体的和合精神。因为天与人是不能直接沟通的,如果要直接沟通必有人格化的神做天的代表,这就是公理化的宗教观念。中华文明是世俗文明,其天道需要通过地德来表达,地德需要通过人文来实现,也就是说,在认知天道的同时,人类要通过遵循天道的劳动来获取生活资料,这就是地德,地德的最大化就是保障日常生活资料来源的人文秩序,就是仁德人道的社会组织结构。

中华传统节日的文明价值就是天时、地利与人和的和合精神,比任何宗教的最高逻辑范畴都要宏大,因而能够吸收和包容各种宗教体验的文化合理内容,具有现代文明和未来文明的构成意义。

二、中华文明之创生:天文历法

考古发现,中华文明的天文历法机制至少已有 6500 年历史。古今中外的天文

历法种类多达以千计,基本分为阳历、阴历、阴阳合历三大类。中国古代历法就是融合前两者的特点,并辅以星象、物候的阴阳合历系统。其制定的准则有以客观观察到的太阳运动来编制日、年,也有以客观观察到的月亮运动来编制月份,并有月相的"朔望"和"旬"概念,共同组成季节和节气,中华传统节日由此产生(见图6-6)。

图6-6　故宫博物院钟表馆所藏紫檀北极恒星图时辰节气钟

近年来不断有西方学者发现,中华古代文明与希腊罗马文明有不同的思维方式和科学技术认知传统,而中华文明在科学技术方面的基础能力对其独特的文明体系具有非常良好的支撑功能。现在我们来看包含节日文化的中华时空观念中最初的原创形态,这是由考古工作者发现的。

中华文明的原创形态

在中华文明起源之时,一大批考古证据表明,阴阳交汇的中国历法及其时空哲学最早可以上溯到伏羲《易》产生的时代,距今7000～6000年。

河北张家口宣化的辽墓绘于墓室顶部,其中彩色的二十八宿星图与唐代王希明的《丹元子步天图》所记述的一致。

距今8000年前。我国考古发现屡见远古时代的太阳纹图案,其中最早的是,河南舞阳贾湖裴李岗文化遗址出土的陶缸外壁上刻画着光芒四射的太阳纹。

距今6500年前。在河南濮阳西水坡45号墓中,考古学家发现古人用蚌壳摆塑出了一幅天文星图,其年代约为墓葬遗迹,包括彼此关联的四个部分。这四处遗迹自北而南等间距地沿一条子午线分布，非常准确，完全符合东宫苍龙、西宫白虎、南宫朱雀和北宫玄武的四象体系。整幅图像以及北斗星图案与真实的星象位置完全吻合，斗魁、斗杓一应俱全。

中国天文学的传统星象体系为四象二十八宿，并根据每个星座的形状以动物来命名。西水坡墓葬中除北斗外，蚌龙、蚌虎的方位与二十八宿主配四象的东、西两象完全一致，所反映的星象位置关系与真实天象也相符合。这就是以北斗为核心的中华天文观念的最早证据。这个时期是中华文明史上的"伏羲时代"或"易文化"时代。中国人以北斗星为核心定天象方位并与太阳运动时间相印证的最早记录和证明，在世界天文学史上有重大意义。

距今 5600～5300 年前。安徽含山县凌家滩遗址出土了两件含山玉版玉龟，这在中华科学文化史上有着特殊意义。玉版的八方图形与中心象征太阳的图形相配，玉版上八等分圆的做法与冬至、夏至的日出和日落方位及四时八节有关，完全符合中国易文化的八卦理论。玉版四周的四、五、九、五钻孔之数，与河图洛书的易文化相合，证实了河图洛书就是古天象图和历法实践的解读。

距今 5000 年前左右。郑州大河村遗址也出土了中国人形成天地和阴阳观念的例证材料。第一，是双连壶有实质上的阴阳卦象；第二，是这里发现了最早的一夫一妻制墓葬，也叫阴阳合葬墓；第三，最重要的是这里发现有天象图案的彩陶片。图案中有太阳、月亮、日晕、星座等，这是我国目前发现最早的天文学实物资料，每个太阳图有 12 圈纹，很明显表达了年分 12 月、日分 12 时的含义；月亮图分三旬，就是上半缺的上旬、下半缺的下旬，中间是圆月的中旬，这就是阴晴圆缺的朔望月的花纹记载。

中华文明的创生就是这样来的。

三、中华文明的生态价值基础

此后，中国古代至少产生过 102 种历法，但是其编制与实施基本上都遵从《易》的变化原理和逻辑模式，只是在细节方面有所不同而已。

《易》有太极，就是阴阳二仪合体，天为阳、地为阴；日为阳，月为阴等。二仪生四象，四象生八卦。四象在方位序列中叫东西南北，在时间序列上就是春夏秋冬。方位四象代表太阳和月亮的位置与四季又分成八时：立春、春分、立夏、夏至、立秋、秋分、立冬、冬至。并以十二地支来计算月份和时间,结合云雨雷电和地貌变迁,产生了指导农事活动的十二节令:立春、惊蛰、清明、立夏、芒种、小暑、立秋、白露、寒露、立冬、大雪、小寒。

同时,中国精耕细作的生态农业决定了对季节的继续细分,于是四季八时十二节令不断与物候知识体系相结合,进一步演化为二十四个节气,与月相与旬的概念相融合。这些完全符合后来科学观察到的天文地理以及生物节律的生态原理。

从距今 4100～3600 年中产生的中国第一部节气物候学著作《夏小正》,到汉代二十四节气的完整形成并推广到全国和周边民族,中华传统节日伴随文明的创生和传承,持续到了今天,并将在未来继续构成生态文明价值。

四、中华文明之创世:观象授时

观象授时,这是中华政治文明的开端。回望远古,中国大地上的人类先祖,为了生存,采集野果、狩猎鸟兽,于是开始了天文观察与研究——此乃客观历法之起源。把这些天象、地貌、物候的变化记载下来用以指导日常生活,人文历法就产生了。天文与人文的转换与交融,历法是第一成果。历法就是空间中的时间标识,它是蒙昧进入文明的基本标志,历法的科学性、合理性、人文性、普及性及其实践有效性则昭示着文明的创立。

中华文明史的"黄帝时代"或"炎黄时代",也可称为"炎黄蚩尤时代",这是中华文明的创世时代,开启了中华文明的第一个盛世,尧舜仁治时代。

在中华文明的历史进程中,"观象授时"是一个具有根本性的文明成果。观象:观测天象,研究天体运行,这就是天道认知;授时:确定耕作、养殖与收获的时节,规划时间之用,这就是地德的实践规则。观象授时,就是天道与地德的结合,形成人文规范,复杂的社会巨系统由此展开。

1. 观乎人文,以化成天下

"观象授时"这一术语是清代学者毕沅首先提出来的,高度概括了先民在上古时期制历依据天象的事实,逐步形成地调配年、月、日的历法规律性。中国古代漫长的岁月都是观象授时的时代。《尚书》《夏小正》《逸周书》《老子》等中华典籍里都有对观象授时这种文明体制和机制的记述。

显然，文明创世时代中华历法体系是相当成熟合理的。《易经》说："观乎天文，以察时变；观乎人文，以化成天下。"人文与天文相对，天文是指日月星辰和自然天道，人文是指社会人伦和生活方式。治国者必须观察天道自然的运行规律，以明耕作渔猎的活动时序，化成天下是指通过观象授时把用以保障生活资料来源的价值秩序，包括其效率机制和行为规范机制，推及全体民众，不分种族、民族与信仰个性。

17世纪中叶，中国天文学的水平与欧洲相当接近。今位于北京市建国门立交桥西南角的北京古观象台，是我国明清两代的皇家天文台，上陈列有8架清制天文仪器。

2. 观象授时：中华政治文明的开端

研究发现，在距今5000～4000年前的黄帝及黄帝后时代，中原已经拥有了多民族联邦型的国家机制，专设观天象定历法治农事的机构，向民众提供观察天象所定的时间体系，推广种植、养殖和纺织技术，因而受到各族人的拥戴。这种"观象授时"机制就是中国国家历法公共服务体系的诞生，以至于中国传统历书的名称就叫"黄历"。

现存最早而又比较完整记录观象授时的典籍是《尚书·尧典》："乃命羲和，钦若昊天，历象日月星辰，敬授民时。"意思是说，尧帝邀请羲氏和氏家族中之贤能者，崇敬天道，观测日月星辰的运行，掌握其规律，以审知时间而建立历法，传授给民众，便于农事。

"钦若昊天"就是敬仰天道、遵循天理。《周礼》归纳了具体的观测方法与结果："日中星鸟，以殷仲春""日永星火，以正仲夏""宵中星虚，以殷仲秋""日短星昴，以正仲冬"，也就是观测鸟、火、虚、昴四颗恒星在黄昏时正处于南中天的日子。

据后来天文史学者的研究，《尚书》所言与距今4500～3500年前时的实际天象相吻合，用以上方法作为划分四季的标准，是比较科学的。

五、中华文明史上的第一个盛世

与黄帝时代相比，尧帝时代在更大范围内精确推广了这种时序方法，"敬授人时"，以其德治，春天东西和睦，秋天南北丰收，这种人文内涵，达成了后世史学家不断赞扬的"家国一体""协和万邦"的景象,"化成天下"的节日和节庆文化的文明价值因此更为凸显了。

也就是说,根据阴阳时序循环的天理,把握好现实社会中的人伦秩序和生活准则,以明君臣、父子、夫妇、兄弟、朋友等关系,使人们的行为合乎文明礼仪,不误农时,避免战乱,安居乐业,延年益寿,由此惠及天下各邦各族人民。"敬授民时"的意义无比重大。

《尚书》还说:"帝曰:咨,汝羲暨和。期三百有六旬有六日,以闰月定四时成岁。允釐百工,庶绩咸熙。"

这一段话的意思是,帝尧说:羲氏和氏子弟,观测天象,得知一年有366天,又以置闰月的办法调配月与岁,使春夏秋冬四时不差,这就可以使得官员系统的治理行为有效,官民一体,取得各方面的成功了。

这就是中华传统时序文化与节日文化的最早典籍记载,正是对中华政治文明开端的记载。

《万国来朝图》中不只描绘了紫禁城中的元旦朝贺活动,而且着重刻画了宁寿宫中乾隆抱着孙子,看放鞭炮,享受天伦之乐的场景。

1. 从"人化"到"仁化"

现代科学证明,人与动物的区别不在于有无工具的使用能力,而在于组织协同能力高于动物界,如果文化就是"人化",组织协同能力就是文化概念的核心要义,其结果必然就是"仁化",从"人化"到"仁化",这是中华文明创世传世的基础机制。

文明的标志就是相当范围的人群发生了时空观念合理化与共同化、劳动分工复杂化、社会结构分层化、沟通方式符号化等的大协同形态,也就是说,文明的根本机制是组织协同的技术机制、规模机制、效率机制的集约化过程,这就必然出现国家形态,其基本的标志就是有效统一的天文历法。

回望远古,中国大地上的人类先祖为了生存采集野果、狩猎鸟兽,于是开始了天文观察与研究,此乃客观历法之起源。把这些天象、地貌、物候的变化记载下来用以指导日常生活,人文历法就产生了。天文与人文的转换与交融,历法是第一成果。历法就是空间中时间标识,它是蒙昧进入文明的基本标志,历法的科学性、合理性、人文性、普及性及其实践有效性则昭示着文明的创立。

在天地人合一的生态文明价值序列中,动物起到关键的中介作用。在天道认知中,中国人建立了以动物及其特性为命名的四象七组二十八星宿的体系,对应了以动物为标志天干地支的时间序列,再对应节气与农事人事的行为规范概念,构成完整的地德范畴。而在人文时间序列中,十二生肖赫然出现,作为中华传统节日的领军文化内容。

我们不得不感叹,这是一个多么完整而严密的生态逻辑系统。

大英博物馆藏18世纪中国绘画,画家使用细腻的线条和用色,勾勒出了元宵节赏灯舞龙、热闹欢腾的情景。

2. 中华文明之盛世:传统节日

今天,许多节日礼俗大多可以在先秦找到其萌芽状态,而在汉代找到其源头。

唐宋社会经济、文化的繁荣,促进了节日文化的发展,其主要特点是:民俗节日从禁忌迷信的神秘气氛中解脱出来,向礼仪性、娱乐性、养生性的方向发展,演变成为真正的良辰佳节。

盛世节日多,此言不虚。节日与节庆文化的形成、传承与延续,在大一统文明的体制下,表现出中华文明价值的广域化继承与持续性发展。

六、中华节日文化的先秦时代

中华文明体系的天文历法和节日节庆最早建构于三皇五帝时代,这是中华文明的开创时代,从伏羲到黄帝,传说或记载都说明了人与人、人与自然和谐关系这种文明价值的建构过程。最早的盛世建立在尧舜禹的传说和记载之中,所谓"德布天下",就是建立国家正义的基础。而后的盛世建立在西周礼乐文明时代,就是孔子及儒家念念不忘的"周礼精神"。

据人口史学者的估算,西周人口2000万人左右,一个农民可供养8或9人;西周时期,中国的人口占世界总人口的35%左右,周天子及其封建体制所构成的国家在人口上为当时世界第一大国。苏美尔、巴比伦、古埃及、古希腊、古波斯等文明体都没有西周这样的人口容纳力。

中国节庆文化学者认为,就节日风俗而言,今天的节日元素早在远古时代已经出现了萌芽,流传至今的春节、清明、端午、中秋、冬至等节日元素,在先秦时代大部分就已经形成。但区域差别很大,以周礼为基础的礼数内容比较复杂，加上多种文化和风俗尚未充分融合，节日的多样性和神秘性相结合的特征比较明显，节日习俗大都建立在民间鬼神信仰的基础上，伴随很多禁忌和附会的内容，比如年关躲避山魈恶鬼，上巳禊祓等，又比如端午划龙舟在最初正是为了驱鬼。

经济与文化的繁荣促进了节日文化的发展，民俗节日向礼仪性、娱乐性、养生性的方向发展。

1. 大汉文明开创大一统的文明盛世

两千年前的大汉文明表明，当时的中国既是科技大国，又是经济大国，也是思想大国。大汉文明体拥有世界上第一所大学——太学。其时，春秋战国时期出现的百家争鸣传统在持续，儒、法、道、阴阳、纵横等各家人才均可做官，天地人合一的哲学具体化为政治哲学的开放与包容、公平与正义、和谐与平衡，成为大一统文明的价值基础，没有这些价值基础，汉朝不可能有如此广大的疆域和如此众多的民族共享盛世节日庆典。

二十四节气名称首见于西汉《淮南子·天文训》，《史记》完整地记述了阴阳、四时、八位、十二度、二十四节气等概念的逻辑关系。

汉武帝太初元年，即公元前104年，天文学家落下闳、邓平等人制订了《太初历》，吸收了节气说作为指导政事、农事和健体养生的补充历法，并规定无中气之月，定为上月的闰月。

于是，中国主要节日如除夕、元旦、元宵、上巳、寒食、端午、七夕、重阳等都成为全民或全国性的节日。先秦时期的荆楚文化圈、巴蜀文化圈、吴越文化圈、齐鲁文化圈、秦文化圈等，到汉代开始大融合。《太初历》确立了以建寅月为岁首，为节日风俗注入了新的活力和生机。儒家伦理道德观念对节日风俗也产生了深远的影响。今天，许多节日礼俗大多可以在先秦找到其萌芽状态，而在汉代找到其源头。

2. 魏晋南北朝民族文化大融合

节庆文化学者认为，魏晋时期的民族大迁徙推动了民族文化的大交流，促进了节庆文化的融合。北方游牧民族入主中原部分地区，带来了节俗文化中那些杂技游艺成分，如骑射、蹴鞠等。同时外来信仰的宗教生活方式与正统历法节庆内容相结合，比如佛教的传入使节日活动更加丰富多彩，如佛祖成道制粥舍众，此传说传到民间以后，形成了非常符合养生原理的吃腊八粥习俗，于是十二月初八的"腊八节"成为主流节日之一。

道教把阴阳观念推崇到极致,便以奇数为阳,节日相关的内容多取奇数,为吉利的象征,如一月一、三月三、五月五、七月七、九月九。五月五又叫天中节,体现阴阳均衡之意。

另外还有魏晋玄学和清谈之风对节俗的影响,主要表现在宴饮游乐方面,如节日以高谈宴饮、诗酒风流为庆典等,为这一时期的节日风俗增加了新的内容和活力。

3. 唐宋盛世节庆文化的发展高峰

与唐高祖李渊同时代的伊斯兰教创始人穆罕默德曾谆谆教导其信徒说:"知识虽远在中国,必欲取之。"

唐朝是中国最强盛的时期,也是第一个不用修长城的大一统文明时代。大唐文明的最大特点是城市化和城市生活,当时世界闻名的商业城市有一半以上集中在中国。除了沿海的交州、广州、明州、福州外,还有内陆的洪州(江西南昌)、扬州、益州(成都)和西北的沙州(甘肃敦煌)、凉州(甘肃武威)。首都长安和陪都洛阳则是世界性的大都会。

宋朝是世界文明史的又一巅峰,经济之富庶、科技之发达、文化之繁荣至今令人激动不已。农业、铁器制造、造纸印刷业、丝织业、制瓷业、航海业、造船业、海外贸易、数学、化学、天文学等均领先世界数以百年计。

由此不难想象,中华节日和节庆文化在那些时代是多么丰富和热闹。

据节庆文化学者研究,唐宋社会经济、文化的繁荣促进了节日文化的发展,其主要特点是:民俗节日从禁忌迷信的神秘气氛中解脱出来,向礼仪性、娱乐性、养生性的方向发展,演变成为真正的良辰佳节。春节放爆竹原是一种驱鬼手段,此时全部变成了欢乐的音响;元宵节祭神灯火变成了游艺观灯看美女的活动;中秋节祭月变成了赏月思乡谈恋爱的佳时;重阳节由登高避灾演变为秋游赏菊的心旷神怡等。在节日风俗的演变中,还增添了许多体育和文化娱乐活动,如放风筝、拔河等。节日内容日益丰富多彩,把节日民俗活动推向了高峰。

张择端的《清明上河图》为我们展示了一幅内容丰富的节日生活画卷。辛弃疾的《青玉案·元夕》中写道:

"东风夜放花千树。更吹落、星如雨。宝马雕车香满路。凤箫声动,玉壶光转,一夜鱼龙舞。

蛾儿雪柳黄金缕。笑语盈盈暗香去。众里寻他千百度。蓦然回首,那人却在,灯火阑珊处。"

这种看美女的心境描写,让今天的人们对于宋代元宵佳节的灯火充满了无尽想象。

七、中华文明之特质:节庆文化

中国在鸦片战争之前,一直保持作为世界上最大的经济体而存在。源源不断来华经商、传教的西方人士,都对当时中国的富庶繁荣、中国政治治理之秩序井然以及中国人的友善热情、聪明能干、彬彬有礼赞不绝口。

据节庆文化学者研究,唐宋以后,节日的发展比较平稳,辽、金、元时期,融入了一些少数民族习俗。明清时期,节日风俗出现了三种变化:第一是更加讲究礼仪性和应酬性,礼仪变成了礼俗。逢年过节,人们出于礼尚往来而互相拜访送礼。第二是明代沿海经济大发展,一些以个体农户经济为基础的节日风俗逐渐被人们冷淡,如祭土地神的习俗逐步弱化,有些地区以灶王神作为社火的主神。三是游乐性继续发展,如元宵节观灯由宋代的五天增加到明代的十天,昼市夜灯,热闹异常。

明代以来,四大名著中成书较早的《三国演义》《水浒传》《西游记》中的人物形象在节庆期间的活动和表演中大量出现,大大增添了节庆的戏剧内容和典故色彩。而清朝建立后,又增加了舞狮、舞龙、旱船、高跷、秧歌、腰鼓等"百戏"活动。

唐代已经开通海上丝绸之路,宋朝与世界上50多个国家有贸易往来,开始进入海洋文明时代,明清时期依旧保持文明交流的影响力。由此不难发现今天东亚和东南亚的许多重要节庆文化与中华文明本体的渊源关系,比如越南的节庆大多可以追溯到汉唐时代传入的中华节俗,日本的节庆主要来自大唐,韩国的节庆主要是明代的规范或礼数,因此有一些西方学者把中国与东亚、东南亚各国的文化集群叫作"中华文明圈"。

八、外国人在华过年：中华节庆文化的震撼

我们饶有兴致地读到中国学者赵山林的一篇研究论文，详细描述了意大利传教士利玛窦（1552—1610年）在其著作《利玛窦中国札记》中记述他到中国友人那里做客，参加了中国的节日活动，体验了当时节庆场面的震撼。

据利玛窦观察，"中国人所有节日中最重要的、全国各教都庆祝的就是他们的新年，举行庆祝是在第一个新月以及还有第一个满月的时候。这后一天叫作灯节，因为家家户户都挂着用纸板、玻璃或布巧妙地做成的各种灯笼，点得通明透亮。这时候，市场上也到处都是各式各样的灯笼，大家购买着自己喜欢的样式。屋里屋外点燃那么多灯笼，简直叫人以为房子失了火。

此时晚间还有狂欢。一队队的人在街上耍龙灯，像酒神巴库斯的礼赞者那样欢呼跳跃，燃放鞭炮和焰火，全城呈现一片彩色缤纷的耀目景象。"

万历二十七年（1599年）春节，利玛窦在中国友人瞿太素陪同下去往镇江，"去看盛大的民间表演活动"，继而应南京礼部尚书王忠铭之邀来到南京。

回访之后，尚书大人邀请利玛窦神父到他府里待几天。他说他渴望邀他一起观看本年第一个灯节，由他的家人在晚上所做的奇妙烟火表演以及为他们几个晚上安排的精巧的灯笼演出。这种非凡的表演是公众庆祝活动常有的，其中并没有迷信的痕迹，邀请被愉快地接受了。尚书家人对他非常礼貌地接待。他所观看的景象使他感到惊异，超出预料之外。在烟火制造技术方面，南京超过了全国其他地区，或者也超过全世界的其他地区。

事隔多年，利玛窦还愉快地回忆道："中国人非常喜欢这类表演，并把它当作他们一切庆祝活动的主要节目。他们制作焰火的技术实在出色，几乎没有一样东西他们不能用焰火巧妙地加以模仿。他们尤其擅长再现战争场面以及制作转动的火球、火树、水果等，在焰火上面，他们似乎花多少钱也在所不惜。我在南京时曾目睹为了庆祝元月而举行的焰火会，这是他们的盛大节日，在这一场合我估计他们消耗的火药足够维持一场相当规模的战争达数年之久。"

可惜的是，有一批中外学者引用上面的话语来指责中国人四大发明之一的火药只用于制造鞭炮，而不能发明枪炮，因而是落后的文明，殊不知这恰恰是中华文明的价值特征：在中国古代任何可能具有重大杀伤能力的技术发明的出发点都绝不是用于战争的，例如清朝成功研制了火药枪，主要用于打猎，参加打猎的军

队才能装备。因此,近代以前,中国发明已千年的火药主要是用于生产和生活,火药的大规模使用构成了中华节庆文化的技术含量。

九、中华文明之非遗:价值传承

在内容上,非物质文化遗产本质上是作为文明可持续的价值指称。

早在汉唐时期,由于外来宗教文化的进入和吸收,中华节日习俗中逐步包含宗教的礼数内容,尤其是佛教和伊斯兰教的传入,使得在中华大地上增添了新的民族节庆文化样式,但并不影响主要传统节庆文化的持续和发展。

西方文化在鸦片战争后大规模进入中国,因此到了民国时代,大城市的节庆逐步融入西方文化的特点。由于基督教和天主教的传播,圣诞节、感恩节等节日开始盛行于某些地区,但在城市平民区和广大农村地区,中华传统节日的规则和礼数得到严格地遵守。

中华人民共和国成立后,尽管中华传统节日一度受到一定的干扰,但改革开放后,在与西方文明交流互动的同时,中华传统节日再次得到了恢复和国家的推崇、鼓励与支持,这有两个标志,一是春节、清明、端午、中秋等与元旦、五一、国庆等列入国家法定假日序列;二是主要的中华传统节日,包括全部少数民族的主要节庆文化都被列入中华人民共和国《非物质文化遗产名录》。

如丫髻山庙会是中国北方地区四大庙会之一。庙会是中国民间广为流传的一种传统民俗活动,一般在农历新年、元宵节、二月二龙抬头等节日举行。

1. 什么是非物质文化遗产

我们品读一下联合国教科文组织的《保护非物质文化遗产公约》定义:非物质文化遗产(Intangible Cultural Heritage)指被各群体、团体、有时为个人所视为其文化遗产的各种实践、表演、表现形式、知识体系和技能及其有关的工具、实物、工艺品和文化场所。

联合国教科文组织将这个定义解释为:各个群体和团体随着其所处环境、与自然界的相互关系和历史条件的变化不断使这种代代相传的非物质文化遗产得到创新,同时使他们自己具有一种认同感和历史感,从而促进了文化多样性和激发人类的创造力。

这个定义本质上规定了非物质文化遗产,简称"非遗",是由各大文明圈组成的世界文明史传承下来的人文活动内容，形式上包括以下方面：第一，口头传统和表现形式，包括作为非物质文化遗产媒介的语言；第二，表演艺术；第三，社会实践、仪式、节庆活动；第四，有关自然界和宇宙的知识和实践；第五，传统手工艺。

世界《非物质文化遗产名录》中除了单独的节庆文化，更多的是节庆文化中的表现和表演的内容，比如以各种节日为节点规模化演出的民间音乐舞蹈和很多用于节庆典礼的手工艺。

2. 非遗：文明价值的指称

在内容上，非物质文化遗产本质上是作为文明可持续的价值指称。也就是说，具有世界文明价值或文明圈普遍意义的人文内容才是遗产，不具有文明普遍意义和不可持续的内容不能作为遗产，比如中国明清时期的小脚文化、非洲那些具有伤害性的割礼文化、食人族的食人文化等，这些就是不文明或反文明的坏文化乃至于恶文化，绝对不能叫作遗产。

前些年日本有人企图将二战末期"自杀式袭击的飞行员遗物"作为非遗申报，还试图通过立法建立纪念性的节日。这类似于用食人文化的骨头渣申遗，建立食人文化节，结果遭到全体评审专家的否定，连申报的资格都没有。学者们认为，这种所谓的"神风文化""玉碎文化"就是反文明的恶文化。

据有关资料称，全世界非物质文化遗产资源总和大约在 120 万项左右，其中中国和世界华人群体的非遗资源就达到了约 87 万项之多，令人震撼。

中华传统节日作为世界文明体系中最重要的文化资源，其形成和发展到今天是一个长期的历史文化的磨合过程，它在几千年的形成发展过程中承载着最为丰厚的文明价值内涵，是官民一体与全部民族共同的价值表征，在包括精神信仰、审美情趣、感恩寄托、伦理亲缘、商品交换、生活习俗，乃至在卫生防疫、医疗养生、荒政救灾、扶贫济困等社会发展的所有方面，都在节日活动中集中展示与传承了中华文明体的深度文化空间。

戏曲这一艺术形式的出现以及运用在最大程度上推动了我国传统节庆气氛的发展，而其自身不仅成为引领节日欢庆氛围达到高潮的演艺节目，而且在其发展过程中逐渐形成了完整的、综合的艺术门类。

3. 二十四节气作为世界非遗：价值何在？

2016 年 11 月 30 日，二十四节气被正式列入联合国教科文组织的《人类非物质文化遗产代表作名录》。那么，二十四节气为什么能够进入这个名录？这就直接涉及中国传统节日最大的价值表征是什么。

这是中华生态文明的价值特质。

研究过二十四节气的西方学者发现，中国的节日内容从来源到方式，都是依据自然规律的，因而确定节气和节日时间对应了自然时序和社会人文时序的协调要素。

部分西方学者认为，中国的阴阳观念是中华文明之根，所有的季节、所有的时间、所有的白天黑夜的变化，所有天地人关系变化的规律，都是阴阳关系代换、复转和循环的，完全是宇宙生命体互相依存关系的生态规律。

总结了上古以来生产生活大量详细内容的《淮南子》记载："春者阳气始上，故万物生。夏者阳气毕上，故万物长。秋者阳气始下，故万物收。冬者阳气毕下，故万物藏。"就是说，春夏秋冬的变化，是阳气的生长和衰微的一个过程。所以社会人事活动要紧紧遵循季节的变化规律。

也就是说，中华传统节日主要是依据天地人合一的生活方式——节气而来的，是一种生态节律的规范。春节跟立春的关系，端午跟夏至的关系，中秋跟秋分的关系等，都是十分明确而有用的认知。因此古人认为："故天有时，人以为正。""不知四时，失国之基。"也就是说，根据天象的变化，然后把时间内容，包括作物、动物和人体的生活节律推广给全体国民，这就是人文的调节规范，一种典型的生态文明精神。

自然时间和人文时间的合一，节日就是这样形成的，形成之后被世世代代时有创新地加以遵循恪守，造就了中华民族丰富的精神家园，其文化内涵和实践外延，最终表现为大美生活的体验：幸福感、欢乐感、升华感油然而生，这就是文明价值的强大表征。

十、中华文明之延续：底蕴凸显

中华文明的制度源泉、精神源泉，中华文明一再获得成功的根本价值和传播机制，深埋在中国人在以往5000年对人类文明生活的基本法则、规律的深刻认知与整体把握之中，这就是天地人合一的和合精神与实践方式。

如今，北斗卫星定位系统继承了中华文明的观象授时传统，为我们敲响除夕庆典的钟声。热爱我们的节日吧，因为我们都受益于中华祖先的文明基因。

现在可以进一步解释中华天文历法与节气节日的传统究竟是如何被证明具有生活方式的合理性和生产实践的有效性,这种科技型思维方式构成的文明底蕴是如何被证明具备可持续性的了。

1. 文明是人类生活方式的价值总和

近代以来,西方学界有一种论点,说中国劳动密集型、效率极低下、奴仆性和极度贫困的农民与传统农业,是亚细亚生产方式的代表,是人类原始社会的别名,于是,中华传统文化,包括节气节日文化不是被嗤之以鼻就是被大加鞭挞。

我们不需要实施理论论证,只要看中国古代大中原地域的农业生产水平,这个针对中国的歪曲论断就不攻自破。综合多位中西方学者的研究,我们获得了多种资料来源而研究统计形成以下数据,就是中原王朝盛世时期的粮食产量:

夏代约 800 万人口,商代约 1300 万人口,粮食产量不详;

西周各邦国人口总和约在 2000 万人左右,实行井田制,但粮食产量不详。西周在人口上是当时世界第一大国,农业发展水平肯定是世界一流,否则养不活这么多人口;

东周战国时期人口最多时约 4500 万人,粮食亩产约 216 斤,每个劳动力年生产量约 3188 斤;

西汉时期人口最多时约 6300 万人,粮食亩产约 264 斤,每个劳动力年生产约 3578 斤;

唐代人口最多时约 8500 万人,粮食亩产约 334 斤,每个劳动力年生产约 4524 斤;

宋代人口最多时约 12600 万人,粮食亩产约 309 斤,每个劳动力年生产约 4175 斤;

明代人口最多时约 2 亿人,粮食亩产约 346 斤,每个劳动力年生产约 4027 斤;

清代人口约 4 亿人(人口爆炸),粮食亩产约 367 斤,每个劳动力年生产约 2262 斤。

从全年亩产总量来看,同时期的欧洲最多只有中华大中原的 1/10 ~ 1/5。从劳动力人均产量来看,同时期欧洲仅有 1/2 上下。

尽管学者们对上述数据的准确性有质疑,这不要紧,因为历史研究只能是一个资料综合的估计。实际上,上述多人研究的平均数据只是一个引子,下面的问题，如果有答案，中华文明的普世价值问题就凸显了。

依照中国古代星象学说，紫微星（即北极星）位于中天，乃天帝所居，天人对应，所以皇帝的居所又称"紫禁城"。

2. 中华民族的文明底蕴

至少在长达 2000 年的时间，中国保持了世界上最高水平的人均粮食生产量和占有量，生态系统却没有遭到破坏。如果没有科学合理的天文历法与节气节日文化，中国如何能做到？如果中国历史上没有天地人合一的生态文明价值秩序，那么请问：用什么价值秩序才能达到这个水平？

自从中华文明诞生以来，中国人口一直在世界上占比 1/3 ~ 1/5。那么，5000 年来，按每 20 年一代计算，中国大地上总共养活过多少人口？这是一个天文数字，超过全部有史以来存在过的文明体！能否想清楚：中国为什么能养活这么多人口？

这个问题再次解读了中华天文历法与节气节日的生活合理性与实践有效性，可以用文明传播的学术思想来继续解读：

文明就是延续并可持续的历史及其被证明成功的社会发展方式，文明是人类生活方式的价值总和，是一个复杂巨系统，包含了国家、种族和民族文化群落的结构体系。也就是说，文明是由一系列特质文化组成的，这些特质文化的创立传世、繁衍存续、互动交融、吐故纳新、不断升华，构成文明传播。

我们发现，中华文明的制度源泉、精神源泉，中华文明一再获得成功的根本价值和传播机制，深埋在中国人在以往 5000 年对人类文明生活的基本法则、规律的深刻认知与整体把握之中，这就是天地人合一的和合精神与实践方式。

3. 重新认识中华文明的基本品质

尽管文明进程总是伴随坏文化和恶文化的出现，但是只要文明能够延续和复兴，其天道、地德、人文的价值准则就会一以贯之而成为主导力量。因此，我们需要重新认识中华文明的基本品质。

中华文明对宇宙生命的太极大一统秩序，即对天道、地德、人文全息共振、融贯统一、交互传播的根本秩序的智慧把握，构成了天时、地利、人和的节庆文化大景观。

中华文明的天下大同精神，这种一视同仁的信仰自由和思想包容精神，在儒、道、佛、耶、回等诸子百家和民间文化气质共同智慧的哺育下，成为中华文明不断和平公正地扩展力量的源泉，不断以节庆文化的美学特质表现出来。

中华文明自炎黄尧舜、禹夏殷周、秦汉隋唐以来，各朝代一以贯之的民本精神和民生关注，其核心价值在于奉民生福祉为国家正义之源，从而避免了世界历史上一再重演的奴隶制压榨、种族灭绝、宗教战争、殖民掠夺等一系列人类文明的悲剧场景，这才有如此众多的全民欢庆的节日盛典。

奥运会是当今世界规模最大的体育盛会，也是全人类共叙友情、共享和平的节日庆典。

中华文明自尧舜以来中国古典宪政秩序下的联邦王政制度体系、秦汉以来大一统中央政制体系，具有文官分权与民间自治的制衡机制，是中华文明的社会治理结构不断合理化、纠错更新并复原回归的价值根基，没有这个价值根基，中华传统节日早就消失了。

中国哲学所有思想流派，尤其中医中药学，都强调人类与自然必须协调才能生存，从而形成中国绿色农业高度可持续的土壤耕作制度、山林水体保护的制度体系，没有这个制度体系，中华传统节日也早就不存在了。

4. 中华文明的价值表征

正是基于天地人和谐的生命精神，中国不仅多次形成包括社会经济的高度繁荣，更形成举世罕见的全民自我教化体系，人类基本的伦理道德规范，无须外在强制力量的督导，即内化为民众生活的思考方式和行为习惯，如今我们将之概括为30个字的价值表征：

"天地君亲师"的感恩价值序列；

"士农工商学"的职业价值序列；

"仁义礼智信"的伦理价值序列；

"忠孝节烈恕"的社会价值序列；

"道德廉耻勇"的行为价值序列；

"温良恭俭让"的礼仪价值序列。

这里，我们从文明继承意义上做简要注解。君：国家；节：操守；烈：献身；恕：包容和宽容；道：遵循客观规律；德：恪守善意规则。

不能否认，上述社会秩序和道德风貌的价值机制，在历经战乱之后的文明复原回归的进程中，在中华传统节日和节庆文化中表现得极为明显。

在世界文明交流与互鉴的当下，我们的节日和节庆文化都有科技日新月异的表现形式和当代创新内容。而中华民族面向未来的文明底蕴和品格从来没有改变，而且很深厚地存在于广大人民群众的日常生活中。

......

当我们听到除夕之夜敲响的新年钟声时,您一定要知道,北斗卫星定位系统在承袭着中华文明的观象授时机制。

热爱我们的节日吧,欢庆传统节日吧,因为昨天、今天和明天的中国人和海外华人,都始终受益于中华祖先的文明基因。

主要参考文献

[1] 阿尔·里斯,劳拉·里斯.公关第一 广告第二[M].罗汉,虞琪,译.上海:上海人民出版社,2004.

[2] 八八众筹.风口[M].北京:机械工业出版社,2015.

[3] 鲍文杰.世界上最卓越的广告大师[M].北京:工商出版社,1997.

[4] 陈培爱.广告策划与策划书撰写[M].厦门:厦门大学出版社,2007.

[5] 陈培爱.广告原理与方法[M].厦门:厦门大学出版社,2007.

[6] 陈卫星.传播的观念[M].北京:人民出版社,2004.

[7] 陈刚,沈虹,马澈,孙美玲.创意传播管理:数字时代的营销革命[M].北京:机械工业出版社,2012.

[8] 邓肯·J.瓦茨.六度分隔:一个相互连接的时代的科学[M].陈禹,等,译.北京:中国人民大学出版社,2011.

[9] 丁邦清.广告策划与创意[M].北京:高等教育出版社,2011.

[10] 丁俊杰,陈刚.广告的超越:中国4A十年蓝皮书[M].北京:中信出版社,2016.

[11] 丁俊杰,康瑾.现代广告通论[M].北京:中国传媒大学出版社,2013.

[12] 丁俊杰,李西沙,黄升民.数字营销年鉴[M].北京:中国传媒大学出版社,2016.

[13] 樊志育.另类广告学[M].上海：上海人民出版社，2011.

[14] 菲利普·科特勒.要素品牌战略[M].李戎，译.上海：上海复旦大学出版社，2010.

[15] 冯丙奇.病毒式传播研究[M].北京：中国传媒大学出版社，2016.

[16] 花建.文化产业竞争力[M].广州：广东人民出版社，2005.

[17] 黄升民，段晶晶.广告策划[M].北京：中国传媒大学出版社，2013.

[18] 黄升民.大视频时代广告策略与效果测量研究[M].北京：中国传媒大学出版社，2014.

[19] 霍普金斯.科学的广告+我的广告生涯[M].邱凯生，译.北京：华文出版社，2010.

[20] 蒋三庚.文化创意产业研究[M].北京：首都经济贸易大学出版社，2006.

[21] 金元浦.创意产业的全球勃兴[J].社会观察，2005（2）.

[22] 李开复.微博改变一切[M].上海：上海财经大学出版社，2011.

[23] 李欣频.广告拜物教[M].北京：电子工业出版社，2013.

[24] 厉无畏.创意产业导论[M].上海：学林出版社，2006.

[25] 吕学武，范周.文化创意产业前沿[M].北京：中国传媒大学出版社，2007.

[26] 马谋超.广告心理[M].北京：中国物价出版社，2002.

[27] 苗杰.现代广告学[M].北京：中国人民大学出版社，1995.

[28] 潘哲初.现代广告策划[M].北京：复旦大学出版社，1999.

[29] 王绍强.品牌整体设计：设计大学堂[M].南宁：广西美术出版社，2011.

[30] 王树良，张玉花.广告专业综合能力与法律法规[M].重庆：重庆大学出版社，2012.

[31] 王薇.互动营销案例[M].北京：清华大学出版社，2015.

[32] 王晓华.广告效果测定[M].长沙：中南大学出版社，2004.

[33] 王正在.广告方圆[M].北京：新华出版社，2003.

[34] 王忠诚.广告策划谋略[M].北京：中国财政经济出版社，1998.

[35] 文化学词典[M].北京：中央民族大学出版社，1988.

［36］吴晨光.超越门户［M］.北京：中国人民大学出版社，2015.

［37］谢晓萍.微信力量［M］.北京：机械工业出版社，2015.

［38］许正林.西方广告学经典著作导读［M］.郑州：郑州大学出版社，2009.

［39］张默闻.饮料卖味道［M］.北京：机械工业出版社，2017.

［40］张学军.六个核桃凭什么从0过100亿［M］.北京：中华工商联合出版社，2015.

［41］赵子忠.内容产业论［M］.北京：中国传媒大学出版社，2005.

［42］郑欣.空间的分割：新媒体广告效果研究［M］.北京：中国传媒大学出版社，2008.

［43］中央电视台大型纪录片《互联网时代》主创团队.互联网时代［M］.北京：北京联合出版公司，2015.

后记

　　写书是一个不时迸发火花，闪耀思想的过程，所以总有的写，总有的改，终稿日期一拖再拖。感动编辑的耐心，感谢出版社的支持，感激立项者提供的机会，一切，OK！

　　无论是传统广告，还是数媒时代的"大广告"，即一切营销传播活动，其专业"卖点"就是创意！这是我自1995年开始触碰广告，然后逐渐踏入广告业界，直至进入"深水区"后从未动摇过的信念。而创意，就是针对文化元素的新构思，就是针对文化符号的新组合，这同样毋庸置疑。广告什么时候离开过文化创意？没有创意的所谓"广告"只是产品信息！正由于此，当项目摆在面前的时候，才使我本能地接了这本书，竟忘了自己曾在第七本专著划上最后一个句号时，立誓封笔。

　　至今，我依然认为："文化创意"在广告的策划、创意、设计和媒介创意等诸多非物质生产领域是一个永恒的客观存在，而且是一个支撑这些领域可持续发展的核心资源和关键理念。可喜的是，在21世纪初期，我国政府也提出了"文化创意产业"这一概念并以政策推进的方式，在全社会范围内倡导"大力发展文化创意产业"！我想，这不仅仅是缘于一个经济动因吧？是经济拉动文化，还是文化催产经济，恐怕又会莫衷一是。我的理解是两者交互，相生相依（为命）。当人们解决了温饱问题之后，纯粹商业化的时代就已经过去了！文化元素、文化传统、文化思想以及一切以"人本之文化发展"的东西就会越来越左右人们的思考与决策,无论在物质消费上,还是在纯粹的文化产品或传媒产品的消费上。

然而一切,在市场经济体制下,都需要品牌!品牌不等于产品,而是产品+附加值,即产品的使用价值+享受价值。你以为一个商业品牌其产品具有了科技含量,具有了使用价值的功能就一定会被人们购买而实现价值交付吗?无须讨论什么传统媒介时代就已经流行的"好酒也怕巷子深",仅就产品的同质化——诸多产品功能类似的且均能满足人们的物质性需求而言(如手机,你能写出多少种产品名称):新产品不做品牌定位,不策划品牌的差异性;老产品不重新定位品牌,不将品牌"年轻化",如何能够占有和立足今天的市场?如何能够赢得消费者,尤其是年轻一代的芳心?!

文化创意需要创新思维,也需要互联网思维,更需要批判性思维,以此求证文化元素创意组合是否产生正能量的品牌传播效应。科技的发展日新月异,数字化的移动传媒社交平台其聚合力与影响力堪比以往任何主流媒体,传播渠道越来越多元多屏多终端,从消费者到用户,越来越少的却是最为珍贵的注意力资源。于是,注意力经济呼唤媒介素养;体验经济呼唤品牌素养;意愿经济呼唤广告传播与用户的心理契合,而所有的一切,皆可由文化元素承载,品牌生长于文化,成长于文化,升级于文化,文化创意是商业品牌之血脉。

这里,必须感谢知识产权出版社李石华先生作为责任编辑的耐心与理解,感谢广告人文化集团穆虹董事长的鼎力相助,使本书得以顺理成章。还要感谢我在广告业界的同人,一直默默奉献和支持广告学术研究的中国广告协会学术委员会的关瑞鸿秘书长,以及历届中国广告协会学术委员会的主任,没有他们对中国广告的坚守和传承,也难有今天中国广告学术理论的发展与进化。

最后,需要诚挚说明本书所引用的作品图片或案例资料,凡是能够找到作者和来源的,都尽力在相应位置做出了标注。但有的图片或材料由于来源多处,未能找到原创作者,考虑到这里主要用于学术研究,还是择优采用了。请原创或相关者见谅,并深表感激,诚挚致谢!

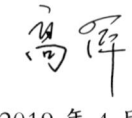

2019 年 4 月